U0555513

律师笔记

律政生涯法案写真

张 洪◎著

中国政法大学出版社

2022 · 北京

图书在版编目（CIP）数据

律师笔记：律政生涯法案写真/张洪著.—北京：中国政法大学出版社，2022.3
ISBN 978-7-5764-0390-9

Ⅰ.①律… Ⅱ.①张… Ⅲ.①律师业务—中国—文集 Ⅳ.①D926.5-53

中国版本图书馆 CIP 数据核字(2022)第 044373 号

出 版 者　中国政法大学出版社

地　　址　北京市海淀区西土城路 25 号

邮寄地址　北京 100088 信箱 8034 分箱　邮编 100088

网　　址　http://www.cuplpress.com (网络实名：中国政法大学出版社)

电　　话　010-58908586(编辑部) 58908334(邮购部)

编辑邮箱　zhengfadch@126.com

承　　印　北京鑫海金澳胶印有限公司

开　　本　720mm×960mm　1/16

印　　张　15.5

字　　数　280 千字

版　　次　2022 年 3 月第 1 版

印　　次　2022 年 3 月第 1 次印刷

定　　价　69.00 元

一位来自农村的初中青年，靠着不懈努力，吃尽苦头，最终实现了律师梦。不仅如此，还跻身省会城市，成了省、市优秀律师，省、市律师代表，并完成了一部60万字的指导实习律师、青年律师、新晋律师成长的专著——《走向大律师——中国式执业律师进阶指南》。

作者在近三十年的法律服务生涯中真真切切地感受到做律师的艰难，也体会到老百姓打官司的艰辛和无奈。作者希望用自己的亲身经历如实告诉那些想当律师的人，律师有多么难当；告诉那些想打官司的人，官司有多么难打。

从向往律师职业到真正成为一名律师，作者把自己成长经历中的点点滴滴如实地展现在大家面前。本书所涉及的案例均是作者亲身经历、承办的案件，除了人物用化名之外，案件情节和处理都力求保持原状。作者尽量保持客观真实，帮助读者认识律师、了解律师、理解律师、支持律师，从而了解及关注我国法治建设。作者在自己的执业经历中，对很多现实问题的处理技巧，值得初涉律师行业的新人学习和借鉴。与其说这是一部律师笔记，倒不如说是一部律师执业纪实，一部很好的法治故事汇编、一部来源于生活，来源于工作的真实案例集，更是一部具有可读性、知识性、趣味性、实用性的普法读本。阅读本书，可以开阔视野、启迪思维，提升新晋律师的执业技能，增强你的法律意识和维权意识。

本书原载于“红袖添香网”，作者张洪律师原是“红袖添香网”的签约作家，该书曾许可“红袖添香网”使用5年，续期2年。该书一经网络发布即获好评如潮。应广大读者呼吁作者将其出版成书。作者的法律服务生涯始起于1992年，此书出版也是为纪念作者从事法律服务工作30年。

目 录

CONTENTS

1 追梦

我有过很多梦想，也遭遇过无数的打击和挫折。

为了实现自己的律师梦，我经历了无数的痛苦和磨炼，想过放弃、退缩，但我没有，一直坚持到了现在，直至余生。

成长的道路上，我为自己的梦想流过汗、流过泪、流过血。也收获了无数的鲜花与掌声，还有上百本的荣誉证书。

不忘初心，砥砺前行！

人生旅途，我选择了努力，选择了坚持！在我的坚持和努力下，律师梦实现了。为此，我为自己感到自豪与骄傲！

从小，我就相信一句话："别人能办到的事，我也能办到。"几十年来，这句话一直鼓舞着我前行。我之所以能成功，原因就在于一直敢于相信自己。

20 世纪 70 年代初，我出生在四川省 Q 县金锣乡（今李渡镇）玉河村易田塝的半工半农家庭，我立志要成为一名优秀的人，成为家乡走出来的佼佼者。为此，我使用了"巴渠娇子"网名。

父亲原来在四川省林业厅第五处工作，后来被分配到雅砻江木材水运局。母亲是农村妇女干部，当过妇女排长。

那个年代，家乡包产还没到户，还要参加集体劳动挣工分，凭工分分配粮食，劳动力很重要。

父亲在外面工作，家里没有男人，缺乏全劳动力（那个时候我们家乡把男人叫全劳动力，把女人叫半劳动力）。加上母亲是农村妇女干部，经常到大队（现在的村委会）、人民公社（现在的乡、镇政府）开会，因而会耽误干农活，所以母亲一人的劳动所得根本不足以养活全家人。

每年，我们都要靠父亲在单位节约的粮票来补贴家用，还要适当接济一下亲戚家，换取他们的照顾。因此，我从小就学会了节俭、关心他人。

我有一个妹妹，一家三口吃母亲一人挣的工分。虽然父亲节约的粮票会被拿来补贴家用，但日子照样很不好过。表面上，我们的日子过得很好，其实背地里很节约，从来不敢浪费和奢侈，这也让我养成了节约的习惯。

记忆中，我稍微大一点后就开始帮助母亲干活，跟随母亲一起去挣工分。那时，我参加的集体劳动有割花生藤、剔油菜叶子、捡狗粪等。不过，这是很多同龄人没有经历过也无缘经历的宝贵人生。

为此，我从小就养成了爱劳动的好习惯，以至于我至今都很信奉“天道酬勤”。“天道酬勤”也成了我教育子女的惯常用语和家训之一，我也喜欢收藏内容为“天道酬勤”的书法。

从小，我就懂得细心观察，勤于思考。或许这是我从事律师职业的一个优势。

我们老家，李姓比较多，队长、保管员都姓李。他们那个地方叫“李家院子”，我们这边叫“易田塝”，所以我的部分作品使用了“易田塝”这个笔名。

父亲不在家，母亲经常开会，好多时候分粮食都是我带着妹妹去领。在分粮食时，我感觉李姓人家分得的粮食基本上都比我们外姓的要多一些、好一些。

有一次，母亲没在家，队里又分大麦，于是我又去参加分配。

排队中，我发现保管员在为李姓人家分粮食时，用手捧箩筐下面的，而给其他人分的时候却是上面的。

我一边观察，一边思考。后来我发现箩筐上面的粮食的麦壳要多一些，下面的麦粒多一些。因为，在分配粮食的时候，他们会不时地摇动箩筐，颗粒饱满的粮食就会被摇到箩筐下面，麦壳多的相对较轻，就会浮于箩筐上面。

轮到给我分粮食的时候，我就不要保管员给我捧，我要自己捧，并对保管员分配不公平提出了意见。因为母亲是妇女干部，大伯又是支部书记，加之我还是一个小孩，他们听我这么说也不便说什么，只好让我自己去捧。不但如此，我还提出他们是大人，手比我大，我要捧两捧，他们也只好依了我。

从那时候起，我就学会了观察事物，分析事物，并敢于对不公平提出抗议；从那时候起，我也就开始发现了社会的一些不公平；从那件事情中，我也看到了大人们的私心；从那件事中，我也体会到了当干部有很多好处……尽管，这些都只是雏形。

因此，这件事情虽然已过去了几十年，但是现在还历历在目。

或许，这些经历让我从小就有了权利保护意识，养成了洞察事物的习惯。发现问题、分析问题、解决问题从此与我相伴。

有一次，队里组织社员去剔油菜叶，母亲又没在家，我也参加了劳动。

我们队里有一家人跟我们家的情况差不多，也是半工半农家庭，他们家也是两个孩子，我们两家关系比较融洽，我叫女主人表姑。

那一天，表姑也在参加劳动，她跟母亲一样身体不好，经常生病，但还是带病来参加集体劳动。

由于表姑有病在身，手脚比一般人慢，而且剔下来的油菜叶子又背不动，只好去找人来帮忙。

表姑一走，就有人去偷她辛辛苦苦剔下来的油菜叶子。我当时的劳动成果也不少，同样背不动，也在等关系好的大人来给我帮忙。

就在此时，我看到有人偷表姑的油菜叶。我感觉他们很没良心，就叫他们不要那样做，可是他们根本不可能听我一个小孩的，照偷不误，反而还恐吓我。

当时，我心里想，长大了，我一定要当个好人，不能做出像他们一样的事情，还要帮那些弱势群体，为他们打抱不平。

或许，从这时起，一颗嫉恶如仇的善良之心就这样被慢慢地培养起来了。

不过，那些偷表姑油菜叶子的人，其实也不是坏人，那个年代好像大家都习以为常，见怪不怪。

虽然，那时我不知道有律师这个职业，更不可能知道律师是干什么的，但是我幼小的心灵早就暗自决定，长大了，一定要为弱势群体说公道话，为他们撑腰。

后来，我可以上学读书了。但是，我上小学时连 5 元钱的学费都承担不起。而且，我们自己大队没有一年级，还得到邻居大队的小学上学。

在别的大队学校上学，由于跟老师不熟，不可能欠学费，交不起钱就上不成学。尽管如此，我还是会因为欠学费被老师罚站、撵出教室、扣发教科书等，丢尽了面子。这个时候，我感受到没有钱的日子不好过。

在我幼小的心里，或许好事儿不一定记得，但是这种事情却无法忘记。也许，这也是一种经历和磨炼。

当年，我们大队本来有两个三年级班级，为了收一年级学生，就把两个三年级班级合并成一个班，抽出一个老师来教我们一年级。但是，不知为何，当初教我们的老师又不是三年级合并来的老师，而是从外大队借的一个代课教师。

这个老师很凶，特别是对欠学费的学生，动不动就让欠学费的学生站在教室后面，甚至在开学的时候连书本也不给欠学费的学生发。

到了小学三年级，我们换了邻队的谢老师。而且之前我们两家就熟悉，因此我得到了很多照顾。

成年后，我选择了律师这个职业，在家乡也算小有名气，谢老师很看好我，经常夸奖我是她最得意的学生。

我小学成绩虽然不是最好，但也算好成绩。由于我比较聪明，嘴巴特别甜（看到熟人、长辈、老师都爱打招呼），老师也很喜欢我，对我特别关照。

我小时候身体不太好，个头也小，那些高个子的同学常常欺负我，所以我从小就有过“弱势群体”的经历和体会。因此，长大了要当个英雄的思想就根深蒂固，只是当年自己根本不知道怎样才能成为英雄。

有一次考试后，同学们争先恐后地出教室门，我被后面的同学一挤，就跟着前面的同学滚到教室外面的一块空地上。

这一挤一滚，本来没有多大关系，可是我却滚到一位女同学身上去了，把她压在了地上。同学中有好事者一见到这种情况就起哄，都开起了成人常开的玩笑。同学们虽然在开那些成人玩笑，其实大家根本不知道是什么意思，只知道那是脏话。

这一下，我就惨了。那个被挤下去，被我压在身下的女生一听到同学们的笑声就非常生气，翻身爬起来一把抓住我，对我又打又骂。我反复解释都不管用，反正她都不听，对我又吵又闹，最后在老师的劝解下，那个女同学才放手。

放学后老师都走了的时候，那个女同学突然又来到我面前，一把抓住我的文具盒放进了自己的书包。我根本没有想到她还会来找我的麻烦，一下子不知所措。等我回过神来，那个女同学已经走远了。

文具盒被拿后，我不敢回家，怕母亲打我（小时候，母亲对我非常严格，东西掉了基本上都是要挨打的），只好提着书包跟着那个女同学追去。

在学校后面的一个小卖部（当时的合作商店），我追上了那个同学。追上她后，我就把她抓住，要她把文具盒还给我，可她就是不给，我们就一直僵持着。正好，那天母亲病了，来到合作医疗站看病，听说了我的事，立即赶来为我要文具盒。结果，那个女同学很有个性，说不给就不给，母亲也拿她没办法。正好那个同学读初中的姐姐放学回来，看见我们互相抓扯僵持着，她费了很多口舌，才让她妹妹把文具盒还我。

这件事发生后，同学们都认为我没出息，连一个女同学都奈何不了。母亲也说我没本事，被一个女同学欺负了，还说我不对。我对此特别委屈，觉得特别的冤枉，找不到说理的地方，找不到听我解释的人，为此我特别痛苦。经过这件事，我感觉自己太冤了，很久都没理那个女同学，当然她也不可能理睬我，我们一直“冷战”。这种“冷战”，一直持续了差不多六年，直到初中快毕业的时候。

一个下雨天，我看到这位同学没带雨伞。经过复杂的思想斗争，最后决定鼓足勇气把雨伞让给她。虽然当时那个女同学没有接受我的好意，至少从此我们的僵局打破了，我们又开始了语言上的交流。

也就是从这件事开始，我决定长大后要为那些被冤枉的人做些什么，来关心、帮助他们。

在那个时候，我脑子里根本没有律师的概念，根本不知道自己长大后还可以当律师。

20 世纪 70 年代末，我家还是生活条件窘迫，我经常打着赤脚上学，衣服破破烂烂。记忆中，每年的雨季都很多，我经常因为路滑而摔跤，导致不是衣服鞋子被打湿，就是书包被弄脏，总之没少因此挨打。

正因为小时候经常挨打，总觉得很委屈，加上一些其他原因被父母惩罚，我感到冤枉，又总是无法解释，父母也根本不听我的解释。慢慢地，我就想要是有一个录音机就好了，可以把平时说的话录下来，在被冤枉时好拿出来对质。

虽然我知道父母的打骂都是为了教育我，可是被父母误解而挨打受气还真不好受，而且还找不到人说理。毕竟，父母出生年代不同，受到的教育也不多，很多时候我还是很理解的。

在我们家里，母亲经常外出开会或出去干活，就留下我在家里看护妹妹。妹妹小时候特别要强，什么都要按照她的意思去做，否则她不会同意，而且在母亲回来时，还会去告状，她一告状，我多半会挨打受骂。这也是我童年记忆里很重要的一部分。

妹妹的性格以前并不是这样的，记忆中，应该是她从父亲单位回来之后发生改变的。现在想来，或许是当时就妹妹一人在父亲身边，父亲对妹妹比较娇惯所致。

有一次，母亲没在家，妹妹不听话，用火钩（农村里经常烧煤炭，火钩用来钩灶下面的冷煤灰）在钩煤灰，我担心她被烫伤，就上前从她手里把火钩给夺了过来。

在抢夺的过程中妹妹很凶，又哭又闹，还说母亲回来要告我，一不小心火钩接触到妹妹的额头，妹妹被烫伤了。

母亲回来时，妹妹告状说我用火钩去烙她，看到妹妹额头上的烫伤，我被狠狠地打骂了一顿。

妹妹比我小，她是弱势，语言就是证词，额头上的伤就是证据，父母当然会相信她。这与现在很多事情都是一个道理，所以现在遇到这样的事情我很理解，毕竟人家在证据上占优势。因此，我在实际工作中，非常重视证据，任何事情都严格要求自己用事实说话，拿证据说服人。

不过，这里我又发现了另外一个问题。那就是我们习惯说“眼见为实，耳听为虚”，实际上也不全是“眼见为实”，有时候看到的也不一定就是真实的，这就是我们现在所说的客观事实与法律事实的差异。

当时发生的客观事实，在事后没法再现，只能以证据来证明，得出来的结果就是法律事实。我们往往容易被假象迷惑，证据证明的法律事实实际上并不一定就是客观事实。

时间长了，慢慢习惯了。本就胆小的我，根本不敢再得罪妹妹了。在这样的环境下，我的容忍度得到了很好的锻炼！

凡事都有一个度。我的容忍也是有度的，在实在忍无可忍的时候，我也会反抗。虽然每次的反抗我都会吃更大的亏，但是我还是会坚持反抗，这或许又培养了我的倔强性格。

尽管每次的反抗、辩解都无济于事，但我仍然坚持。这就像我做律师争取自己的权利一样，虽然最终不一定能够争取到，但至少努力了，可以为成功打下基础。

为了证明自己是被冤枉的，为了证明不是我的错，我从来没有放弃过辩解。这又让我从小便养成了辩解习惯和能力，也帮助我在律师路上练就了一副不错的口才。或许，这是因祸得福吧！

这些经历让我明白了一个道理，无论是顺境还是逆境，只要自己坚持，对自己有信心，不轻易放弃，善于观察，勤于思考，多加总结，总会从中获得回报。一定不要为了抱怨而抱怨，要将抱怨转化成动力和自信，才能不耽误前程。

平时，我总盼望父亲回家。因此，每次父亲回家，我都可以说出一大堆理由，哪怕父亲不一定听我的、信我的，至少我有机会解释，有地方说理。

向父亲诉苦、叫屈，这似乎就是我释放压力和委屈的途径和出口。尽管可能没有成效，但我还是会感受到如释重负。

这样的经历，事实上对我后来从事律师职业也有很大的帮助，也是一种宝贵的财富。这些经历和体会让我学会了，只要有一线希望就要尽最大努力为我的当事人争取权益。

1986 年下半年，上初中的我开始向老师借有关锻炼口才的书刊、杂志来看。在那些书刊、杂志上，我初步了解到有律师这个职业，对律师略知一二。

尽管不是很懂律师这个职业，但是我至少知道律师都很会说，口才很好，见多识广，博学多才，有正义感，能为人打抱不平……

我国律师制度恢复于 1979 年，当年 12 月 9 日，司法部发布了《有关律师工作的通知》，明确宣布恢复律师制度。那一年我上小学一年级。

1980 年 8 月 26 日，全国人大常委会通过并颁布《律师暂行条例》（即《中华人民共和国律师暂行条例》，本书以下涉及我国法律、法规直接用简称，省去“中华人民共和国”），那时全国的律师只有 212 人。

1986 年，第一届全国律师代表大会召开，全国律师人数已达到 21 546 人，3189 家律师执业机构的代表汇聚北京，成立了中华全国律师协会。那一年，我上初中一年级。

正是在这样的背景下，律师这一职业开始较多地被报纸杂志报道，由此我才有幸在初中阶段就知道了律师这一崇高的职业。

我上初中时，通过向老师借阅《演讲与口才》杂志，知道了律师这一职业，也是这本书使我爱上了律师这个职业，并走上了律师之路。

几年后的一天，我在《人民日报》上看到一则招生启事，是海南省南亚函授学院招收函授学生。

招生启事上说，该学院招收高中、中专以上学历的学员，如果没有高中或中专学历，愿意吃苦，勤奋好学的有志青年都可报名入学，不需要入学考试。

在招收的专业中就有法律专业，招生启事上说毕业后可以参加律师考试，考取律师资格当律师，还可以由学院推荐就业。

看到这一则招生启事，我就像抓住了救命稻草，激动不已，高兴至极，至少是好几个通宵未眠。

这毕竟是一条非常不错的人生出路，而且还是一条难得的出路。

可以毫不夸张地说，这则招生启事改变了我的人生，也决定了我的人生，为我走上律师道路指明了方向。

我在没有与任何人商量的情况下，用书信的方式与海南省南亚函授学院取得了联系，希望能报名入学。很快，有了消息，学院同意我报名入学，并给我寄来了录取通知书。1990 年上半年，我在费了九牛二虎之力后，终于参加函授学习了。那年，我 17 岁，对函授不太了解，只知道可以学习，拿文凭，可以推荐就业，说不定自己将来真能当上一名律师。

梦想，就此起航，我信心满满。

报名后不久，学校便给我寄来了学习资料，还有一些校刊、一个学生证，我怀揣律师梦想，非常认真地开启了法律专业的大专课程函授学习。

当年，我学习的第一部法律是婚姻法，这让我多年以来一直对婚姻家事案件情有独钟，并办理了很多婚姻家事案件。也为我连续三届担任成都市律师协会婚姻家事法律专业委员会委员，连续两届担任成都市律师协会婚姻家事法律专业委员会副主任，于 2020 年 4 月获得四川省婚姻家事专业律师评审认定打下了坚实的基础。

1991 年，我大专函授学习结业了，拿到了函授专科结业证书，按照招生启事的要求，函授结业后，还要继续在香港亚洲函授学院学习一年才能毕业。

1992 年，我终于取得了函授大专毕业证，成为一名函授大专毕业生。

毕业当年，学校给我推荐了海南省儋州、三亚、海口三地的司法局，这三个单位都给我发来了录取通知书。

遗憾的是，在思想保守，观念陈旧的乡村干部们的意见左右下，父母坚决反对我背井离乡前往海南省。

当年，海南刚建省时间不长，对于从老家到海南省到底有多远我们也不清楚，只是在乡村干部口中得知海南省是一个荒无人烟的地方，条件艰苦，人又野蛮，很多地方寸草不生，总之是不能去。因此，我就这样错过了三次到海南省的机会。最终在老家的县司法局找到了从事律师工作的老师，开始学习法律业务。

2 拜师

1992年，我正式接触法律服务行业，开始从事法律服务工作。

我与老师的第一次见面，是在老师家里。

当年，我国律师管理制度正处于发展阶段，要求也不那么严格，律师执业机构很少叫律师事务所，而是叫法律顾问处。

在律师职业生涯中，我拜了很多的老师，他们对我的帮助都非常多。这使我充分领会了“多学为师”的精神和含义。

这位启蒙老师是侦察兵出身，在部队当过侦察连连长，回到地方先是被安排在公安局工作，后来被调到县司法局工作。

我们去之前就早有预约，老师是专门在家等我。

到老师家里，看到他西装革履，风度翩翩，对他的形象和职业都十分羡慕。

当时，不知是出于什么目的，介绍人要求我不要说出自己学习过法律专业，只说自己爱好律师职业，一心想当律师，所以就没有把我自学法律的经历告诉老师。

当天，老师问了我很多问题，我的回答让他非常满意。不过，他告诉我暂时还不能决定是否收我为徒，要我拿一本《民法讲义稿》回家自学一星期，到时他再“验收”。

我拿到老师给的那本《民法讲义稿》，虽然已经很破旧，但是心里非常高兴，暗暗告诉自己一定得认真学习这本书上的知识，争取让老师收留我、帮助我，助我实现律师梦想。

终于通过了老师的考核，他同意收我这个徒弟。

最后，老师说为了方便我学习，要求我住在他家里。

说实话，当年根本不知道应该怎么学当律师，以为老师会在办理案件时带我一同前往，心里非常高兴，也是蛮期待的。

然而，到老师家里后，他并没有带我一同办案，而是安排我给他家里买菜、做饭、打扫卫生和辅导师妹学习，平时主要就是背法律条文和法学基础理论。

老师告诉我要学当律师，必须先学会待人接物，为人处世，同时熟记法律条文和法律理论知识，他说这是基本功。

第一个月，老师只是让我看书、背法律条文和法学基础理论。

事实上，这很有效，我还真的记下了很多的法律条文和法学基础理论知识，老师有时忘记了，用不着查找，我就可以直接给他背出来。

我的记忆力和刻苦劲儿，老师从来没有可挑剔的。

老师有时挑剔得让人难以接受。比如，煮面条时，多煮点他说浪费，少煮点他说不够吃，煮久点他说软了，少煮一会儿他说吃了对胃肠不好，放多一点盐，他说咸了不好吃，少放点盐他又说没有味道……

慢慢地，我摸索着老师的性格，研究、分析他的心情，寻找他易于接近的地方，终于我找到了尽量少挨批评的方法。

后来，凡事我都先问问他，或者把水烧开，放面条、调料等，都让老师亲自来。

通过加强交流，老师对我也就开始没有那么苛刻了。反而，通过我们的交流，我还真的学到不少生活上的知识。

后来，我正确认识到老师对我的态度，他是故意在锻炼我的意志，磨砺我的性格。现在回想起来，当初要是没有老师的那种教育方法，或许也就没有今天的我。

不过，我那时根本无法认识到这些，反而感觉好像不是在学当律师，而成了老师家的免费家佣。我一时间有了怨言，但是却不敢提出来。

有一次，我趁老师高兴，就试着问，可不可以在办案时带着我一起去，老师说我还没有到那个程度，时机还不成熟，还是让我继续背诵法律条文，等待安排。

为了能跟老师一起出去办案，我主动提出条件，达到了就可以跟老师一起参与办案。

在我的再三请求下，老师同意了。不过，需要背诵的东西也就更多了。为了能早日跟老师一起出去办案，我狠下心努力背诵。

当时，老师告诉我不管是否能理解或者明白法律条文的含义，只管先背下来再说，首先是记住条文内容。

老师告诉我，这就是一种阶梯式学习法，到了一定的程度，记忆中的法条就会产生作用，自然也就会理解其含义了。

很快，我的条件达到了，但是老师还是不同意带我，我也不好过于要求，只好耐心等待。

过了一段时间，老师开始让我看他办理案件时起草的一些法律文书。

有时候，老师时间忙，来不及处理的废旧法律文书，就让我处理。其实就是用一个盆子，点火烧了。

老师告诉我，在办理案件中的任何只言片语都需要保密，就是使用过的废纸也不能随便乱扔，一定要马上处理掉，否则一不小心泄露了案件秘密，后果不堪设想。

每次老师让我处理法律文书的时候，都得亲自看见我粉碎了，点火烧了他才放心。

虽然如此，老师有时非常忙，偶尔也直接把作废的资料交给我，让我帮忙销毁。

我为了学习法律文书的写作，一直想找机会认真看看老师是怎么写这些法律文书的，趁老师不在家的时候，我会悄悄把那些废旧法律文书藏好，抽空慢慢阅读、领会。现在回想起来，有点儿偷师学艺的感觉。

当年，我总觉得老师的文书写得并不是那么理想，总觉得力度不够，缺乏义正词严的风范，有时还觉得缺少点硬气。不过，我那时是初生牛犊不怕虎，根本不知道天高地厚，才会有那样的想法。

实际上，老师制作的法律文书十分严谨，用语恰到好处，绵里藏针，几乎可以说是无懈可击，也不会引起对方反感和歧义，且通篇不会有废话，连多余的字都不会有。

经过这些年自己的执业经历，我才感受到老师写作法律文书的功底非常之深，非一般律师能及。这里面蕴含着很多的技巧和写作的艺术，没有几十年的历练达不到那种效果。

有了这些法律文书样本，我就自己学着文书的格式，开始制作法律文书。

过了一段时间，我主动把自己写的文书给老师看。老师看到我写的法律文书后，觉得很不错，根本不相信是我写的。我这才告诉老师，自己自学过法律，有一定的基础，也偷偷研究学习了他制作的大量法律文书。

老师知道后，没有任何责怪，反而说我谦虚，夸奖了一番。只是觉得我的字太差了，文字功底十分欠缺，又要求我练习写字和扩展阅读，增长知识，开阔视野和思维。于是，我又开始练字，并阅读一些其他法律书籍。

与老师相处的那一段时间，是我人生中不可缺少的部分。在老师家里，我学到了很多生活知识和安排生活的方法，怎么节俭、怎么节省时间、怎么为自己找到客观理由逃避责怪和埋怨。

不但如此，在那段生活中，我更学会了对人、对事的容忍和分析事物、判断事物、解决一些实际问题的办法和能力。当然，做饭也是那个时候学会的。

有一天，老师突然主动让我一同去顾问单位，研究一个经济合同纠纷。

有这个机会，我心里特别高兴。不但精心打扮了一番，而且还把《经济合同法》（当年适用的是《经济合同法》，《合同法》是 1999 年颁布实施，2021 年 1 月 1 日废止的。另外本书涉及的法律均为案件发生当时的法律，后不再说明）熟悉了一遍。

我们要去的顾问单位是县属企业，是当时效益很好的一家生产厂家。李厂长跟老师关系很好，老师是他们厂里的常年法律顾问。我们到厂里时，李厂长很热情地接待了我们。

这是我第一次跟老师出去，也算是我参与的第一次法律服务，心里别提有多高兴了。

人只要一高兴，就容易得意忘形。特别是李厂长还特意安排人带着我到生产车间去转了一圈，参观了他们的生产车间和生产流水线。

我开始有点儿得意忘形，急于表现自己，自以为是一个很了不起的角儿。

很快，参观结束后我们就回到厂长办公室。

接着，大家都到厂部办公室研究那个合同纠纷。厂长、书记、供销科长、办公室主任等人都在，会议室里大概有十几个人。

先是李厂长给大家介绍我，特意说我是老师的“高徒”，接着供销科长介绍案件情况，并出示合同书及其他证据。

原来，上海有一家企业在我们来的厂子下了一份订单，约定购买价值 140 余万元的布匹，后来该企业又无故终止合同，并要求我方退还 14 万元定金，厂里当时很缺乏资金，并且他们认为是上海的企业违约，遂不太同意退还，想征求法律顾问的意见。

对于当时实施的《经济合同法》，我基本上是倒背如流，记得滚瓜烂熟，加之在走之前又温习了一遍，所以有点跃跃欲试。不过，在那么多人面前，起初我还是有点自知之明的，一直在心里告诫自己不能冲动，要冷静点儿、谦虚点儿。

大家看了合同，都发表了意见后，我一直想说说自己的意见，但是没有人提议，我也就不好轻易发言了。

不过，我发觉老师的发言似乎有点儿不对，好像没有说到重点，也不知老师是什么意图，所以我更不好随意发言了。哪怕心里痒痒的，也没有开口。

就在大家都保持沉默时，李厂长看看老师，又看看我，对我说："小张，你听了我们的意见，也看了合同，你是怎么想的？你说说。"

我一听李厂长问我，心里又高兴又激动，感觉心跳得非常快，就像要蹦出来一样，心想终于轮到我展现自己的才华了。那种表现欲望非常强烈，只有经历过的人才会有体会。所以，现在我每当看到自己带出去的助理、青年律师想急于表现自己时，就一定会回想到当年的自己。

那次，是我有生以来第一次参加这样的会议，到这样正式的场合发表自己的意见，既激动又骄傲，自以为很了不起，有点飘飘然的感觉。

我定了定神，看了看大家和老师，心想要是老师也让我说，我就说说我的意见，要是老师没表态，自己最好还是不要发言为好。毕竟这些人我都不认识。

正当我等老师给我提示时，他看着我说："你就说说你的看法嘛，说错了也没有关系，胆子放大些只管说。"

我一听老师也让我说说自己的意见，还叫我胆子放大些，真就觉得机会来了，应该好好表现一番。胆子真就大了起来，以为老师真叫我表现表现自己。

于是，我针对厂里与上海企业方面的合同内容、效力、存在的问题、争议焦点谈了我的几点意见。最后，在处理方面，我觉得既然是上海方面违约，他们无故终止合同，他们就应该承担违约责任，根据《经济合同法》的定金罚则和合同的约定，定金可以不予退还。

同时，我把当时适用的《经济合同法》第 14 条对定金条款的规定，"当事人一方可向对方给付定金。经济合同履行后，定金应当收回，或者抵作价款。给付定金的一方不履行合同的，无权请求返还定金。接受定金的一方不履行合同的，应当双倍返还定金"，一字不漏地背了出来。

发表这些意见后，我心里美滋滋的，认为老师、厂长以及在场的人一定会给予我一番夸奖，对我大加赞赏。

当年，我还是一个毛头小伙子，不但说出了处理办法，还说出了法律依据，在场人对我都刮目相看。李厂长为此当场表示，从那时起，我也被聘请为法律顾问了。不过，后来这件事因种种原因未能兑现。

那段时间，该厂经济比较困难，如果不退这 14 万元定金，对他们来说是一件很值得高兴的事情，可以解决他们企业的燃眉之急。要是真退这 14 万元的定金，企业就会陷入暂时的经济危机。毕竟，在那个年代 14 万元不算小数目。

当天原本是没有安排饭局的，因为我给他们解决了一个很大的经济困境问题，李厂长临时决定中午请我们吃饭。

会议结束后，我仍然沉浸在喜悦中。

就在去吃饭的路上，厂方的领导都在夸奖我，我还以为给老师长脸了，他也会夸奖我。没想到的是，老师趁大家不注意时，不但没有夸奖我，反而批评了我，叫我不要逞能、炫耀等。他说，我这样表现得过于聪明，不好，容易得罪人，太爱表现自己往往会适得其反，叫我千万不能锋芒毕露。

老师告诉我，做人一定不要自作聪明，否则会聪明反被聪明误。他说，不要以为你懂法，就想炫耀自己，到了一定的时候，你自然就会明白。

当时，我沉浸在被夸奖的喜悦中，本以为老师也会夸奖我，没想到老师会这样说。我以为老师有别的用心，一度对他有误会，觉得是我抢了他的功劳，他才不高兴，才会这么说。

在后来的工作中，我因此吃过很多苦头，才体会到老师说得非常对。的确，在我的律师执业生涯中，很多烦恼都是因为我把持不住自己，自以为是，给自己增添了很多的烦恼和压力。这其中的玄机，只可意会，不可言传。

这之后，老师谈案件也就不再让我一同去了，把我晾在一边很长一段时间，让我自己总结，自己开动脑筋想想他说的话。

事实上，我的爱表现让我经常吃亏，不得不让我反复反省，在之后的职场中也就不再那么冲动地表现自己了。

过了一段时间，该厂涉及另外一些法律问题，李厂长让办公室通知我去办理，包括有一次制作《支付令》，收取布鞋厂的 5 万元借款。

那份《支付令》是我对外写的第一份正式法律文书，感觉非常成功，底稿至今都还保存着。

几次接触后，李厂长对我更加欣赏，最后提出聘请我到该厂办公室工作，做办公室副主任。不过，最后也因故未能实现。

1992 年，我与该厂接触一度较多，有时一些法律问题，我一人就可以处理，且基本上都很成功，厂方和老师都很满意。

那个年代，律师管理制度和基层法律工作者管理制度还在摸索中，管理比较松散。基层法律服务所可以自主聘请人员，只需要向县司法局打一个备案报告即可。这些人员，不占编制、不拿工资，办理案件分成。

也就是当年，国家才开始实施基层法律工作者资格考试制度，证件要求也不那么严格，只要向县司法局打了备案报告，司法局知道某法律服务所聘请了某个人，有法律服务所的聘书，就可以代理案件了。

1992 年 6 月 7 日，该法律服务所经向县司法局报备后，为了我方便工作，特地给我颁发了一个大红聘书，作为我是法律服务所法律工作者的身份证明，这为我开展法律服务工作带来了很大的便利。

从这一天起，可以说，我开始正式涉足法律服务行业，并真正开启了我的法律服务生涯（按照法律规定，我这时还不算律师，只是一名还没有取得执业资格的基层法律工作者）。

处女作 3

这是我从事法律服务行业接到的第一个案件，我接受这个案件的代理工作完全是出于偶然，也是与介绍案件的人有缘。

那天，老师不在家里，一位老者没有预约便突然到访。

他是老师的朋友，前来找老师是因为有一个亲戚要打一场官司。

那时，我们老家县城还没有人用手机，连传呼机应该都没有。所以，无法与老师联系。不过，来者是客，又是老师的朋友，我当然不会怠慢。

来者告诉我他姓陈，叫我称呼其陈叔叔。

安顿好客人，我到菜市场买了菜，热情地招待了客人。

吃饭时，陈叔叔问我会不会写答辩状。

我当时还没有替任何人写过正式的答辩状，只是偶尔起草过一些文书。我想都没有想就回答："答辩状我会。"

听说我会写答辩状，陈叔叔当时有点不太相信，但是法庭又让他们必须递交书面的答辩状。那时不像现在，现在可以不写答辩状，当庭递交或口头答辩都行。

为了应付法庭，陈叔叔说给我一次锻炼的机会，让我来写写看行不行。我求之不得，有这么好的机会，当然要好好把握住。

吃完饭，我便坐下来认真写答辩状。

这是一个遗产纠纷，我方当事人是一个女的。她丈夫在西藏打工时掉进一个大水库里被淹死了，当地警方处理时是直接裁决用人单位赔偿了 9000 元钱。她回老家后，给丈夫的父母分了一部分钱，在他人的撮合下准备改嫁。

原本，她丈夫的父母分到钱也没有说什么，他们希望儿媳与未婚的二儿子"转房"（"转房"是过去我们当地的一个风俗，死去丈夫的女人不外嫁他人，直接跟丈夫的弟弟或哥哥结婚，如果丈夫的弟弟或者哥哥曾经结婚，老婆去世，叫“填房”，没有结婚的叫“转房”），可是后来听说儿媳妇要改嫁，就不同意了。

他们要求儿媳妇把 9000 元全部留下，孙子也不让儿媳妇带走，家里的粮食、财物都不让儿媳妇动一点。

经多次与儿媳妇交涉未果，他们把儿媳妇告到了当地法庭。儿媳妇知道后不知该怎么办，就找到欲嫁的准丈夫，这个准丈夫就找到了陈叔叔。

法庭送给他们的诉状把西藏公安机关的裁决书上写的“家属”两个字改成了“亲属”，而且丈夫的父母早就与他们分家单过了。

为此，第一，我在答辩中提出，死去丈夫的妇女有权改嫁，这是丧偶妇女再婚的权利，公婆不应该非法干涉；第二，改嫁的妇女有权利带走属于自己的财产和继承丈夫的遗产；第三，作为母亲，未成年人的父亲去世后，母亲只要没有失去监护的民事行为能力，任何人都不能剥夺母亲的监护权，原告无权阻止作为母亲的被告带着儿子改嫁；第四，该笔款项是给“家属”的，而不是给“亲属”的（作者注：这个观点是错误的，当时也是为了权宜之计），我当时认为她公婆是分了家的，不能算她丈夫的“家属”，只能算“亲属”，在自己丈夫死后，当儿媳的给了一部分钱已经够意思了，现在又来为难儿媳，是公婆的不对，儿媳有权利选择嫁给谁，公婆不应该干涉。

写这一份答辩状，是我学习法律专业以来第一次运用《婚姻法》《继承法》的相关知识，自我感觉还是很好的。答辩状写好后，陈叔叔看了又看，他说要不是当面看到，根本不会相信是我写的。

显然，他们对我写的这份答辩状非常满意，给了我 30 元代书费表示感谢。当年代书收费标准是 2 元至 5 元，我能收到 30 元已经很高了。

我凭着自己自学的法律知识，大胆、独立地运用所学，第一次给别人写答辩状，不但得到了当事人的认可，还得到了 30 元代书费用，拿到了我第一笔法律服务业务收入，别提我心里有多高兴了。

他们拿着诉状，反复研究，反复讨论，结合我的答辩，最后陈叔叔建议让我代理这个案件。

当然，他们知道我还没有单独代理过案件，更没有单独上过法庭。这些情况我已经如实告诉了他们。

陈叔叔问我，如果请我打这个官司，我敢不敢接？如果接的话，问我要多少钱？他建议我把这个案件接下来，让自己破破胆。

当时，我根本没有选择，本就在心灰意冷的低谷时期，遇到这么好的机会，哪里还容得考虑。根本不用思考，我立马就答应接这个官司。

至于费用，我觉得自己还没有达到谈条件的水平，有案子让我试手脚都是万福了，还敢谈什么价钱？

于是，我对他们说，费用方面你们看能给多少就给多少，反正我还没有正式代理过案件。

当时我也还没有拿到法律服务机构的聘书，只能够做公民代理。

见我如此坦诚，陈叔叔就主动说给我 300 元，要是满意了，还会给我奖励。

300 元相当于当时一个大学生毕业后 3 个月的工资，这已经不是一个小数字了。

在陈叔叔的帮助下，我接受委托，代理这个案件。不过那时，我还什么都算不上，也没有签订合同，他们直接给了我 300 元的代理费，给我写了一个委托书，就算办理了委托手续。

后来，老师回来我主动介绍了接受委托代理这个案件的经过，又主动提出代书的 30 元钱归我，代理费 300 元我交给老师处理。

老师听我这么一说，也没有说什么，还说代理费他不要，让我自己认真办案。但是，为了帮助我，老师还是同意开庭的时候陪我一同出庭，避免我没有经验，出现无法预料的状况，辜负了陈叔叔的信任。

或许，这个案件也该我独立完成，就在法院确定开庭那天，老师有事需要外出，我不得不自己独立面对。

开庭那天，老师要到下午才会回来，他让我自己先去出庭，如果真有什么困难等他回来再说。

到了开庭的当天，陈叔叔他们都在法庭等我，让我直接去法庭。我一个人在家里，找不到商量的人，心里还是很担心，真怕出事情。但是已经约定好了，更重要的是已经收了人家的代理费，总不可能不去。

19 岁的我，从没有见过法庭是什么样子，更不知道庭到底怎么开，也不知道程序是不是如书上说的那样，外表装出无所谓的样子，心里其实一点儿底都没有。

再说，我国《民事诉讼法》是 1991 年 4 月颁布的，才一年时间，很多程序不要说我不熟悉，法院的法官也不熟悉。

到了法庭上，一切都是那么新鲜，我有点儿好奇，当然更紧张。开庭时，心跳非常厉害，感觉快要蹦出来了，也不知要怎么说才好。

我坐在法庭里面的木椅上很不自在，两条腿不听使唤，抖得厉害。而且，拿卷宗和笔的手也很不争气，跟两条腿比赛谁更会动。我极力控制自己的紧张和不安，生怕被人看出来。

接着，法官来了，问了问各方的情况就宣布开庭。此时，我看法庭并不是那样令人生畏，心里平静多了，慢慢进入了角色。

说实话，我的适应能力一直都很强，进入角色很快。

可是，在开庭审理中，我明显觉得法官有偏心。但我毕竟是新媳妇坐轿——头一回，也不知道处理的方法，就直接当庭说法官不公正。其实，我嘴上这么说，心里虚得很。

法官听我说他不公正，也没有过多解释，直接宣布休庭，不允许我继续代理开庭了，通知第二天继续审理。

代理第一个案件就遇到这样的事情，让我觉得无地自容。

陈叔叔他们没有为难我，而是共同想办法研究下一步怎么办。他们看到我因为顶撞法官才发生这样的事情的，认为是为了他们的合法权益，对我的勇气和胆量非常佩服，所以没有埋怨我。当年我的确也太冲动了。

休庭后，我马上给老师打电话，幸好老师刚回到家。不敢有半点谎言，一五一十地告诉了老师全部经过，并请他帮助。

老师告诉我，刚刚退休的中级法院院长，在法院系统老干部办的某法律服务所当律师，他说他们关系很好，可以让他们来帮助我。

我把这一情况告诉了陈叔叔，陈叔叔同意这么办，并说钱不要我给，给我的就是我的，找中级法院退休院长的钱还是让当事人出，他说毕竟我是努力了的。

把这些事情安排好后，我就去告诉法官，要求变更代理人（其实反正他也不让我出庭了，只是想告诉他我们另请高明了）。

按照法官安排，第二天就要继续开庭，老师马上联系了市中级法院刚退休的院长。院长答应下午就来，让我们就在当地等着院长的到来，以便向他汇报案情。

与院长一同来的，还有市政府所在地某基层法院退休的一个院长和一个副院长，听说那个法律服务所当初就是他们三个创办的，那时候法官退休后可以从事代理工作，以弥补律师资源的不足。

在三位老院长来后，几乎在我们迎接的同时，法庭的法官也赶来了，并转达了县法院院长的问候和邀请。

接到老院长三人后，法庭安排他们住在了一个离法庭比较近、卫生条件比较好的旅馆，给他们买来了干毛巾让他们擦身上的雨水。

坐了一会，老院长说，他们几个来得匆忙，还没有来得及吃午饭，而且他们也是第一次到这个小镇，让我们带他们去吃饭。

法庭的一听，马上就派人去该镇中学旁边的饭馆给老院长一行安排。

老院长主动要求我一起去，并让我在吃饭时给他们说明情况。

我当时不知道中级法院院长有多大的权力，也不知道是多大的官，一点儿也不怕，叫我去我就跟着去了。真是初生牛犊不怕虎。

到了饭馆，三人落座，我们在一旁陪着。老院长见我们都站着，就叫大家都坐，可是谁也不敢坐，都在旁边站着。

老院长对我特别关心，要求我过去陪他们三人吃饭。

20 世纪 90 年代初，我们当地生活条件还很差，中午我们吃得非常简单，绝对没有老院长他们吃得这样好。望着一桌子可口的菜肴，十分嘴馋，但不好意思吃，我就坐着，一起陪着他们。

他们一边吃饭，我就一边介绍案件情况。此时，院长对法官说："今天我是来帮小张的忙，你不用把我当领导，但是现在没有在法庭上，我还是可以批评你的，在法庭上我就听你的指挥。"经院长制止，法官只好听我说。

说完案情，老院长对我说："小张，你老师与我关系很好，我很佩服他，我看得出来你也很不错，只是需要人提拔帮助，你要好好学习，有什么困难就找我们三个，我们会帮助你。"说完，他就把他们三人的联系电话和住址写给了我，让我先回去，不用在那个镇上陪他们了。

听了老院长的话，我感觉甜甜的，非常感激和高兴，心里再次暗暗告诉自己一定要混出个名堂来，一定不能辜负了老院长他们的期望。

当时，他们还没有吃完饭，我也不想走，仍然坐在那里。他们就给我讲部队上的事情，后来又讲到当法官、当院长，讲到一个中级法院院长有权决定罪犯的生死等问题。

我就像听故事一样，很多都听不懂。不过，我得知老院长曾经可以决定人生死，还是很羡慕的。

在院长的帮助下，双方当事人在法庭达成了调解协议，我方当事人多给了一点钱给她丈夫的父母，她丈夫的父母不得干涉儿媳改嫁，并不得挽留孙子侵犯儿媳对孩子的监护权，儿媳以后要常带孩子回老家探望爷爷、奶奶，爷爷、奶奶也可以去探望孙子。

回顾过去，转眼就 30 年了，我国的律师制度已经发生了翻天覆地的变化，司法改革也是硕果累累，我再也不会有这样的经历了。

无论是经历，还是过往，这都是我人生中非常宝贵的一笔财富，我舍不得丢弃它，尽管反复修改，我还是想保持最真实的原样，所以写这个案子我没有采用任何的修饰手法和掩饰。

这个案子我写过多次，也修改过多次，写完这章的时候是 2010 年，最近一次修改是 2020 年，今年是最后一次修改。

人生没有几个十年，但是从我办理的第一个案子到如今已是 30 年了，难得的是这是我经历的第一个案件。

4 小孩赌博引官司

20 世纪 90 年代初，不足 20 岁的我没有社会地位也没有经历和学历，更没有社会知名度。

我平生办的第一个案件就遇到了麻烦，这对我来说也是一种磨炼和考验，当然更是非常宝贵的经历和人生财富。

我并不觉得第一次的遭遇或者说经历是什么坏事，反而觉得通过这个案子，我学到了很多非常有价值的东西。至少，我多了一次经历，有了第一次的经验。从这方面来说，这次的经历无疑对我帮助非常大。

任何人都应该有第一次的经历，我代理第一个案件后胆子大了起来，在认真分析、总结经验后，有了很大的进步。介绍我去拜师学当律师的人知道我的情况后，给了我很大的鼓励。

不久后，他找到我说有一个人与邻居发生了纠纷正在打官司，他推荐我去代理。他说这个案件不大只有几百块钱的事，但是能够锻炼人，收点钱就算了，现在不要考虑钱的问题，先把自己锻炼强了再说。

在他的帮助下，我成功接受了第二个案件的委托，不过案件的确很小，我只收了 150 元。当然，那时候的 150 元也不算少了，相当于一个大学本科生一个半月的工资了。

这个案件是由两个小孩玩赌博游戏引起的。某村的小孩在放鸭子（赶鸭）时与同村另一名小孩在一起玩。他们在玩的过程中玩起了一种名叫“倒马”的赌博游戏，搞起了输赢。

这种游戏我们小时候也玩过，就是几个小朋友在一起，每个人都去找来同等数量的小木棍或其他小棍，大家每一次拿出同样多的木棍给别的小朋友，这个小朋友用一只手拿住放在一个平整的地方，再一下子松开手，让这些小棍子自然地倒在地上，只要这些小棍子与其他的小棍子没有挨在一起就可以收走，看谁最后能多收，谁输了就用这个小棍子的数量计算输赢。

这两个小孩每人找来 10 根小棍子，每根算 2 分钱。放鸭的小孩很快就把身上的 8 毛钱输光了，可是他很不服气，坚持继续来。

一下午下来，放鸭的小孩不但没有把输出去的 8 毛钱赢回来，反而欠下了 2 元多。

天快黑了，放鸭的小孩要赶鸭子回家。可是，赢了的小孩却不让他走，非得要他给钱。放鸭的小孩已经输光了，哪里还有钱给？

于是，两个小孩发生了口角，互相骂人。赢钱的孩子见收不到钱就去追鸭子，按说来他是追不上，也是捉不到鸭子，他追一追或许就什么事情都没有了。

然而，这个放鸭的小孩见状大呼抢鸭子，他这一呼叫正好被前来找他的父母听见了。他父母一听有人抢鸭子气冲冲地跑过来，也不问个事情缘由，上前就给那个小孩几耳光，打得这个小孩倒在地上爬不起来。

挨打孩子的父母听到小孩哭声也跑过来看发生了什么事，他们一看自己的小孩被打了，也不问青红皂白地对放鸭的小孩和他父母破口大骂并出手伤人。

很快村民围了过来，纷纷劝解，好不容易才将他们劝住。

可是输钱小孩的父亲被打伤了，赢钱的小孩也被打伤了。经村干部调解，先让他们到医院去包扎治疗好了再处理。

此后，在村干部多次调解下双方都没有达成协议。最后，只有让他们向法院起诉，由法院来处理。

其实，双方花的钱都不多，一共只有几百块钱。我接受了赢钱一方的委托，担任他们的代理人参加诉讼。

案件由他们当地法庭开庭处理。当年开庭还没有那么严格，发言也不讲规矩。

有了第一次的教训，这次我特别注意，非常小心，做了充分的准备。在法庭上，先说什么后说什么，该说什么不该说什么，我都一一打好了草稿。就连说话的方式、语气、快慢我都做好了心理准备，并反复练习了多遍。

尽管那个时候，我国还不存在对律师法庭技巧的培训，但是《演讲与口才》里面有不少关于外国律师法庭辩论的文章。

这次开庭，我没有一点担心和害怕，在法庭上表现得十分自然，基本上看不出我还只是一个职场新人。

开庭时，通常的程序走完后，法庭按照惯例组织双方进行调解。开庭虽然不是很严肃，但至少没有发生争吵，法庭还是掌控得比较好的。

调解时，双方当事人发生了剧烈的争吵，差点发生抓扯。法官和书记员包括我都互相劝阻，事态基本平息。

好不容易，在我们的劝解下，他们同意互相让步，同意对方向我方当事人赔礼道歉，我方当事人也向对方赔礼道歉，只要对方当事人赔偿我方当事人 300 元医疗费就行了。

对方当事人王某的老婆突然觉得自己吃了亏，说自己的小孩的钱被我方当事人李某的小孩赢了是耍了手段，而且说李某的小孩赢了钱还要去捉他家的鸭子，这才引起的纠纷，李某也打伤了她的丈夫。他们是既输了钱又挨了打，挨打的还是大人，感觉自己很没面子，认为自己吃了亏还要赔 300 元划不来，不同意调解。

李某的老婆一听，这不行。你们是大人先打我的小孩，是你们不对。要不是你的小孩赖账，我的小孩就不会去追你家的鸭子。作为家长不应该对小孩大打出手，你家大人不打我的小孩，我们也就不会对你家大人动手，这 300 元营养费不够，我也不同意这么办。

说着说着，两家的妇女就在法庭上吵闹了起来，我劝我这边的当事人根本劝不住，法官的也控制不住场面，李某和王某坐在那里不出声，看着两个女人在那里互相骂。

两个妇女越吵越厉害，干脆叫嚣着要在法庭上打一架。还说看谁吃亏，打了各管各，男的不准动手。

随着她们争吵的升级，围观的群众也越来越多。大家七嘴八舌地议论起来，都说王某不对，的确不该先动手打小孩，这 300 元是有点少，起码应该赔 500 元。

群众一议论，我方当事人坐不住了，一看旁人都说自己有理，那非得要 500 元。

法官一看这样子，好像没有办法了，看着我，不知怎么办，示意我劝当事人让步。

我看对方当事人先把好好的调解气氛搞砸了，而且群众都说我的当事人有理，我再去劝恐怕也没有用，就劝我方当事人李某先制止他老婆，不要我们有理又说成无理。

李某听我这么说，就去劝他老婆。反而被他老婆一顿臭骂，在那里无计可施。

我劝李某，法官劝王某。王某也去制止他老婆，同样也没有任何效果。

面对这个局面，法官没有采取有力的措施予以制止，还是比较温柔地在那里劝说双方。

我一看这个庭怕是开不下去了，就劝李某先把他老婆劝回家以后再来处理。李某的老婆一听不处理了，表示不同意，非要有一个结果。我和李某为了平息事态都来把他老婆往外拉，我是他们请的律师（虽然那时我还不是律师，但他们都叫我张律师），他老婆还是给我几分薄面的，半推半就地就想离开法庭。

王某的老婆见状，以为我们真怕了她，居然跑来拉住李某的老婆不让走，说非要把事情处理好了才罢休。

这时，围观的群众更加指责王某的老婆不对了。法官见状，也严厉地批评王某的老婆。

王某的老婆听群众在指责，法官也在指责，就大骂王某没出息，是窝囊废。

这时，不知我是哪里来的胆量和勇气，我手指着法庭上方悬挂着的国徽，非常生气地大声说道，这里是法庭，不是让你们胡来的，高高挂着的国徽都被你们糟蹋了，还像什么话？

谁也没有想到我会这样说，大家都停止了议论和争吵。我一看，法官也同样盯着我，于是就接着说这里是法院的派出法庭，是为老百姓解决纠纷的，不是你们吵架打架的地方。你们要吵要闹就到外面去，打死牛打死马是你们自己的事，不要弄脏了庄严的法庭。

听我这么一说，群众就纷纷散去了，法庭上又留下了我们几个人。

当时，我自己也不知道是哪里来的胆子，居然敢在那么多人面前如此说话。开庭当天，法庭所在的集镇赶集，法庭外面就是街道，围观的人很多。

争吵平息后，法官说就 300 元你们同意就同意，如果不同意我就判决。

我借机劝说李某夫妇千万不要得理不饶人，大家都是邻居、互为村民，低头不见抬头见，俗话说远亲不如近邻，说不定以后谁有了困难还会互相帮助。

同时，我又对他们说，虽然为了小孩的事发生纠纷，也不是王某全错，作为家长，你们的小孩被王某打了，你们也不应该以非对非，他错你也跟着错，这是不对的。你的小孩被他打了，你也把他打了，大家都有不对的地方，最好互相谅解。

说完李某，我又说王某，严厉地批评了王某不该对小孩大打出手，我请他与李某换一个位置想一想，要是你的小孩被李某先打了，你看到了会怎样处理？是不是也会很生气地打李某？这么一件小事情，闹得这么厉害，很不值得。

我告诉他们，小孩这么小就赌博，当家长的应该好好教育，不能支持。李家小孩花的医药费要比你花得多，多出的部分你赔偿了也不吃亏，调解之后大家还可以和睦相处，为什么非要法院判决了申请强制执行呢？那样反而会更没有面子。

我对他们说，你们不要看我还年轻，但我是学法律的，我来这里虽说是代理李某，但是我是站在我认为比较公正的立场说的这些话。人们常说：人为人，理性不为人。我说我也不想再多说了，你们自己想想吧。

法官听我说完，接着说张律师说得对，大家没有必要搞得这样，都是挨邻接近的人，就 300 元算了。

在我和法官的劝说下，我的当事人李某夫妇和王某都没有反对，王某的老婆还是不同意，她对王某说要赔你自己赔不准拿我的钱，我只给 250 元，多一分都不行，否则我回家就跟你离婚。

王某一听，老婆还是不同意赔 300 元，也就不敢同意调解了。我们见状也就不想再继续劝说了，就对法官说既然他们不同意调解，那就请法官依法判决。

法官说，好嘛，你们下周星期一来领判决书，到时候可能 300 元还会不够，你们得多准备点执行费。

听说判决了要拿执行费，王某觉得更划不来，表示同意 300 元调解，也不管他老婆离婚不离婚了。

王某的老婆听他同意给付 300 元，骂骂咧咧地往法庭外走了。法官见王某同意了，就叫来书记员写好调解笔录，由双方签字。

签字后，我们走出法庭回头一看，王某夫妇也一前一后地跟在后头，她其实没有离开，看不出他们要离婚的一点迹象。

这个案子是我代理的第二个案件，当时也是我自己独自去开庭的，除了当事人没有任何人陪同。

要说当年我才 19 岁，自己真不知道是哪里来的勇气。

不过，通过这个案件，我居然开始让当事人换位思考问题，且能耐心地去做调解、劝说工作，也是蛮自豪的。

在后来的工作中，我经常请当事人换位思考，也经常调解成功，很多纠纷都和谐化解了。这也为后来我成为各级人民调解员、信访接待专家律师奠定了基础。

5 老赵维权

有了第一次代理案件的教训，经过第二次代理的总结，我略微上路了。

最起码，我懂得了一些代理常识，体会到法院、法庭其实也不是真的就像书本上说的那样，也没有那么可怕。

在代理了两个案件后，我更自信了，回到家乡见到那些曾经怀疑我的人，总会刻意炫耀一下自己，把自己代理的案件给他们吹吹。

爱炫耀，似乎是人的天性，我也不例外。

母亲知道我真的给别人打了两个官司后，鼓励我要谦虚，要做就做一个好律师。同时，母亲也开始在邻居、老乡、亲友中夸奖我了。

有了母亲的认可，我更加信心十足，感觉自己的人生又有了新意，学习更加努力了。

正是母亲的认可和宣传，使我的第三个案件就来自家乡。

过去，在我们老家的乡下，屠户把杀了的猪肉挑到乡村，挨家挨户地串门销售是很常见的事情。

村上有个屠户，杀猪后就把猪肉挑到我们老家去卖。他在与母亲的交谈中，提及他的妹夫被人打伤了，派出所解决了好几次都没有处理好，不知道该怎么办。

母亲听说后，就对他讲我在学当律师，而且帮别人打了两个官司了，说不定可以帮他妹夫。

果然，那个屠夫后来找到我，请我帮帮他妹夫。

有人请我打官司，那是求之不得的好事。更何况，这个案子是母亲推荐的，还是老家乡下的，如果办理好了，对我的宣传效果一定很好。

我很认真地接待了他，且同意少收点钱帮帮他妹夫。经过沟通，我们谈好收费 300 元。我代理了这个案件后，就到委托人村上去走访群众。

受害人叫老赵。我在老赵的村上得知，欺负他的是社长的儿子，为一点儿土地。要知道，在农村为田边地角发生纠纷的非常多，法律上称为“相邻权纠纷”。

村主任与老赵居住在同一个社，因此我首先去了村主任家。我直接说明了来意，并出示了法律服务所的聘书和介绍信，以证明我的身份。村主任热情地接待了我，他把事情经过详细地给我讲了一遍。

我一边听村主任介绍，一边做记录，基本上他说完，我的记录就差不多完成了。在他讲述案情时，我很少打岔，只是有不明白的地方问问，尽量不干扰村主任的讲述。

通过了解，原来社长常常在社里欺负人，村上和乡上的干部都心知肚明，大家都给他几分面子，不好得罪他。

他与老赵家的纠纷是老赵家修整自己家里的包产地，在地边除草时，社长家认为老赵挖伤了他家的土地，大骂老赵，老赵回敬了一句话，社长的儿子就仗势欺人，对老赵大打出手。

老赵人很老实，身体差，根本没有还手之力，只好任由别人打。实在打疼了，老赵就喊“打死人”。

群众听到老赵的呼救声，就过来看热闹，发现社长的儿子在打老赵，村民一边劝阻，一边通知村主任来劝架。

直到村主任来了社长的儿子才住手，老赵头面部已经被打伤了，头上被打出了几道口子，鲜血直流，面部红肿，衣服也被撕烂。

村民们对社长的儿子敢怒不敢言，都劝老赵回家去洗洗算了。村主任觉得老赵太吃亏了，就叫他去乡卫生院去验伤，并先行自己治疗，等到治疗好了再处理。

老赵去乡卫生院验了伤，并按照卫生院的要求住院进行治疗，花去一千多元。

出院后，经鉴定，老赵的伤害程度达到了轻伤标准。村上多次组织双方调解，社长和他儿子根本不予配合，调解都没有成功。村上又介绍到乡上调解，乡上调解了几次，还是没有进展，建议找派出所。派出所建议老赵干脆直接向法院起诉。

老赵觉得打官司麻烦，也不一定会告得赢，请求派出所调解试试看。果然，派出所调解，社长答应最多赔老赵200元钱。

最后，见派出所真没有处理下来，他们给老赵出主意，让他到法院去告社长的儿子，提出刑事自诉，追究社长儿子的刑事责任并要求民事赔偿。

当年这样的纠纷，必须先到村上进行调解，只有村上调解不好开出介绍信，乡镇才能受理进行调解，调解还得收取调解费。一些地方还要求乡镇调解不好，要出具证明法庭才可以受理起诉。

我接受委托代理案件，在走访了村干部和群众后，认为社长的儿子已经把老赵打成轻伤，依法已经涉嫌故意伤害犯罪，老赵有权提出刑事附带民事诉讼。

我给老赵起草了一份刑事附带民事诉状，让他去法院立案。可是，县法院说这种自诉案件要找当地的区（当时县级政府下面的派出机构，简称“区公所”）法庭，县里不受理。

老赵又从县里跑到区上，找到法庭的庭长要求立案。庭长接过诉状看了后觉得社长的儿子有点过分，既然是轻伤，就该依法处理，很爽快地受理了老赵的起诉。

案件立起后，老赵一等再等，却没有任何消息，他就去催促法庭，每次庭长都说快了快了，叫他不要着急。可是，老赵一回来还是没有消息。

于是，我又前去找庭长，庭长告诉我说这个案件压力大，早知道就不该受理，让我劝老赵撤诉。

听庭长这么说，我有点儿不太明白，也有点儿不相信。我问庭长，到底是什么压力，能够干扰法庭审理案件？又问法庭不能为老百姓伸张正义还叫什么法庭呢？我很认真地把我在老赵那里调查知道的情况以及老赵的家庭情况告诉了庭长，希望他能帮助老赵一下。

想想，当初自己是多幼稚，法庭有什么压力他哪里会轻易告诉你呢？居然还幼稚到质问庭长为什么不伸张正义。庭长说，这件事不好办，有点麻烦，看能不能调解。他让我先回去，等候通知。

庭长组织双方协商过一次，但没有结果。

立案时，老赵交了 500 元诉讼费，庭长认为坚持打官司还不如撤诉，还可以退回一半的诉讼费，可以减少一些负担。

我觉得案子还是需要有一个结论，不然就这么撤诉了，老赵今后还不得继续被欺负吗？

老赵的亲友见立案这么长时间都没有处理好，认为这个官司肯定打不赢，在没有与我商量的情况下，老赵在亲友的陪同下到法庭递交了撤诉申请，撤回了起诉，退回了250元钱。

老赵没有通知我，我还在等法庭开庭通知。

差不多二十天过去了，老赵突然来找我，他说已经到法院撤回了起诉，并退回了一半的诉讼费。

老赵告诉我，本来以为这件事就这样算了，没有想到一撤诉，社长的儿子又来找麻烦，辱骂老赵及其家人，还打伤了老赵的儿子。老赵向我哭诉，埋怨自己撤诉时没有告诉我，埋怨自己家里太穷，埋怨自己没有亲戚朋友当官，埋怨自己没有文化。他请我无论如何都要给他想想办法，不能任由社长的儿子经常欺负他。

听完老赵的诉说，我十分气愤，好打抱不平的性格促使我一心想帮助老赵，希望恶人得到应有的惩罚。

于是，我又给老赵写了控告书，并带他到公安局、检察院、法院递交，这些部门都说这是轻微刑事案件，让我们还是回去找区法庭提出自诉，他们不予受理。

无奈，我又重新写好自诉状，与老赵一同到法庭申请立案。

我对庭长说："庭长，老赵的确很可怜，本以为按照您的劝说撤诉算了，可是回去社长的儿子又辱骂他，还把他儿子打伤了，您不给他做主，他真没有办法了。"我希望通过这种方式，让庭长重新给老赵立案。

庭长说："我不会再受理，哪个说的撤了诉还可以再来起诉，你就去找哪个。"他还说："你们当律师的就想别人打官司才有收入，老爱劝人打官司。"

我一听，很不高兴。我对他说："您当了几十年的法官没有看到撤了诉又来起诉的，并不是不可以再来起诉了，这有法律的明确规定，您怎么不受理呢?"年轻人，就是初生牛犊不怕虎。

庭长不同意立案，我们只好回到县法院，找立案庭。立案庭说这个案件不归他们管辖，应该由区法庭管辖，庭长是那个法庭当家的，他不同意立案县法院也没有办法。

我说，区法庭是县法院的基层派出法庭，是你们的下属单位，你们有权要求他立案。

我们在县法院反复交涉都没有结果，又到县政法委。政法委的领导听了我们的反映，认为应该立案，县法院也该受理，不管这个社长有什么背景，案件还是该依法处理。

于是，政法委的同志给县法院立案庭打了一个电话，告诉他们我们去政法委反映情况了，要求他们立案。

县法院听说我们到政法委去了，答应让我们过去，帮我们跟区法庭庭长沟通。

我们回到县法院，可是立案庭的工作人员不是跟庭长沟通，而是说我们不该到政法委去告他们的状，并表示只要庭长不同意，就没有办法。这次，立案庭的工作人员悄悄跟我们说，让我们去县人大看看有没有办法。

在他们的指点下，我们又到了县人大。在人大信访科，我们说明了来意，提出了请求。县人大信访科马上给法院打了一个电话，过问了情况，又当着我们的面给区法庭庭长打了电话。打电话后，人大的工作人员说区法庭庭长同意立案了，让我们再去找庭长。

同时，信访科又将我们的情况反映到了法工委，说他们会让法工委继续监督这个案件。

政法委去过了，县人大也去过了，本以为这下立案应该没有问题了。当天，我们又到了县法院。

经过我反复解释，法院终于同意再次立案受理。但是，有一个条件，那就是不能再提出刑事附带民事诉讼，要老赵放弃刑事追溯，只能提出民事诉讼，否则不受理。

这其中的缘由我们心知肚明，但是却不敢说出来，一是没有证据，二是怕他不立案。

没有办法，民事就民事嘛，只要受理就是好事。我们当场就修改了自诉状，递交给庭长。庭长收到诉状后，就叫我们回家耐心等他通知。

又等了很久，庭长才通知开庭调解。调解那天，社长的儿子没有到庭，是社长来的。庭长对社长解释说，本来是不该受理的，我们到处去告他，他不受理也不好，既然你儿子打了人，你就应该赔他一些钱，把事情了结了。

最后，社长同意赔偿 500 元医药费，多的就没有了。

面对这么小一个案件，却弄得这样麻烦，老赵觉得实在没有太多精力再拖下去，500 元就 500 元，哪怕是赔偿一分呢，也是赔偿，也是我们官司赢了。

通过努力让对方赔偿了 500 元，算是胜诉了，心里总算好受点儿。

当天，老赵同意把纠纷处理了，双方就在法庭当庭达成了书面协议，调处了本案。

在基层，特别是工作在一线的基层法律服务工作者，经常会与基层的法官打交道。现在回想起来，把自己在基层提供法律服务工作的经历与社会各界媒体的采访报道相比，简直是千差万别。基层法律工作者队伍的经历和遭遇一般来说是很少有人知道的，说出来也是很少有人相信的。

随着社会的发展及社会主义法制的不断完善和健全，加上律师制度的不断完善和改革，在这样一个大环境下，基层的执法环境和司法环境已经得到了大大的改善，这确实也是不争的事实。

我有幸很早就涉足了法律服务这个行业，见证了历史，见证了我国依法治国的历程。

6 让凶手得到惩罚

1998 年下半年，在送法下乡的活动中，杜某反映，1996 年 4 月 22 日，他老婆余某被同社村民刘某、马某用扁担打伤腰部致轻伤。

余某向县法院提出刑事附带民事诉讼，控告马某、刘某二人犯故意伤害罪，要求给予刑事处分，同时要求赔偿给其造成的经济损失。

1997 年 6 月 16 日，县法院公开开庭审理后，判决认为证据不足，驳回了余某的诉讼请求。

余某不服，向当地中级法院提出了上诉。

当地中级法院接收到余某的上诉，依法开庭审理后认为，案件事实不清，撤销了县法院的一审判决，发回县法院重审。

当年，我已经有了基层法律工作者的执业证，并担任了县法律事务中心副主任，但尚未参加律师资格考试。

根据规定，我只能担任自诉案件被告人的辩护人和刑事附带民事诉讼原告人（受害人）的代理人，其他刑事案件我尚不能承办。

杜某告诉我，他原是某兵工厂的退休工人，自己原来是造枪的，退休后曾经给人造过猎枪（当然，这个肯定违法）。

他儿子去兵工厂接班，儿子过于聪明，对造枪很有兴趣和天赋，因私自造手枪出售被判刑入狱。

儿子出事后，老两口在农村老家常常受人欺负。杜某本想用自己造的猎枪跟对方拼命，但考虑到儿子在服刑，要是自己也犯了罪无人照顾老伴余某，所以他才克制住自己的冲动，想通过司法途径寻求救济。

他告诉我，马、刘二人关系好，膀子硬，有后台，所以第一次审判自己输了官司。

杜某说在向法院控告之前，他也向公安部门、检察院控告过，最终才向法院提起自诉。

本案一审原来请的是全县最有名、最有实力、最有能力的一位老张律师代理的，按理案件应该能胜诉，没想到一审判决结果十分出人意料。据说，老张律师无法接受一审判决的结果，不再担任他们的代理人。

经人介绍，杜某想请我帮忙，给他打官司，于是他跟着我们开展送法下乡活动，考察了一段时间才决定请我。

听完杜某的介绍，在看了他提交的相关证据材料、法律文书之后，我认为马、刘二人的行为已经构成犯罪，应该承担刑事责任和民事赔偿责任。于是，决定受理他们的委托。

接受委托后，我到杜某所在地走访了大量的群众，并到纠纷现场进行了实地查看并认真、细致地调查了唯一的目击证人（原来一审中一审法院认为这个证人证言是孤证没有采信）、制作了纠纷现场图。

通过调查走访、实地勘查，我掌握了一手有力的证据，并查阅了大量相关法律法规，做好了出庭的充分准备。

对于在法庭上发言的内容、举证的先后顺序、待证明的事实、对方有可能提出的疑义、应对方略，我都一一整理成书面材料以备庭审之需。

更重要的是，我还专门为二被告人马某、刘某准备了发问提纲。一切准备就绪只等开庭。

开庭当天，我与杜某夫妇早早来到法院，等在刑事审判大厅门外（当然，那个时候很多东西我都不懂，现在我是不会那么早就去法院等候了）。

我的一位远房亲戚也在法院工作，时任县法院法警大队指导员。他见我到了法院，便与我站在刑事审判大厅的门外闲谈了几句。

此时，某律师事务所副主任提着公文包也来到法庭，见我与法院法警大队的指导员在攀谈，便走到一起主动给我那位亲戚派烟、打招呼。

交谈中得知，他正是马某、刘某一方请的辩护人。我那位亲戚便对某副主任说："某律师，小张是我侄子，他人年轻没有经验，你多关照一下哦。"

某律师一听，对我那位亲戚说："哦，原来你们还是亲戚哟？他（指着我）是不是你的亲侄儿嘛？如果是亲的我就不收拾他，如果不是亲的我就不客气哟！"

我那位亲戚听他这么一说，就开玩笑道："某大律师你要高抬贵手哦，小张初出茅庐，还得靠你们这些老前辈指点，别为难他，给我个面子。"

某律师又说："到时看嘛，大不了少捉弄一下他，算了，要是换了别人，我一定会收拾他的。这个案件这么明显，是一个输官司，你接都不该接，免得把自己名声打坏了。"说完，他很骄傲地走进了庭审大厅。

我们谈话时，庭审大厅门已经打开，见某律师进去了，我们也跟着进去，并按照法庭审判席位的布置，在自己的位置上坐下来，等着开庭。

进入审判庭后，我回味着刚才在法庭外某律师的话，认为这个人可能会真的为难我，我暗暗告诉自己，在庭审中一定得小心，处处都必须谨慎，否则会失败。同时，我也在想，只要有机会我也要好好跟这个律师较量一下。

之前办理的案件，对手基本上都是基层法律工作者，那时候全县律师也不多，这应该是我遇到的第一个真正的律师对手，而且还是律师事务所的副主任。所以，我很小心谨慎。

一会儿，审判人员来到审判大厅，按照顺序入座。

本案是自诉案件，被告人没有被限制人身自由，也没有戴刑具，法庭并没有让他们站在中间接受审判，让他们在辩护律师旁边就座。

审判长、审判员、书记员入席就座后，书记员核对了各方当事人及辩护人、代理人身份，经报告审判长后，审判长宣布开庭。

就在审判长刚刚宣布开庭后，还没来得及宣布法庭纪律等问题时，被告方当庭提出，审判组织中有一位与原告余某有亲戚关系，要求申请回避。

他们说，听别人讲那位审判人员与余某有亲戚关系，但到底是什么亲戚关系他却说不上来。

本来，我方当事人与这个审判员的关系知道的人非常少，我也只是知道余某有一个亲戚是刑事审判庭法官，但是具体是哪一个我也不清楚。

结果，当庭却出现了被告方申请回避的事由，审判长不得不宣布休庭。这时，我才知道余某的所谓亲戚是谁。

休庭后，被要求回避的审判员也主动报请院长要求回避，这位被要求回避的法官正好是余某的弟弟。

还没有到当事人申请回避的环节，就已经被当事人要求回避，换了另一位法官参加合议庭审理本案，法庭好像有些被动。

接着，庭审继续进行。我们都按照法庭指挥，听从审判长安排，参与审判活动。

庭审中，在审判长要求原告方陈述控告的事实及理由时，我作为余某的代理人代为宣读了刑事附带民事诉状。

突然，审判长对我说："你只是一个法律工作者，只能代理民事案件，你是自己放弃对刑事部分的代理，还是由法院裁定你不能代理？"

审判长这么一说，我更不知怎么回答才好，也不敢再轻易回答了。

这位审判长，是我终身应当感激的法官。正是他当天的言行，让我立誓必须成为一名真正的刑辩律师，必须成为一名知名、成功的刑辩律师。

于是，我只好当庭表示自愿放弃刑事部分的代理，只代理民事部分。

在这个案件中，我不但遇到了真正的律师，遇到了强劲的对手，而且一开始就遭到了对方律师的奚落。

法庭上，刚上"战场"就遭遇了法官回避和审判长的"刁难"，我心里很着急。

这时，被告一方的脸上挂满了笑容，洋洋得意的样子。他的辩护律师也是一副不屑一顾的样子，脸上露出了嘲笑。

面对这些，我只怪自己没有参加律师资格考试，没有取得律师资格，这一切我都小心翼翼地记在了心中。

庭审过程中，我们展开了激烈的辩论。

既然在其他方面对我不利，我就必须在案件中抓住有利机会。我对案件的细节一点也没有放松，只是我一提到马、刘二人的行为可能构成犯罪，审判长马上就会制止我，警告我发言要注意到自己的身份。

在提问时，我一问到与马、刘二人的行为有关构成犯罪方面的问题，被告人的律师马上就会请求审判长予以制止。

特别是在最后辩论阶段，我发表代理词时请求法院依法追究马、刘二人的刑事责任，并判决赔偿经济损失。审判长指责我，质问我为什么又涉及了刑事部分。

根据法律规定，在同一刑事案件中一位律师只能担任一名犯罪嫌疑人或被告人的辩护人，可是被告方当时只有刘某委托了律师，该律师不能同时担任马、刘二人的辩护人，而事实上他却是在同时替马、刘二人辩护。

针对对方律师的违法违规辩护，我同样向法庭提出异议，但审判长却置之不理。

在进入调解程序时，法庭组织双方调解，我代表余某提出了10 000元的民事赔偿主张，而对方辩护律师当庭让马、刘二人只承认赔1元钱。

最后陈述阶段，我们仍要求严惩凶手并赔偿损失 10 000 元，而对方律师坚持认为马、刘二人的行为不构成犯罪，只同意赔 1 元钱。

庭审结束后，审判长告知择日宣判。

休庭后，当事人告诉我，法院认为之前判决后的上诉，是我出的主意，导致他们的判决被撤销，发回重审，因此对我很不友好。

再说，既然对方和法院已经知道佘某的弟弟也是法官，还经过了回避程序，他们居然还是这样，足以证明二被告人的背景不一般。

再次开庭时，针对第一次法院审理时对目击证人认为是孤证而没有采纳的问题，我又进行了补强，补充提交了一些证据，并出示了现场勘察的图纸，印证目击证人说的是真实的。这方面实际上我是占了上风的，我自己心里非常清楚。

为了不让他们的预谋得逞，闭庭后，在我的帮助下，当事人就该案的案件事实、庭审情况向县有关部门及领导及时进行了汇报，请求他们监督本案。

1998 年 8 月 27 日，法院对该案作出［1998］××刑自初字第 3 号《刑事附带民事判决书》：

法院审理查明：1996 年 4 月 22 日，上午 12 时许，被告人马某挑粪路过自诉人佘某的包产地边，佘某指责马某践踏了其包产地，而与马某发生诀骂，并互相抓打扯头发，经劝解平息。

当日 15 时许，马某路过自诉人地坝边时听见佘某在骂人，便与佘某对骂，进而互相扭打。此时，刘某挑粪路过见状放下粪桶，手持扁担，用扁担头掇佘某的腰部，致佘受伤后二被告人离去。当日，佘某到乡卫生院住院治疗，伤检结论为佘某全身多处软组织损伤，尾椎上端有 10×1 厘米瘀血斑，建议照片检查。

同月 26 日和 5 月 21 日，佘某在县人民医院门诊照片，结论为腰 4、5 椎弓峡部骨折，伴腰 5 椎椎体不稳。

同年 6 月 30 日，佘某出院。诊断为：佘某外伤多处，第 4 椎断裂，第 5 椎挫位，建议转院治疗，共住院 68 天，用去医疗费 1012. 5 元。

佘某出院后，从 1996 年 7 月 3 日到 9 月 3 日在乡卫生院门诊，用去医疗费 56. 5 元。同时，于 1996 年 4 月 25 日至 10 月 25 日在县人民医院门诊用药及摄X光片共花198.4元、用去鉴定费415元、交通费60元、住院期间生活补助费340元、护理费340元、误工损失费340元。余某共受经济损失3062.4元。

1996年10月25日，余某被评为6级伤残。纠纷后，马某在县人民医院和县中医院治疗共用去医疗费96.49元。

上述事实，有自诉人余某的陈述、证人许某某的证言（原来一审中法院对这个证人证言认为是孤证没有采信）、双方验伤记录、余某的5次X光片报告、医疗发票、法医学鉴定结论、出院证明以及二被告人的部分供述等证据为证，足以认定。

法院认为，被告人刘某故意伤害他人身体致人轻伤，其行为已构成故意伤害罪，且拒不认罪又不赔偿受害人经济损失，应当从重处罚。但鉴于对纠纷的引起自诉人有一定责任，可酌情对被告人从轻处罚。被告人马某的行为依照法律规定不构成犯罪。

在民事赔偿中，自诉人对纠纷的引起有一定责任，应当承担相应的责任，二被告人共同承担主要的责任。但被告人刘某应承担主要责任，马某承担一定民事责任；被告人马某的医疗费由余某承担赔偿责任。

法院认为，自诉人要求二被告人承担其6级伤残的经济损失，虽县人民医院于1996年10月25日对余某作出了伤残的鉴定结论，但根据本案现有证据和余某现在骨折已恢复状况，其6级伤残不成立。

被告人辩称未打伤自诉人，刘某的辩护人称刘某不在纠纷现场，未打伤余某，其行为不构成犯罪的理由不成立，不予采纳，其辩护称纠纷引起余某有一定责任，余某不存在6级伤残情况的理由成立，予以采纳。

为了保护公民的身体健康权利不受侵犯，维护社会治安，依法判决被告人刘某犯故意伤害罪判处有期徒刑1年6个月；宣告被告人马某无罪；被告人刘某赔偿余某医疗等各种费用2204.92元；马某赔偿余某医疗等费用551.24元；其余由自诉人承担；自诉人余某赔偿马某医疗费96.24元；原审诉讼费500元，二审诉讼费500元，共计1000元（均由自诉人垫支）由被告人刘某承担720元，被告人马某承担180元，自诉人余某承担100元。

上列款限于二被告人在本判决生效后1个月内付清。如不服本判决可在接到判决书之日起10日内通过本院或者直接向市中级法院提出书面上诉。

判决后，双方当事人都没有上诉，判决依法生效。

这起故意伤害案应该是我办理的第一起刑事案件，虽然不是担任辩护人的角色，但是我能实实在在地参与刑事案件，也感到非常荣幸。

本以为在这个案件中可以好好地体验一把律师正义的感觉，没想到我在办理的第一个刑事案件中居然被审判长洗刷了。

对于律师同行来说，我一贯认为，老律师对青年律师应该多给予帮助和支持，不应该保守，更不应该互相排挤、打击、毁损。律师不仅仅是一个职业，也不仅仅是一个工作，更是一份事业、一个行业。

律师的执业环境需要通过大家的共同努力来优化，律师业的发展需要律师界的同仁共同努力。对于那些贬低别人、抬高自己，争抢案源、业务资源的律师，我并不看好，也不会支持。

在律师事业发展的道路上，不同的人有不同的经历和遭遇，不同的人有不同的认识和追求，人各有志，但是不能互相攻击。即便他们当时或许还不是真正意义上的律师，他们只是崇尚这一职业，只是在追求律师梦。那些老律师不应该为难、贬损或歧视他们，说不一定哪一天，他们就是律师行业中的佼佼者，就是我们的典范。

这个案件胜诉后，我在当地多少又获得了一些赞誉，口碑变得更好了。当然，我对现场勘察图的运用和与审判长的对抗也在同行中产生了一些影响。

迄今为止，我偶尔回家乡法院出庭，家乡的一些律师还是免不了教训人。他们习惯在庭上发言时，先把对方律师教训、指责一通，显示他们有多懂法、多懂事儿，在法官面前、在当事人面前邀功请赏。

事实上，我回家乡办理的案件都是经过精心挑选的，可能败诉的案件我很少受理。所以，尽管我每次在家乡的基层法院或者中级法院出庭几乎都要被家乡的律师奚落一番，但是我败诉的案件却很少。一些案件，就算基层法院我输了，二审基本上也会反转。

只是，这些家乡律师不知道，过去我办理的一些案件，很多审结报告、判决书都是我自己起草的。

不仅如此，还有一些法官经常带上非我代理案件的案卷材料，到成都来听取我的意见和建议，研究分析案件不同裁判结果可能出现的法律效果和社会效果。

当然，随着法治建设的不断加强和完善，法官终身责任追究，法官队伍的素质也在不断提高，他们也在不停地研究和学习，这类现象越来越少了。不过，正因为如此，我的胜诉率也就更高了，也更有信心了。

7 告状无门

朱德富是一名复员军人，他用自己的亲身经历，真真实实地体验了一回告状难。

朱德富为人忠厚老实，曾经参军，后带病回乡。他一家三口居住的是泥巴修筑的土墙草房，盖的是破烂棉絮，穿的是别人捐赠的衣服，还供养着80岁高龄的烈属岳母江某珍。

朱德富的岳父王某明于1950年参军，1952年牺牲，岳母无其他子女，只好跟随朱德富夫妇生活，由他们供养。

1997年5月13日，朱德富被同社蒲某、张某打成轻伤，曾先后提起民事、刑事诉讼，在缴纳了400元诉讼费后，又被法官劝其撤诉，仅退还了50元诉讼费。

在刑事附带民事诉讼时，法院要收取600元诉讼费，最后朱德富反映到人大，法院同意只收400元。

然而，在立案时，又因法院内部种种规定，加之个别法院领导的干涉而未予立案，致朱德富告状无门，维权无果。

事情的发生，还得从朱德富的哥哥说起。

朱德富的哥哥是一个“五保户”，人很老实。1997年，他哥哥买了同社村民张某某家的房子，张某与张某某是堂兄弟关系，他见自己的堂哥把房子卖给了外人，而没有卖给自己，便大为不快。

张某、蒲某夫妇为表示不满，经常把猪草、柴草放在朱德富哥哥的门边，而且还常常把裤子挂在其大门正中，对其进行侮辱、挑衅。

1997年5月13日下午，张某家的东西又摆放在朱德富哥哥的屋檐下。朱让张某搬走，张某夫妇不同意，双方发生争吵，朱德富听见自己的哥哥在与张某、蒲某争吵，便去看是怎么回事。

朱德富刚到就听见蒲某在骂朱家的祖宗，朱德富也回骂蒲家的祖宗。争吵中，朱德富把蒲某放在哥哥屋檐下的东西全部掀到地下，让蒲某自己拿走，在掀东西的时候，朱德富哥哥家的屋瓦落下了两片。

蒲某见朱德富掀了自己的东西，便过来捡起地上的瓦片向朱德富抛掷过去，将朱德富的脚打出了一个六七厘米长的口子，张某见状，赶紧从屋里拿出一根扁担向朱德富的头上打去，当场在朱德富头上打出了一个长长的口子，鲜血直流。

此时，村民跑来劝阻，把张某、蒲某劝住，并让朱德富去乡卫生院包扎。

朱德富到乡卫生院，仅头上的伤口就缝了 12 针。

朱德富包扎后刚回到地坝时，蒲某请来了娘家兄弟及社会上的闲散人员，再次殴打朱德富。

来人一共六七个，把朱德富从地坝推倒在水田里，并把其按在稀泥里乱打，张某又去拿扁担，扬言要砍死朱德富。见此阵仗，群众敢怒不敢言，就连上去扯架的人都没有。

结果，朱德富被当场打昏，在稀泥田里动弹不得，那些人才罢休。

后来，有好心人救起朱德富，建议他去拍照、验伤并报警。

此后，我们对这一起纠纷展开了调查。据张某的堂弟介绍，朱德富的哥哥买的就是他的房子，他因住在那里长期受张某两口子欺负，实在待不下去了，才打算把房子卖了。

他介绍，在出卖房屋之前，曾经亲自问过张某、蒲某夫妇买不买，他们明确表示不买，这才卖给朱德富的哥哥。而且，此前朱德富的哥哥住的房子垮了，没地方住，在一个多月前就搬进那屋里去了。自从朱德富的哥哥入住后，张某的老婆蒲某便常常欺负他。

有一次，朱德富哥哥在屋里睡觉，蒲某用锁把他关在屋里，非要朱德富哥哥叫他妈，否则不让出来。没办法，朱德富哥哥只好叫蒲某为妈，自己才得以出来。

为了弄清事情真相，我们对该社社长徐某进行了调查走访。

没想到徐社长也怕张某和蒲某，他告诉我们说全社的人都怕张某和蒲某一家，没有人敢出来公开作证，否则都要遭到报复。不但同社人怕他们，就是相邻的一社、三社的人和邻村三大队的人都怕他。

徐社长说，蒲某动不动就请她娘家的兄弟带着社会上的人来打人，而且打朱德富那天来的人还带有匕首和火药枪，想把朱德富往死里弄。

他同样证实，张某夫妇长期欺负他堂兄，特别是将柴草全堆在朱家台阶上，衣服裤子挂在其大门正中。更为让人无法理解的是，蒲某常常假借开玩笑为名，往朱德富哥哥碗里撒柴灰，说替他添加调料。

徐社长说朱德富被打昏在水田里后，同社的人连救都不敢救，还是外社的人路过，实在看不下去，于心不忍才去帮忙救得朱德富。

该社有一位姓江的村民，他说朱德富两次挨打他都亲眼看见，特别是张某、蒲某请人打朱德富时，他们还公开扬言要去把朱德富家的房子烧了，把朱德富打死，拿 10 000 元钱出来摆平。旁人没有谁敢劝，也无人敢去扯架，只有张某的儿子把他抱住，叫道："爸爸，莫去打了，爸爸，莫去打了。"

同社刘某证实，朱德富第二次被打后在医院住院，好几天都迷迷糊糊的，饭都吃不下。

该乡协税员王某也证实，蒲某两口子在街坊四邻中的影响极其恶劣。林某证实朱德富被打后他曾去医院送过稀饭，但朱德富吃不下去，很可怜。

不但有这些人的证实，村上数十人还联名出具了相关证明，有的签名，有的盖私章，有的按指纹，纷纷替朱德富叫不平。

在掌握了这些材料后，本着化解矛盾纠纷、宣传邻居和睦相处、以和为贵的精神，我们又专程找了张某了解情况，希望调处他们的关系，化解他们的矛盾。

张某认为朱德富也不对，也把他打伤了，不同意我们调解。见纠纷调解不成，我们就代朱德富向公安机关提出申诉、控告，但公安机关认为这是民事纠纷，要求自己起诉。

1997 年 6 月 12 日，朱德富向县城所在地的城郊法庭起诉。根据当时县法院的划分，他们的纠纷既可以向城郊法庭起诉，也可以向区法庭起诉。

朱德富家离城郊法庭较近，交通方便，到区法庭交通不便，又隔着一条河，所以选择了城郊法庭。当然还有一个重要原因，我们作为代理人住在县城，离城郊法庭更近、更方便。

1997 年 7 月 7 日，城郊法庭受理了此案，并发出开庭传票，定于 7 月 24 日 8 点 30 分开庭审理。

受理当天，法庭便向被告方张某送达了开庭传票和诉状副本。而且，该法庭还安排了一位在部队上转业回来的老法官办理此案。

张某接到诉状后，于7月17日向县法院写了一份回避申请，认为该案应移送到某区法庭审理，认为朱德富与城郊法庭的个别人员有说不清的关系。

回避申请直接就递到县法院分管民事案件的张副院长手里，这个分管副院长签署了“此案转××法庭审理”的批文。于是，城郊法庭将案件移送到了区法庭。

1997年7月24日，朱德富的伤情经县检察院法医室鉴定为轻伤，便依法向县法院申请将民事案件转为刑事案件，但张副院长未予批准。

1997年8月5日，区法庭书面通知朱德富，7日内去交纳诉讼费，否则，按自动放弃处理。同时，再一次给朱德富发出了受里案件通知书，告知其再交200元诉讼费，200元其他诉讼费。

朱德富家里十分贫穷，又花了那么多治疗费，第一次向城郊法庭起诉时就已经交了诉讼费，这下区法庭又要交400元，他哪里有钱交呀？

于是，我们向县法院反映，该诉讼费已经交了，与案件一并移交区法庭了，不应重复缴纳诉讼费。但是没办法，只好由我们出钱帮朱德富交了400元诉讼费。

案件审理过程中，法庭认为既然司法鉴定认为朱德富的伤情已经达到了轻伤程度，便要求朱德富撤回民事诉讼，重新提出刑事附带民事诉讼。而且，法官还说，从来没有刑事附带民事诉讼案件先审理民事，再审理刑事的，只有先审刑事部分，后审民事部分的。这就是我们通常所说的，应该“先刑后民”。

在区法庭的动员下，朱德富提出了撤诉申请，并且第二次交的400元诉讼费只退回了50元。

1998年3月16日，朱德富向法庭提出刑事附带民事诉讼，区法庭又要收600元诉讼费，否则不同意立案。朱德富确实拿不出这600元，区法庭退回了他的诉讼材料。

朱德富拿着相关材料，再次请我们帮助。

我认为根据法律的明确规定，刑事附带民事诉讼是不得交纳诉讼费的，最高人民法院在贯彻执行刑事诉讼法的司法解释中有明确的规定，而区法庭却要收他600元诉讼费，这违背规定的。

为此，我安排工作人员写出书面反映材料向县人大法制工作委员会求助，法制工作委员会的同志看了反映材料，并查阅了相关规定，经与法院联系，再次拿到区法庭要求立案。这次，区法庭仍然坚持要收费，只不过他们同意少收 200 元，只收取 400 元的诉讼费。

万般无奈，朱德富只好又到处借钱立案打官司，只求法院立案受理。但是万万让人想不到的是，等朱德富把 400 元立案费找齐后，法庭又提出，朱德富的法医学鉴定是外单位即县检察院作出的，法院内部有规定，检察院的鉴定要经过法院内部的法医审查，并签名盖章，确认后才可以立案。我们按照要求请求县法院的法医签字盖章后，分管副院长又不同意，认为必须得重新进行签订。

朱德富挨打后，住院治疗花了不少钱，几次立案，几次鉴定又花了不少钱。

立案阶段，每一步都是按照法院的要求在做，可是到头来，又变卦了，现在法院分管院长又要求重新鉴定，又得花钱，朱德富又哪里承担得起这些费用呢？

面对朱德富的遭遇，看着他的无奈，体会着我们的无能、无力、无法，我再次把他的经历、遭遇整理成书面材料，向县委、县政府等有关部门反映、求助，希望有关领导能关注朱德富的案件，帮帮他，但都石沉大海。

幸好，后来针对司法鉴定的现实乱象，全国人大就司法鉴定作出了统一规定，不再公、检、法各自为政，要不还不知会出现多少个朱德富呢？部门之间的利益之争，受害的往往是纳税公民。

8 千里维权无功而返

据报道，陕西省西安市的赵彦松律师，以自己8年间代理的130多个劳动争议案件为基础，通过整理、归纳，形成了一份民间版本的立法建言书。2010年5月23日，赵彦松将写给全国人大法工委的“万言书”以挂号信的形式寄出，建议修改《劳动合同法》，提升对劳动者的保护力度。

2002年毕业于西北政法大学的赵彦松的这一举动，在全国引起了很大争议，对此举的认识各说不一。有人认为他的行为本身就是一件值得称道的事情；有人认为他是为了出风头，别有用心；还有人觉得他这是多管闲事，多此一举。

我作为一名执业律师，对劳动者维权的艰辛深有体会，感触颇深，对赵律师的举动深表赞同与支持。

2000年，我也向有关部门提出过类似的建议，只不过没有像赵律师的此举引起了社会各界的广泛关注。

当年，我接受了一位务工受伤人员的委托，代理他向用人单位维权，结果在地方保护主义和劳动争议处理的“单轨制”限制下，无功而返。

当年，有一位四川农民工在河北省某地煤矿务工受伤，被用人单位扔到火车上后就无人问津。他回来后，基本治愈了伤势，便想请律师代理打官司。

楚某，50余岁，未婚，家中尚有88岁高龄老母，在河北省邢台市内丘县某煤矿务工受伤，被强行赶回四川。

根据询问，我掌握了案件的大概情况，同意代理，并决定采取风险代理的方式（当然，按照现行规定这类案件不能风险代理），先不预收案件代理费，待事情处理结束才收费。

通过了解，我得知2000年初，年逾半百的楚某，告别家中的老母，与外出务工的老乡一道踏上了北去的火车。

在老乡的介绍下，楚某终于在内丘县某公司煤矿找到了工作。虽然是井下作业，辛苦点，安全系数不高，但一个月下来也能挣千把块钱，对他来说，这已经很满足了。

谁知，好景不长。2000 年 4 月 27 日晚，楚某在井下上班时，被垮塌的煤层压断左小腿，住进内丘县中医院。

经检查，楚某左小腿胫腓骨多段骨折，治疗中全是班长四川老乡阿彪垫付治疗费用。

后来，由于矿方不愿出钱，只好中断治疗，回矿山休养。

楚某受工伤后，多次想打电话告诉家乡亲友，均被阿彪制止，为此楚某被阿彪关了三天，饿了三天，就连拐杖也被阿彪给扔了。

在万般无奈的情况下，楚某艰难地偷偷爬行到矿务办公室，准备打电话回四川求助。殊不知，刚一爬进屋，还没来得及喘息，就被阿彪发现了。楚某被阿彪恶狠狠地骂了一顿后，又强行拖回了宿舍。

2000 年 7 月 3 日，阿彪强行给楚某 4500 元钱，让他回四川。楚某不同意，阿彪就写了一份协议书强行让楚某按上了指印，并将楚某在宿舍里的被盖扔了出来。

强迫按了指印后，楚某协议都没有拿到一份，阿彪硬塞给他 4500 元钱。

接着，阿彪请了几个人，租了一辆车，把楚某拉到河北省邢台市火车站，通过关系硬是把他送上了开往重庆的火车……

一路上，楚某费尽千辛万苦，才得以回到四川。

据楚某讲，一般情况下，在那里工人平时拿不到钱，需要买东西矿上有小卖部，都是记账，发了工资再结账，直接扣除。吃饭，矿上有伙食团，凭饭票去伙食团吃，也不用现金。

他受伤后，想与家人和政府联系，但自己手里又没有钱。于是，他在一位好心工友处悄悄借了 10 斤饭票，到厂外去换了 9 块钱往家里打电话，结果被阿彪发现了。

当时，阿彪把他拐杖抢去扔到了矿厂外的花生地里，并强行把他拖了回去。拐杖被抢后，他又悄悄爬出去捡，结果发现已被弄断，不能使用，才又想爬到矿务办公室去打电话。

当他从矿务办公室被拖回后，他想到了死，但一想自己死了不要紧，家中 88 岁高龄的老母怎么办？于是，他又强忍着伤痛和屈辱，在那里与班长老乡阿彪软拖硬磨。

那个煤矿所在地比较偏远，交通很不方便，除了运煤车就是摩托车。楚某下肢不方便，又没钱，人身自由几乎都受到了限制。自己被扔上了火车，说不定回家还好些，总比在这里受辱好。

在火车上，他艰难地爬行。好心的乘客看见他的遭遇，自发地代他向乘务员求助。乘务员得知楚某的情况后主动为他办理了补票手续，为其买饭，扶他上厕所，给予了多方照顾。

在列车上，乘客和乘务员都为他的遭遇落下了同情的泪水，并纷纷解囊相助，鼓励他先回家乡治好腿伤，再来找当地有关部门向矿方讨回公道。

2000 年 7 月 7 日，楚某好不容易才被沿途的好心人护送回家，老母亲见到儿子外出打工不但没有挣到钱，反而落得如此下场，还被没良心的老乡赶出了矿厂。母子二人相拥痛哭了大半天。

很快，楚某的遭遇传遍了附近的乡村，人们纷纷为他鸣不平，支持他依法主张权益，向用人单位讨回公道。

7 月 11 日，因伤口疼痛，楚某被送往户口所在地的镇上卫生院住院治疗到 7 月 24 日。

8 月 6 日，因疼痛复发，其又被转到附近的四川省某区卫生院住院治疗直到 9 月 6 日出院。

2000 年 8 月 7 日，四川省某区卫生院给楚某出具的《病情状况说明书》显示：因今年 4 月在河北省内丘县某公司煤矿砸断左侧下肢胫腓骨，致使左侧胫腓骨“粉碎性骨折”，经长达 4 月的治疗，至今右下肢运动功能仍不能恢复。

医院病历记载：“2000 年 8 月 6 日，来我院复查 X 光片为：左侧下肢腓骨体表红肿，可触及胫骨上端 2/3 处骨畸形明显，骨吻合术对位不好，手术未成功。左侧腓骨可触及明显不对位，腓骨中段两处骨折体表红肿，行骨吻合术失败，现左下肢功能基本丧失，受左下肢骨折的影响及手术失败的影响，现左侧大腿部分已出现明显萎缩的状况。”

根据上述体检的病情状况，在医院放射室进行 X 光摄片复诊，其 X 光摄片复查情况为：“左侧下肢胫腓骨骨折处，骨吻合情况差，对位对线不好，骨吻合未成功。”综合上述情况，区卫生院建议其到县以上医院复查诊治，或再次进行“胫腓骨吻合术”“骨固定手术”治疗。

遗憾的是，楚某无钱转院治疗，只好在该院继续住院治疗到9月6日出院。

当时，楚某的遭遇被广泛传播，某县报的记者知道了他的事情后，与他取得了联系，并联系我，希望为楚某伸张正义。

当年，我是《社会保障报》的特约记者，与《中国劳动保障报》《中国社会保障》杂志有密切联系，办理此类案件有一定的经验。出于对楚某的同情，加上正义感的驱使，我答应帮助楚某维权。

接受委托时，楚某没有钱交代理费，通过协商，路费由他承担，生活费各自负担，赔偿的费用按照实际金额提成10 %。

当年我代理楚某的案件，除了正义感和同情心外，剩下的就是好奇心。我实在不敢相信会有阿彪那样的老乡，实在不相信煤矿老板会那样无情？事实上，除了楚某这个案件，后来我还遇到过比楚某更悲惨的。

我心里想，矿方可能什么都不管，但是老乡阿彪不会如此冷漠、无情吧？当地政府、劳动部门也不会坐视不管吧？我想，只要方法得当，合情合理，依法维权，应该不会空手而归。有了这样的主导思想，我才会同意去河北省为他维权。

在受理委托后，我向楚某所在地县劳动人事局（本案中涉及机构均为当时机构名称，下同）及县劳动能力鉴定委员会，就楚某的情况进行了咨询、探讨，他们对楚某的遭遇深表同情。他们建议先在该县做一个劳动能力鉴定，以此为参考依据向河北省的用人单位索赔。

2000年10月10日，经县劳动鉴定委员会聘请该县人民医院专家刘某某、赵某诊断，县劳动鉴定委员会对楚某的伤残评定为十级伤残。

10月18日，我与楚某一道踏上了北上的火车。

出发时，约定车费由楚某承担，他说准备了1000元。所以，我自己只准备了500元。要说1500元，对我们来说应该够了。

现在回想起来，当年我十分清贫，能准备500元也不错了，那个年代已经可以购买一间几个平方米的房子了。

当年我是第一次北上，越走越冷，有点坚持不住，沿途只好靠买北京二锅头抗寒。本来说的生活各自承担，但是我又不忍心，干脆连他的生活我也一并承担了，反正我觉得自己条件总比他好点。所以，我每餐一盒方便面，二两二锅头，他也不例外。

到了河北省邢台市内丘县，因不适应那里的粉尘天气，又不适应那里的气温，我感冒了，又拉肚子。

出门在外，真是很不容易，每走一步都需要钱，所以我们特别节约，基本上每餐都是炒大饼。本来我就不太适应那里的空气和天气，生活上又很不习惯，导致精神上很疲惫。

我们住在离煤矿较近的大孟镇上的一个小旅馆，两个人一天的住宿费是40元。店主是个老太婆，心地善良，对我们很关心，看到楚某腿脚不便，就把我们安排在底楼，每天给我们送热水，知道我不适应那边的生活，还专程给我单独免费加餐，让我要注意身体。

老太婆告诉我，一些黑煤矿，老板心狠手辣，个个都有后台关系，特别是到了煤矿一定得小心，千万要注意安全。

当年，我有一部普通手机，虽然值不了几个钱，但总可以应急通信。老太婆就把我的手机号码写下来，又告诉了我她店里的号码和他们家老太爷的电话，说要随时联系，要是真遇到麻烦让我马上报警，并联系她们。

在老人家的帮助下，10月20日上午，我们找到了河北省邢台市内丘县劳动人事局，找到了分管安全、仲裁的赵副局长。

赵副局长听我说了几句，根本不看我的证件和介绍信，简单地告诉我，先去找煤矿协商，他说协商不好再说申请仲裁的事。

10月20日下午，我们按照该县劳动人事局的要求，找到了内丘县某煤矿，并非常碰巧地见到了矿长郭某胜。

郭矿长先说不知道此事，拒绝接待我们，经多方理论、交涉，最后同意于21日上午，邀请内丘县劳动人事局仲裁股的同志一起来处理。他答应第二天处理后，楚某说被强行扔到火车上回到四川，因为没有钱治疗，还给郭矿长写过一封信。郭矿长当时对这一事实也是认可了。

21日上午，我们再次到该煤矿，郭矿长找来了内丘县劳动人事局仲裁股的老王。据其介绍，他时年55岁，1986年开始搞劳动仲裁工作到2000年，有十几年的工作经历。

见面后，按常规双方介绍了身份情况，出示了证件、介绍信，开始谈工伤赔偿事宜。

听完我的介绍，老王以楚某没有与煤矿签订用工合同，没有就业证，没有上岗培训为由，把一切责任推给了楚某。他还说劳动法不保护，他们有权不理。

尽管我据理力争，但最后，老王反而干脆全站在煤矿方推脱责任，要求楚某直接向法院起诉。

仲裁员老王当时完全没有顾及自己的身份，就像郭矿长是专门请他来帮忙跟我们论理的，没有一点居间调解的迹象。

因当天没有谈成，矿上班长阿彪听说我是某县法律事务中心的副主任，又跟他一个姓，就主动留我们在他那里吃午饭，并反复解释他也是被逼无奈。

在我的要求下，阿彪把他与楚某的协议复印了一份给我。他告诉我，他也是被逼无奈，全是老板的要求，否则他带班的工人都可能拿不到工钱。

22 日上午，我们再次向内丘县劳动人事局的赵副局长求助。赵副局长说他有事，让我们 23 日再去。

23 日，我们第三次去找赵副局长，却无人告知去向，说白了，根本没有人理睬我们。

无奈，我们又只好向仲裁股的老王求情，请他帮帮忙，受理楚某的申诉。虽然我们提交了书面的《仲裁申请书》，但这个老王仍是百般推脱。

见劳动人事局和劳动仲裁委员会不予理睬，我们找到了法院。

法院更干脆，简单答复："你是律师，难道不知道劳动争议必须一裁两审的吗？"就此不再理睬。

我们说劳动人事局不受理，实在没办法，求他们开开绿灯，同情一下楚某。

法院告诉我们，要起诉最起码你得弄一张《不予受理通知书》来呀？

在这种情况下，我立即与《中国劳动保障报》《中国社会保障》杂志社、《社会保障报》社取得联系，反映情况，向他们求助。他们对楚某的遭遇都表示同情，一致要求我们尽快向河北省劳动和社会保障厅反映，向他们求助。

10 月 23 日当天，我赶到了河北省石家庄，找到河北省劳动和社会保障厅。但值班的人听说我是来反映劳动争议案件的，便让我回去找当地的劳动人事局。

这时我想，如果给劳动和社会保障部的领导打个电话，先与河北省劳动和社会保障厅联系一下，说不定会让我上楼去。

因为《中国社会保障》杂志用过我采写的稿件，我与该杂志的编辑蒋德理老师有过好几次联系，于是，我向劳动和社会保障部的《中国社会保障》杂志编辑部打了一个电话求助。

经向蒋老师求助，他同意与河北省劳动和社会保障厅联系，让我去找该厅仲裁处处长赵某同志求助。

经过这么一联系，河北省劳动和社会保障厅的办公人员给门卫打了一个电话，才让我上楼。

到了河北省劳动和社会保障厅，仲裁处赵处长因事不在，该厅综合计划和工资处的一位大姐接待了我，并允许我向该厅的一位老领导反映情况。

在该厅综合计划和工资处的那位大姐的帮助下，我找到了仲裁处处长赵某。

赵处长听我反映情况后，十分气愤地说："搞仲裁不能因为没有合同就不受理，你去找邢台市劳动和社会保障局处理。"当即，他跟邢台市劳动和社会保障局取得了联系，让我去找邢台市劳动和社会保障局仲裁委员会的吉主任。

为了我方便到邢台市劳动和社会保障局找仲裁委员会吉主任，赵处长帮我拿了一张由该厅信访接待处加盖印章的信访函。

该函由该厅信访接待处于 2000 年 10 月 23 日开具，内容为："邢台市劳动争议仲裁委员会，张律师来我厅上访，反映楚某工伤有关问题，先介绍去你处，请接待并酌情处理。"

为了妥当，便于我们的诉求得到尽快处理，河北省劳动和社会保障厅仲裁处的赵某处长还特地在信访函上批注："请吉主任协调，妥善解决。2000 年 10 月 23 日，赵某。"

10 月 24 日，我们来到河北省邢台市劳动和社会保障局，而吉主任又因事出差，没有见到人。

该局在我们持有的河北省劳动和社会保障厅的信访函上加盖了该局公章，批注转："内丘县劳动人事局"，让我持这个再去找内丘县劳动人事局。接待的同志告诉我，有这个东西内丘县劳动人事局和仲裁委就会受理了。

同时，因为是河北省劳动和社会保障厅仲裁处赵某处长转来的，他们又专门给我写了一张便函。内容是："张律师持省厅信访函来市局上访，楚某是否符合立案、仲裁范围，请根据文件规定而定，如果不符合立案条件，请按规定为当事人出具不予受理通知书。2000 年 10 月 24 日"并加盖了该局印章。

24 日下午，我赶回内丘县。

因为楚某腿脚不便，他没有与我一同去石家庄和邢台，在煤矿等我。我就直接到了煤矿，准备接他回旅馆。

此时，我已身无分文，叫他先给我点路费。没料到，他说他也身无分文了。这时，他才告诉我出来时，他没有拿那么多钱，只带了 500 元。

听他这么一说，我着急了，非常生气，骂他不早说。要不我多准备一点也好啊。但是，着急归着急，来都来了，总得想办法。远水救不了近火，怎么办呢？我们商量只好先回旅馆再说了。

由于没有钱了，之前坐的摩托车也不愿意搭载我们，我们只好在内丘县通往大孟镇的公路上拦车，希望能有顺路车搭乘我们回旅馆。但过往的车辆看我带着一个拄着拐杖的残疾人，根本不同意搭载我们。

等了很久，我们终于拦住了一辆内丘县供电局的工程车。经过说明情况，并出示证件，他们同意把我们送到大孟镇的旅馆。

由于当时我已身无分文，再得不到处理，回四川都成困难了。我不得不再与该煤矿郭矿长联系，请求协商处理。同时，我不得不作出一个决定，把楚某再次送往煤矿。

24 日晚，我想方设法把楚某送到了煤矿，并交给了郭矿长的爱人，自己准备离开。郭矿长的爱人心地比较善良，知道我们身上没钱了，便给了几斤饭票，告诉我她是一个女人，也没有办法。

我们拿着饭票，到食堂去一人吃了一碗水饺。说实话，那一碗水饺还是我当天的第一餐。我吃完水饺，把汤水都喝得干干净净，感觉肚子还没有填饱。

此后，我让楚某就待在郭矿长爱人那里，自己与内丘县大孟镇的旅馆取得了联系，然后他们叫了一辆车把我接回了旅店。

25 日上午，郭矿长叫了两个人来到我住的旅馆，找到我，跟我协商，结果只答应给 2000 元路费让我们回四川，说我们要是不同意就把楚某送往医院锯掉他的左腿，说完扬长而去。

无奈之下，我又费尽千辛万苦赶到邢台市劳动和社会保障局，可吉主任还没回来，我们又赶到内丘县劳动人事局。

万万没有想到，当我在内丘县劳动人事局找到李局长时，没等我把事情说完，他对我说："你就别说那么多了，赵局长已经对我讲了，不就是煤矿的事嘛，楚某没有跟他们签合同，也没有进行备案登记，我们根本不知道，他在这里打工就是死了我也不管，说穿了就是黑人口，他不来进行登记，我们也没有收那 5 块钱鉴证工本费，我们就不管。"

我见李局长居然这么说，便把河北省劳动和社会保障厅的介绍信和邢台市劳动和社会保障局的信拿出来给他看。

李局长对于我拿出的介绍信根本不予理睬，他非常生气地说："哪里的信都一样，就是国务院的信都一样，我说不受理就不受理，也不会给你出什么《不予受理通知书》，有本事，要告就告去……"

见劳动人事局实在不能受理，李局长还说出了那些简直让人不敢相信的话，我已经对楚某的维权失去了信心和希望。但不到黄河心不死，我又去了法院。法院仍是那个答复，没有劳动人事局的《不予受理通知书》，视为劳动部门没有处理，法院是不可能受理的。

我见民事诉讼法院不受理，就问，那我们起诉内丘县劳动人事局不作为该可以了吧？法庭答复，没有证据不能立案。我就拿出河北省劳动和社会保障厅、邢台市劳动和社会保障局的信函复印件（原件被内丘县劳动人事局收了）。法院又说，复印件不是原件，没有证明力，让我们再去找劳动人事局。

从法院出来，我又去了煤矿，最后一次找郭矿长协商，好说歹说，郭矿长就是不同意再加点，最多不超过 2000 元，否则再不跟我们协商了，要再去他那煤矿，他说就要让保安把我们送到公安局去。

眼看郭矿长同意给 2000 元，总觉得有点比没有好，就去劝楚某是不是先把这 2000 元拿到手再说。毕竟我们身上都没有钱了，先拿到这 2000 元再想办法吧。

可是，楚某坚决不同意，反而说我没本事，不能帮他要到钱。因此对我意见很大，当即提出要跟我解除委托代理关系，不要我再跟他当代理人了，他说自己去找劳动人事局。不但如此，他还怀疑煤矿方面是不是给了我好处，气得我简直无语。

2000 年 10 月 25 日下午，在河北省内丘县大孟镇东庞路口。我与楚某进行了长达一小时的谈话，他不同意矿方给的 2000 元，说少了 10 000 元他要都不要，他说他要自己去找劳动人事局，不要那点钱，死了算了，并表示也不愿意回四川了。

于是，在楚某已经明确表示不再需要我代理的情况下，我为他制作了解除委托代理关系的笔录，签订了解除委托手续。

后来，经向有关领导请示，并与楚某的亲友取得联系后，我自己想办法踏上了回家之路。

一路上，我凭河北省劳动和社会保障厅的信访函及自己的证件，免除了不少费用。

在火车站，我又遇到一位前往重庆联系生意的邢台市民，他得知我们的遭遇后，主动给我买了一张回四川的火车票，并为我买了好多在路上吃的零食和方便面。

回到四川，我把替楚某维权的遭遇整理成书面材料，标题为《谁来保护弱者——打工受伤权利得不到保障，向用人单位讨公道法在何方?》向河北省的《燕赵都市报》《燕赵晚报》等反映，但没有任何消息。

据悉，我离开后，楚某很快就被煤矿赶了出来，他再去内丘县劳动人事局，更是无人问津，不久他也对维权失去了信心。数月后，拄着拐杖的楚某以沿途乞讨的方式回到了四川。

此后，我总结认为这个案件不能维权成功，有一点很重要，那就是没有劳动人事局出具的《不予受理通知书》，阻却了楚某起诉，相当于剥夺了楚某的诉权。我认为这是劳动争议“一裁两审”制度的弊端。

于是，我以此为题材写了一篇文章《“单轨制”处理劳动争议该改了》，发表在 2001 年 8 月 7 日的《中国劳动保障报》探索栏目。我认为，法律以劳动争议必须“一裁两审”，把劳动仲裁作为受理劳动争议的前置程序，限制了劳动者的权利。在这种“单轨制”下，不少劳动者只好望法叹息，执法者、代理人也爱莫能助。如果没有“单轨制”的限制，受伤民工的合法权益就会得到有效保护，法院可以直接受理。

为此，我提出，我国处理劳动争议案件的“一裁两审制”已经不适合我国市场经济的发展需要。一旦劳动部门和仲裁机构因种种主客观因素作出不予受理的决定或者事实上不予受理，又不出具书面通知说明理由，当事人就不能到法院起诉，案子就进不了诉讼程序。这样一来，当事人的合法权益、诉讼权利就可能被不公平地剥夺，连最后一道司法救济渠道都无法进入。故，在 2001 年我就提出了针对处理劳动争议的“一裁两审制”的立法建议。

在投稿的同时，我也向国家原劳动和社会保障部提出了相关建议。此后，这篇文章经过发表，在当年的实战经济学术论文大赛中，我的这篇文章还获得了一等奖，不但得到了证书、奖牌、十大元帅纪念册，还获得了 2000 元的奖金。

9 强奸悬案

2004年，我在市里执业，已经小有名气，业务范围开始扩张，案源也有所增加。

当年，我代理了一起离奇的强奸幼女案。该案离奇之处在于涉案的嫌疑人是一位60余岁的老人，对于是否有强奸行为，双方各说不一。

在公安机关未立案前，被告强奸的一方当事人向法院提出了民事诉讼，要求恢复名誉，而认为受害的一方当事人却将该案弄成了一个督办案件。

最后，公安机关对这位老人变更为监视居住，法院劝老人撤回了民事诉讼。据我所知，该案至今仍没有最终定论，不了了之，监视居住最后也没有依法解除。

事情得从1994年左右开始说起。曹某父子不和睦，关系很僵，曹某不愿意照顾儿媳及孙女。安某与曹某两家系邻居，曹某之子阿明欲外出务工，担心出去后无人照顾妻子、女儿，便请安某到家中吃饭，把妻儿老小都托付给了安某，让他帮忙照顾，农忙时帮忙干干活，以便自己安心务工。

这种现象在20世纪80、90年代是非常普遍的。很多人在外出务工时都会托付邻居照顾家中老小，互相有个照料，以便安心务工。

作为邻居，安某家的几个儿子都有手艺，而且在家乡干活就能挣到钱，没有必要外出。对于阿明的托付，安某一家都没有拒绝。

然而，对阿明的这一举动，曹某夫妇十分不满，认为安家挑拨了自己与儿子、儿媳的关系，一直怀恨在心。因此，阿明出去打工后，安、曹两家纠纷不断。

2002年，安、曹两家为修阴沟发生纠纷，在乡治安室的调解下双方达成协议。但是，矛盾却一直无法化解。

2004年5月6日，安家农地的玉米苗被曹家的小孩损坏，两家大人到现场进行清点，安家要求曹家赔偿341株玉米苗子，再次引起曹家不满。

5月9日，安某说曹某的孙女即阿明之女放牛时，将牛拴在田埂上，应阿明的女儿要求去帮其解牛绳，在解牛绳时阿明的女儿站在田埂上，一不小心差点摔倒，安某便伸手把该女抓住，避免了其倒在下面田里。然后，安某又去继续干自己的农活。

时隔一个多小时，曹某的女儿、女婿找到安某干农活的地方，强迫安某到曹家去一趟。安某不知何故，便跟随二人到了曹家。

安某到曹家后，曹家人强令安某按照其女婿王某所述写下了一张保证书。

安某系复员军人，时年62岁，老党员，但为人老实巴交。

5月11日8时许，阿明的老婆李某到乡治安室报案，称其女儿被安某强奸。

同日，阿明从外地回到四川，开着一辆陕西省某司法局警车回来。他带着乡、村干部把安某从家里强行叫上自己开回来的警车，拉到乡政府接受调查。当时乡、村干部特别提醒阿明要尊重事实，顾及影响和安某的名誉。

当日，安某的家人对此十分不满，很不服气，在接受相关调查后，安某的子女要求阿明必须用拉安某的陕西警车把安某送回去，否则不罢休。

阿明对安家人的要求置之不理，并与安某家人在大街上展开了激烈的“口水大战”，引来围观群众数百人，群众纷纷谴责阿明及家人，他们同时也对围观群众乱骂。

阿明的行为以及与群众的争吵，很快在全乡各村村民中传播，闹得沸沸扬扬。

有人说阿明家不对，没有充分证据不该做出这样的事；有人骂安某身为复员军人，党员，两个党小组的组长，居然干出如此卑鄙下流的事情。

一时间，老头强奸幼女的传闻在坊间以各种版本快速传播，安某及其子女都抬不起头，安某的老婆气得卧床不起，安某更是曾想到过自杀。

这样的日子，安某一家人艰难地度过了近20天，对他们来说简直是度日如年。

面对路人、群众的指指点点、评头论足及一些不明真相的人的臭骂，安某一家实在坐不住了。

2004年5月27日，安某及其家人找到我咨询，要求控告阿明他们诬告，要追究其刑事责任。

说实话，是否诬告，我不敢妄下断言，也不想轻易做出此举。毕竟，对方报了案，案件是否如此，公安机关是否立案，还不太清楚，这个时候是不宜轻举妄动的。

为了平息事态，控制传言继续散布，我建议安家对阿明提起名誉侵权之诉，让法院来还安家一个清白。安家人接受了我的建议，并办理了相关委托手续。

当时，我受理委托，正是基于公安机关还没有立案，既然没有立案，那就还不算案件。而我们这边一旦启动了，只要向法院提起诉讼，至少就算民事案件了，法院最终得给一个说法。

当天，我们对安某进行了询问，并制作了谈话笔录。

据安某讲，2004 年 5 月 9 日下午，他在河边大地收割小麦，大概 3 点来钟，邻居家的女孩在那里放牛，突然喊他“表公”，一连喊了七八声，他听到了却没有理睬。因为他不想管，也不敢管，就在阿明出去打工后，这个事情之前，阿明的母亲就曾经对人讲过，他强奸了阿明的女儿（就是这个）。

但是，那个女孩一直喊，感觉着急，很可怜，安某就问她有啥子事。那女孩说，拴牛的绳子把牛脚网到了（套住的意思），她不敢去解，也解不开，让安某去帮忙解一下。

拴牛的地方离安某干活的地方大概有 50 米，他便过去在一田埂上的杜仲树干上帮那女孩解下牛绳，递给女孩后又回去割小麦。此时，二人站得很近，安某转身时一不小心挤到了该女孩，差点把这个女孩挤摔倒下去。

安某一见，马上伸手抓住往后仰倒的女孩，把她抓住后让她站好，又要忙着收割小麦去。

当他把女孩扶起站好时，正好看见该女孩的爷爷站在离此地不远处，就在安某母亲的坟头上面的一个岔路口，听他嘴里在说什么，但没听清楚。

安某此时也没有多想，自己干活去了，这个女孩也自己牵着牛回去了。

安某说，当时那附近还有同村的周某父子在插秧苗，此前还给了 1 元钱让去打柴油抽水的黄某带一包香烟回来。

解牛的地方是一个大路口，过往行人多，远处干农活的人也不少，特别是周某父子插秧苗的地方离解牛的地方仅仅 100 米远，中间无遮挡物，能清楚地看到解牛的现场。

下午 4 点来钟，女孩的姑丈王某，系某中学教师，来到安某干活的地方找他说话。

王某对安某说:“快点上来，我有话跟你说。”

安某回到:“等一会儿，我还有一挑麦子，挑了就来。”

王某又说:“你割麦子要紧，再不上来老子整死你。”

安某又问:“上来做啥子?”

王某说:“上来嘛。”

见王某那么凶暴，安某便放下手中的活，随王某一路去了曹家。到了曹家，安某看见曹某夫妇及其孙女在地坝里。

一进门，王某便问安某:“你刚才在河边跟我侄女在干啥子?”

安某说:“没有做啥子，我在河边割麦子，我就帮你侄女解了一下牛绳子。”

王某又问:“那你解牛绳怎么把我侄女抱起来?”

安某说:“我帮他解牛绳后，她往后一仰我不把她抱过来，她就搭到了(指摔倒)。”

王某说:“你要抱她一下?今后还抱不抱她了?”

安某很生气地说:“今后我再也不管闲事了，喊我抱我都不得抱了。”

王某进一步说:“管你今后抱不抱，你今天必须写个保证，只要你写了保证，今后我们还是一样的，也不找你了，看在你屋里有个病人就算了。”

安某说，他当时忙着去收割麦子，怕王某不让他走，心想，自己又没犯法，写就写。

于是，王某拿出一本硬笔抄，一支圆珠笔让安某写保证。

安某接过本子，写道:“我保证安家和曹家互相照顾小孩子，不得发生争吵。”

刚刚写到这里，王某便制止了，说，“你写这个不沾边，不巴普普”(意思是与事情无关)，要求安某重新写，说完把安某写的撕了。

王某对安某吼道:“你要给老子好好写，不好好写，老子整死你。”说完站在安某身边，又看着写。

安某无奈，又写道:“我和曹家的孩子今后再也不怎么样了，看她怎样我也不管了，要保证和他们搞好关系。”

这时，王某又说不对，告诉安某要写上“2004 年”等，并要求他怎样跟安某说安某就怎样写。

第三次，安某按王某念的一字一句地写道："2004年5月9日，下午在河边强暴了××，今后不再强暴××了。"同时，王某要求安某写下保证曹家屋里人的人身安全，不写的话出了问题要找安某。

当时，安某写不来"强暴"就以为跟抱着一个意思，便写的"抱着了"，王某又不同意，便用那一支圆珠笔，在那同一个硬笔抄上写上"强暴"两个字，让安某照抄。

这个时候，安某不同意了，他说："我认都不认识，我不得写。"

王某说你必须写那个"暴"字才可以。

他说当时，他也不晓得那个"暴"字是个啥意思，跟"抱"有啥区别，只好按王某强迫写下了这个保证。

他在写第三次时，正好同社的另一个姓曹的来了，他正好看到安某被王某强迫写这个保证。

写完后，王某要安某念一遍，安某不认识那个"暴"字，所以没有念。

接着，王某的老婆、曹某的女儿念了一遍，把本子合上交给了王某。王某拿着那个硬壳本子恶狠狠地往安某右脸上打了一下。对安某说："我不是看到你这样大岁数，依得蛮性老子打死你，这回警告你。"

安某写了保证走出门外，在地坝里看到老伴儿被曹家的狗咬伤了，曹某的老伴儿倒的药酒给她洗伤口。洗完伤口，安某便把老伴儿扶回去，又去挑小麦。

在曹家一耽误，就是两个多小时，此时天色已快黑了，他老伴儿就是看天黑，还没回家才出来找他，听说到了曹家，她又来曹家看到底在干啥。但对于安某来曹家干什么，她什么都不知道。

5月11日上午，乡、村干部来到安家请安某到乡上接受调查时，发生了阿明开警车回来后的纠纷。

据安某讲，当天上午治安室的人又调查了他，下午派出所的人也对他进行了调查。

后来，派出所认为安某行为不好，要罚款200元，安某认为自己没有不好的行为，帮忙帮出麻烦来了，还要遭罚款，自己走不脱，所以他坚决不同意。

过了几天，派出所又让他去做笔录，让他签字。他写道："我思想很想不通，我是好事变坏事，上述决定我不同意。"后来，他不同意交罚款，强行走了。

安某认为自己做好事被人冤枉，是曹家故意诬陷他，他想不通，而且，以前两家一直有过结，曹某也曾告过他强奸，这回他说他不会就这样算了，要讨回公道，保住晚年名节。

2004 年 5 月 29 日，我们调查了相关群众，掌握了第一手材料。

首先，我们调查了在安某割小麦处附近插秧苗的周某，周某说他不相信安某会强奸，而且认为他是一个正人君子，不可能做出那种事，有人乱传说安某把曹家孙女的裤子撕破了的是传言，编的瞎话。他认为，曹家人诬告安某有罪，他也证实当时自己确实在那里干活，根本没有离开，安某不可能强奸。

其次，我们向他们所在地村干部吴主任进行了调查，吴主任告诉我们安某入党多年，还是两个党小组的组长，在工作上表现很好，从来没有发生过违法乱纪的事情。他认为如果司法机关查证属实，安某真的有罪，就该受到刑事处罚，如果查无实据，曹家则是诬告，已经给安某造成了影响，则应当承担相应的法律责任。

村民郑某、罗某、邓某都证实，全村的人都议论安某强奸幼女的事，其家人都抬不起头来了，上街都不好意思。特别是邓某说安家和曹家恩恩怨怨很深，一直矛盾重重。对安某的为人，村民都不相信他会干出这种事，认为曹家在东搞西搞。

特别是一熊姓村民证实，安某在部队任过干部，1970 年他们一起到万源市修襄渝铁路，对安某的为人十分了解。而且，曹家报案说安某强奸孙女那天，他也一直在附近干活，根本没有看到安某强奸曹家孙女，他对曹家的报案感到很惊讶、很好笑。

该乡公安员孙某证实，5 月 11 日曹家儿媳来报的案，说自己的女儿被安某强奸了，且这个报案人并不是报案中称被强奸女孩的母亲，而是后妈。接案后，他们把安某叫到乡上进行了调查，派出所也调查了。

孙某证实，他们去找安某时，正好遇到阿明开着一辆警车回来，坚持要跟他们一起去找安某，并坚持要让安某坐上警车，一起到乡上接受调查。当时，他就认为并提出在没有足够证据的情况下，让安某坐警车去接受调查，而且是坐的警车后面，影响不好，但阿明非要坚持。

他同时证实安家、曹家一直有过节，报案称被强奸的女孩是一个智障女孩。孙某还专门给我们提供了以前调解两家纠纷的相关材料和曹某儿媳的报案记录复印件。

我们在报案记录上看到，报案案情一栏写着："2004 年 5 月 9 日我女儿×××（痴呆），出生于 1987 年 6 月 5 日，被本村本社安某，男，约 57 岁，强奸，本人写了保证书。"报案时间：2004 年 5 月 11 日 8 时。从而，我们知道所涉女孩时年已 17 岁。

通过相关调查，我们已能证实，这起报案已给安某造成了严重影响，使其名誉严重受损，精神上受到了严重创伤。其老伴已卧床不起，儿子儿媳也无脸见人。但不知公安机关是怎么处理的。

当天，我们找到了当地某派出所，要求查阅复制他们向安某及群众的相关调查材料，派出所告知曹家报案不实，缺乏证据，未予立案，并向其发出了《不予立案通知书》。要查阅、复制相关材料要去县公安局法制科。

接着，我们赶到该县公安局，找到法制科科长。该科长回复，因未立案，没有义务向律师提供，若民事诉讼需要，可在起诉后向法院申请调取。

2004 年 5 月 31 日，根据我们掌握的案件情况，我为安家制作了民事诉讼状，状告曹家，要求恢复名誉，赔礼道歉，赔偿精神损失 5000 元。

6 月 1 日，该县某法庭依法受理了该案，收取安某 300 元诉讼费。

本来以为，民事诉讼立案后，安某就可以为自己洗脱冤屈了，谁知事情突然发生了 180 度大转弯。

6 月 9 日，县公安局对该案作出了第 151 号《公安行政处罚决定书》，认为 5 月 9 日安某在为弱智女×××解牛绳时，趁机搂抱侮辱了×××，决定从 2004 年 6 月 10 日起对安某拘留 10 天。

6 月 10 日，该县公安局发出了 2004 第 149 号《治安拘留执行通知书》。

6 月 11 日，安某儿子、儿媳请求公安机关提供对安某的拘留决定书，未果。我到该县行政拘留所要求复印，同样未果。

当天，我们再次向该县公安局提出书面申请，要求准许到拘留所复制《行政处罚决定书》。

该县公安局法制科科长在申请上批准，允许到行政拘留所去复印《行政处罚决定书》后，我们才到拘留所复印了《行政处罚决定书》，并办理了代理申请行政复议的委托手续。

当天，我代理安某向该县政府提出了行政复议申请。

2004 年 6 月 14 日，我为安某儿子、儿媳代书了一份题为《教师私设公堂威逼供诬告强奸，设圈套老党员喊冤被拘留天怒人怨——为泄愤牺牲未成年人名节诬告老党员一案盼青天》的申诉书。

那天，他们分别当面递交给了该县县委、人大、政府、政协、政法委、法院、检察院、公安局、县教委及相关领导。同时，我也向该县县委督察室进行了反映。

当天，县委督察室将有关申诉材料转送到该县公安局督察组，督察该案。

安某被刑事拘留后，安家到处申诉，曹家到处控告。

后来，听说曹家在派出所告知不予立案后，去了市公安局，最后市公安局督办此案。于是，公安机关将该女孩送去做了相关检查，最后结论是“陈旧性处女膜破裂”。

2004 年 6 月 14 日，安某的行政拘留被转为刑事拘留。

2004 年 6 月 23 日，该县公安局决定对安某变更强制措施，决定监视居住。

2004 年 6 月 25 日，安某被释放。但释放时，安某不愿意出来，其家人也不愿意去接人，公安机关强行把安某送到看守所大门外，让其自行回家。

此后，安某四处上访，要求还他清白。

2004 年 7 月 21 日，应该县法院要求，安某向法院申请名誉侵权案件的中止审理。

对安某申请的行政复议，没有任何下文，安家也没有继续过问，只是一直在申诉，要求公安机关给个明确的说法。

2005 年上半年，经该县法院协调，曹某家人当面向安某赔礼道歉，安某向法院撤回了起诉。至此该强奸案画上了句号，公安机关的监视居住也就不了了之了。

就本案例，我之前以《强奸悬案》为题公开发表过。之所以用这个标题，一是因为安某差点真的就成了强奸犯，被判刑入狱。因为，该案在公安机关向检察院移送审查逮捕时，安某家人通过县政法委的领导给检察院批捕科的人送了一份申诉书，以及我们调查收集的民事诉讼证据一套，把两家人形成的历史矛盾进行了详细说明。他们要求检察人员去问问该智障女孩本人，并强调经检查，该智障女孩的处女膜是“陈旧性破裂”。据批捕科的人讲，检察院对该案讨论过两次都未有定论，承办人以前也坚持有罪论，而看了这些申诉材料和民事证据，改变了看法，并决定帮助安某把事情弄清楚。最后，该县检察院决定对安某不予批捕。二是既然未对该智障女孩强奸，这位智障女的处女膜又怎么会是陈旧性破裂呢？这一直是个谜。人们茶余饭后议论纷纷，谁都不知道真相到底是怎么回事。

最后，安某的儿子告诉我，他们为了感谢检察院那位帮忙的人员，给他包了一个红包，那位检察官坚决不要，并告诉他们说，如果不及时向他反映，他可能会办错一件案子，会冤枉了安某。

安某的儿子儿媳说，那位检察官还说我当时对他们的帮助功不可没，至少在理性上我们占了上风。因为他们报案未立案后，安某便立即提出了民事诉讼。在那时公安机关还没有对刑事案件立案，我作为民事案件的代理人，有权收集民事证据，否则等到公安机关立案后，我的相关调查权就会受到影响，对安某恐怕就不利了。

安某被行政拘留后，我们又马上提出了行政复议，在该案转为刑事案件后，我们又进行了及时的申诉，否则案件后果可能又会有所变化。

10 以桃代李的不幸婚姻

这是一起由婚外同居引发的离婚案件，也是一起婚姻感情伤害成功获赔案件。

该案是我亲自办理的，有几个地方很有意思：一是这对夫妻在办理结婚登记时，用的不是他们自己的名字而是别人的名字；二是女主角离家出走再嫁他人致婚外同居怀孕；三是当地县政法委副书记的父亲，一位老教师带动村民对我们进行围堵，支持他人破坏婚姻家庭；四是男主角之姐为弟弟伸张正义，差点被法院司法拘留，最后男主角成了替罪羔羊。

代理这个案件源于以前代理的一起客运合同纠纷案，原告蒋老太在起诉前咨询了许多律师，都被认为官司打不赢拒绝代理。蒋老太不知通过什么渠道打听到了我，希望我能为她打那一个官司。

接受她的委托时，我并没有跟她做出一定能打赢这个官司之类的承诺。只是认为她这个官司有打的必要，有胜诉的可能，并保证尽心尽力、全力以赴。

蒋老太告诉我，她已经打听到了我的为人，所以对我做出这些解答和承诺她早有预料。她说哪怕我没有保证给她打赢这个官司，她仍然相信我，要求我放心给她代理，并表示无论结果如何她都不会怪我。

蒋老太是一个非常通情达理的人，有文化、有素质，她并不相信那些动不动就夸下海口，保证打赢官司的人。

通过我的努力，在蒋老太的配合下，她的那个案件非常成功地获得胜诉，并得以顺利执行。

于是，蒋老太成了我的家常客，他们夫妇与我虽相差 40 余岁却成了忘年交。不但如此，只要哪里有纠纷发生轮得上她说话，她准会向当事人推荐我，介绍当事人请我。可以说，她是我的忠实粉丝。

有一天，蒋老太又登门来访，请我再帮她一次忙，给她的侄儿打一个官司。她告诉我，她侄儿家很穷，住在乡下，为人老实。侄儿娶了一个老婆，娃儿都10岁了，可他老婆却被人拐跑了。

她说他们通过努力找到了线索，让我去收集证据追究那个拐卖人口的坏分子的法律责任。

根据她反映的情况，我认为此举比较困难，证据根本不充分，恐怕行不通。但是，为了帮助他们，我按照他们的线索进行了相关调查，代他们写了一份控告书。

可是，控告书递交到有关部门后无人理睬，反而说她侄儿自己没出息，老婆都守不住，并且说公安机关没有义务给他找老婆。

根据我们掌握的线索，已经能够确认，就是那位所谓的“人贩子”把蒋老太的侄媳带出去的，我们让那位被怀疑为“人贩子”的人提供确切地址，我们自己去找人。他予以拒绝并否认了一切事实。

于是，我想是否可以以破坏婚姻家庭为由去法院告他？有了这一想法，我带着相关材料及自己的设想来到了某县法院。经与院长联系，他们认为没有这种先例，不能受理。因此，我们的工作很难继续往下开展。

就在我们一筹莫展时，该县法院给蒋老太的侄儿阿春送来了开庭传票、举证通知书及阿春老婆晓芳的离婚诉状副本。

晓芳（原告）在离婚诉状中写道：1992年2月中旬，双方经人介绍相识恋爱，相识不久双方到广东省务工，并同居一起。原告怀孕2个月后，在双方都没有到场的情况下，于1993年7月31日以阿春（被告）弟弟的名义办理了结婚登记。

晓芳在诉讼中称，二人结婚后原告对建立和睦的家庭充满了信心和决心，起早贪黑、艰苦劳动、勤俭持家。1994年9月，晓芳生下一子取名阿华，现读一年级。由于晓芳不识字，口头上说不出来，人又老实。阿春嫌弃晓芳不会讲普通话损了他的脸面，对晓芳经常打骂、虐待。

不仅如此，阿春父母也经常打骂晓芳，只要晓芳与阿春发生口角纠纷，被告父母就让晓芳滚。阿春认为晓芳娘家也没有人为她说得出来话，对晓芳更是虐待。

2001年4月中旬的一个上午，晓芳与阿春为家庭小事发生争吵，阿春父母共同骂晓芳，阿春的父亲还用菜刀砍晓芳，被邻居夺开，晓芳才幸免遇害。

2002 年 5 月，晓芳怀孕做人工流产，阿春整天在外赌博，经常把钱拿去输，对晓芳不管不问，每天饭都是晓芳自己去煮，阿春根本不尽丈夫义务。

2003 年 8 月，打谷子时，全家三亩多田的稻谷全是晓芳收割，因稻田里有水，晓芳将稻草拖出没有挑谷子，阿春对晓芳破口大骂，拳打脚踢，用扁担砍晓芳，打得晓芳遍体鳞伤。

2003 年 11 月 20 日，因被告在外打牌长期不管家事，晓芳心平气和地说阿春，阿春不仅不接受，反而对晓芳破口大骂，拳脚相加。更恶毒的是，阿春还拿农药叫晓芳喝，还说晓芳死了活该。

晓芳在诉讼中还称，像这样的事情不是一次二次而是多次。由于阿春及其父母对晓芳打骂，不给饭吃，晓芳孤身一人，无说话之地，长期抬不起头。晓芳在阿春家过着牛马不如的生活，实在无法生存下去，只好于 2003 年 10 月离开孩子，到外地务工。因此，原告晓芳认为婚后阿春对自己长期歧视、虐待，导致夫妻感情破裂无法挽回，夫妻关系只存在法律形式，失去实质内容，已名存实亡，请求法院为她伸张正义，切实维护妇女儿童的合法权益。

除了法院送达的离婚诉状副本外，法院在举证通知书中只给了阿春 5 天的举证期限。

拿到这些东西，看罢晓芳的离婚诉状内容，阿春气得暴跳如雷："龟儿婆娘，明明是自己偷人，跟野男人跑了，反而反咬一口，一定得去法院弄清楚。"

于是，阿春跟着婶娘蒋老太到法院，要求法院告知晓芳的具体地址和联系办法。然而，承办法官以需要替晓芳保密为由拒不提供联系地址和办法。

阿春拿不到晓芳的联系方式，便在法院大吵大闹，引来无数人围观。无奈之下，承办法官告诉了晓芳代理人的姓名及联系办法。法官说这是代理人办的案件，晓芳的联系方式法院也不知道，知道了也不能说，这是替晓芳的安全着想，具体的联系方式要问代理人。

阿春一看，原来晓芳请的代理人是该县司法局某镇司法所所长兼法律服务所主任。他们马上赶到县司法局找相关领导，反映代理律师杨某不尊重事实，在诉状中乱说一通，要求见这个代理人并要求他交出晓芳。

司法局的工作人员费尽力气，好说歹说才把阿春二人劝住，并通知了晓芳的代理人杨律师。律师对阿春做了很多的解释工作并答应询问晓芳是否同意把联系方法告诉阿春后再做答复。

阿春二人在法院、司法局吵闹之后，才与我联系，请我代为制作答辩状。

我初步了解了情况，认真阅读了晓芳的诉状，凭着多年的办案经验，认为这不是晓芳的本意，应该是代理人为了达到离婚的目的而杜撰的内容。

当年，我从事法律服务工作已经有十余年了，接触了大量的婚姻家庭案件，看到很多的原告方诉状都把对方和对方家人写得非常狠心和恶毒，希望借此引起法官的重视和降低社会对被告一方的评价，从而同情自己，达到诉讼的目的。

当然，在一些交通不便，信息不畅通的边远农村，确实也存在一些无法想象的事情发生，一些案件事实可能会完全超越人的认知，简直不敢相信。

但是，就案件事实的陈述方面，我一直坚持要实事求是，不能胡编乱造，更不能夸大其词。这个工作作风，我是一贯坚持的。如果仅仅是按照当事人的要求，想怎么写就怎么写，我是不会接受的，哪怕是当事人给再多的钱，我也不会接受。

我一直认为，法律工作者、律师都是法律人，法律人就得坚守法律人的法律底线，就得具有基本的法律思维和尊重客观事实，制作的任何法律文书都不能违背法律和客观事实。

律师制作的法律文书是律师的作品，是律师执业经验和智慧的结晶，是律师的劳动成果，更能体现律师的专业水平和人品。

律师法律文书体现出的是律师的法律素养和职业道德，还包括人品修养，整体素质等。因此，我认为律师制作法律文书，就得像模像样，就得体现专业水平和人品。

更何况，当时我已在市级法律服务机构执业，还经常在省、市报纸上发表文章，我对自己的要求相对来说比较高。

不过，对于一些无伤大雅的问题，只要不违反我的基本原则，我也不会过分要求，毕竟当事人有自己的一些想法，能够尊重的也应当适当尊重。对于这个问题，看似矛盾，其实道理很简单。律师需要坚持律师的原则，当事人则需要坚持他的内容，只要这些内容不违背客观事实，那么律师在适当时候就得做一些让步，否则当事人就会排斥律师，也就不会聘请律师，律师就会失去这一单业务。

当然，我这里说的适当让步也是有一定原则和限度的，不是完全都按照当事人的意思来，否则律师也就没有存在的意义和价值了。

因此，就阿春这个案件，我按照自己掌握的信息和证据帮其写了答辩状，他们自己也做了一些修改。

阿春答辩称，晓芳在诉状中捏造事实，其目的是损坏自己和父母的名誉，便于自己离婚嫁人，要求当庭赔礼道歉。晓芳是听信他人唆使才离家出走的，给自己造成了经济损失数千元，且晓芳在外与他人同居还倒打一耙，给自己造成了精神上的痛苦，阿春要求赔偿。但如果晓芳愿意悔改，阿春也表示可以原谅她。

这个答辩状我本来就写得比较简单，因为阿春所在的乡村离县城比较远，且属于山区，各方面的条件都不太好，一旦离婚，阿春想再婚就非常困难了。所以，他们的目的还是挽回婚姻，维系家庭。因此，在我的答辩状的基础上，他们做的修改也不大。

根据我们的调查及法院掌握的证据：1992 年 2 月，原、被告经人介绍相识后不久，便一同外出务工并共同生活。这种现象在川东北一带非常普遍，乡村的很多青年男女，在介绍人介绍相识后，就双双外出打工，二人开始同居生活。当地曾经一度将这个现象成为“未婚同居期”或者叫“试婚期”。虽然，这个“试婚”与我们一般理解的“试婚”有一定的差异，但是这个现象确实又有“试婚”的实质和功能。

阿春的弟弟阿彪，在外出务工时先认识女朋友，办理结婚登记时阿彪还没有到法定年龄，乡村干部就出主意让阿彪先用他哥哥的身份信息办理结婚登记，等哥哥结婚时再用阿彪的身份信息登记。这种现象，在农村也是很常见的，只要夫妻双方婚后不扯皮，婚姻家庭不闹矛盾，大家就万事大吉，皆大欢喜，一旦一方闹起了离婚，就会存在一连串的问题。

1993 年 7 月，阿春与晓芳办理结婚登记时，阿春的身份信息已经被弟弟阿彪使用，自己办理结婚登记时只好使用弟弟阿彪的身份信息。

对于办理婚姻登记时的身份信息互换，无论是阿彪的老婆，还是晓芳，她们对这一事实都是明知的，也是认可的，否则根本无法办理婚姻登记。经过身份信息的互换，事实上就形成了法律上阿彪的老婆与阿春是夫妻，阿彪则与晓芳是法律上的夫妻。不过，案发前大家相处融洽，也没有发生任何不愉快的事情。

1994 年 9 月，晓芳生育一子后，后面就再没有生育子女了。

1999 年，阿春与晓芳都不再外出务工，而是回到家乡就近找事情做，以便照顾家里。于是阿春便进城在某预制场务工。

阿春在县城务工，农闲时很少回家，晓芳在家便有了怨言。加之阿春脾气暴躁，双方偶因家务事争吵打架，感情逐渐产生裂痕。

这样的日子坚持了好几年。小夫妻虽然偶尔磕磕绊绊，但也无大碍，日子还是照常在运转。

2003 年，晓芳怀孕流产。因阿春很少在家，加之在县城的预制场的工作又繁忙，确实未尽心照顾晓芳。双方为此经常发生纠纷，致矛盾加剧这都是事实。

也正是这些原因，阿春在县城工作，有时候很长时间都没有回家，晓芳的怨气加重，二人矛盾加剧。

2003 年 11 月，晓芳突然离家出走，并改换姓名为雷芳，对外谎称自己家在山汇镇居住，丈夫去世。之后，晓芳经人介绍与李富乡一未婚男袁某相识，按农村风俗请客后便开始了同居生活，后又一同外出务工。

晓芳离家出走后，阿春到处寻找她，亲朋好友都问了个遍，就是没有一点消息。结果，人没有找回来，钱反而花了数千元。

村民张某证实，阿春与晓芳平时关系好、感情深，晓芳自己没有脑筋，别人喊她怎样她就怎样。在家里公公、婆婆、小叔子、弟媳对她也不错，她想卖什么东西就自己弄到街上去卖，想买什么吃的、穿的自己就买，谁也不会阻拦她，更不敢阻拦她。

张某的这些证词与阿春的家人给我介绍的基本一致，虽然阿春与晓芳之间有一些矛盾，但是家人对她还是不错的。

张某说阿春人踏实、勤快、爱劳动，在县城预制场打工回来的钱也交给晓芳保管。她与阿春是邻居，房子挨房子，从来没有看到过阿春及家人虐待过晓芳，更没有发生过用菜刀砍她的事情。

关于搭谷子发生纠纷的事，让她喝农药，更是捏造，全是瞎编。张某证实，收割稻谷是大家互相帮助，晓芳还和弟媳去帮她家收割，张某请她们喝啤酒，晓芳不会喝啤酒，她专门去给晓芳买的可乐。

张某还证实，晓芳说 2003 年 10 月 20 日阿春让她喝农药，其实那些天阿春根本没有回家。10 月 21 日赶集，晓芳自己一个人把家里的粮食弄到街上去卖，因家离街道近，背了好几趟。卖了粮食她买了一件红色衣服，说要走人户（走人户是当地方言就是走亲访友），结果一走了就再没回来。

问及晓芳诉状上的相关事实，邻居张某说这些都不是事实，完全是乱说，胡编的，目的就是想离婚。

同社的村民刘某、唐某、罗某、郑某、肖某以及乡、村、社干部都表示晓芳在说谎，与张某的证实基本一致。

在晓芳起诉离婚后，经四处打听，阿春终于查到了她的下落，通过调查终于查清了事实真相。阿春调查晓芳，可说是借助了民间的力量。有时候，民间的力量和信息还真不可小觑，乡村看似消息闭塞，在某些方面却又具有很多的优势。

原来，阿春的弟媳姓黄，他弟媳的姑妈经常到阿春弟媳家做客，见阿春经常没在家，便与晓芳一起“摆龙门阵”。交谈中阿春弟媳的姑妈黄某得知晓芳嫌阿春人老实，家里穷，脾气又不好，想再找一个好点的人家，黄某表示同意帮忙物色一个。

黄某回家后，便把这一个消息告诉了儿子传华。他便利用母亲与晓芳约好，把晓芳叫到了自己家里来。

接着，传华便将晓芳介绍给了未婚大龄青年袁某。袁某的父亲向我们证实，他有三个儿子，就三儿子没结婚。传华给他儿子介绍晓芳，说叫雷芳，丈夫死了，是某县山汇镇人。

2003 年 10 月某天，传华的妻子带着晓芳到他家做媒，说晓芳叫雷芳，丈夫死于煤矿。袁父对传华有点信不过，便再三追问晓芳是不是有夫之妇？丈夫到底死了没有？有没有遗留问题？

传华的妻子再三肯定地告诉袁父，肯定不会出现问题，没得啥子遗留问题，如果出了问题她是介绍人，她也脱不了干系。

见其说得这么肯定，袁父就相信了，并由传华通过数道渠道把袁某从广东通知回来结婚。

在农村，有些人为了挣钱，几乎是不择手段，她们不顾廉耻，也不在乎是否会破坏别人家庭，更不会在乎是不是亲戚熟人。只要有能挣钱的渠道，有一丁点儿机会，就不会放过。加上，晓芳遇上的又是有拐卖人口“经验”的一家人，这个事情就水到渠成了。

袁某回来后，仅一两天时间，介绍人传华一家人就多次催促快点结婚。所以，袁某回来仅仅与晓芳见了一面，两天后便按农村风俗举办了婚礼。

婚礼上，袁家邀请了亲朋好友及村支部书记、村主任、村民和该县政法委某副书记的父亲一同庆祝。

婚礼前一天晚上，晓芳住在介绍人即阿春弟媳的姑妈家，袁某悄悄从介绍人传华家中接回，第二天中午举办婚礼，宴请宾客。

袁家为了以防万一，专门邀请了村社干部，还在婚礼当天当众给介绍人谢媒，其中有 2 条枕巾，香皂、肥皂各 1 个，白酒 2 瓶，120 元钱红包。

婚礼举行后两天，袁家还是担心出事，不敢在家里久留，便带着晓芳外出务工。

2004 年正月，袁父在外听说自己的儿媳可能就是阿春要找的老婆，感觉很头痛，便去找介绍人核实。这时，介绍人说他说得脱、走得脱，让袁父告诉儿子袁某，自己要承认是他们自己认识的，莫说是他介绍的。

袁父见事情这样，担心早晚会出事，便主动打电话让儿子袁某把晓芳接回来，把事情弄清楚，该怎么处理就怎么处理。大不了出点钱让晓芳把婚离了，好安心跟自己的儿子过，不能这样不清不楚的。

在袁父的要求下，晓芳她们回到了老家，希望把这个事情妥善处理。也正是在这个时候，阿春他们得到了确切的信息。

2004 年 3 月底，一天一大早，我还在睡梦中，阿春告诉我晓芳与袁某回来了，带上了几个亲友要到袁家“捉奸”，把人要回来。他们担心去了掌握不到火候，把事情弄复杂了，想请我去一趟，有事也好给他们解解围。

此时，我已经接受了委托，又十分同情阿春的遭遇，对阿春跟我说的，有点不太相信，我本该拒绝的。但是由于怀着好奇心，我居然没有拒绝他，而是同意跟他们一起去看看。

现在回想起来，我当时还不太成熟，欠缺经验，这些事情律师怎能去参与呢？要是换了现在，我是断然不会去趟这趟浑水的。

记得，那天早上，阿春叫了一辆出租车专程来接我，我在去之前再三叮嘱他们必须冷静，千万不能出于冲动引发事端。我知道，这种情况自己是不该去的，也是不能去的，只是自己好奇，加上除了律师梦，我还有一个作家梦。这么好的机会，也想去实实在在地探个究竟。

我们到了袁家，阿春十分冲动地去查看了地势，叫人把袁家的大小门围堵了起来，便自己去叫门。

袁父起来打开门，堵在门中间问：“是谁？干什么的？”

阿春说：“我是某某，你儿子袁某把我婆娘拐跑了，我们来找人。你快点把人交出来，否则今天有你好看的。”

我看袁父已是七八十岁的老年人，很担心阿春动手打人。便上前把阿春拉了回来，告诉了来意。

袁父听我说完，显得很冷静，他说早晚会有这么一天，是我主动把他们叫回来的，该怎么处理就怎么处理，我们也是被骗的，我们之前也不知情，否则就不会出现今天这样的事情。

于是，他带着我们到了儿子袁某的房间，把袁某和晓芳从睡梦中叫了起来。

如果说，这算是捉奸在床的话，我们还真的亲眼看见他们两个从一张床上下来了。不过，在我个人看来，这不应该叫“捉奸在床”。对袁某来说，他也是受害者，对他来说这不应该叫奸情。所以，我极力控制住阿春，叫他千万不能冲动。

看得出来，袁某很老实，对晓芳也不错，照顾有加，而且晓芳的肚子明显鼓起来了，明眼人一看便知已然怀孕了。

阿春再老实也看得出老婆肚子里怀上别人的孩子了，他非常生气，他又想冲上前去抓袁某，经我们极力劝阻才避免一场冲突。

在我的调和下，加之袁父通情达理，也表示既然晓芳没有离婚，就该回家。因此，袁家允许阿春把晓芳带回去。一切看似很顺利和自然，我心里反而不踏实，总担心会发生点儿什么事情。

正如我所料，就在我们刚走出袁家不远，有一个老头带着村民把我们团团围住，不让我们把晓芳带走。他说是为了维护妇女合法权益和婚姻自由权，我们好说歹说就是没用。

后来，从袁父口中得知，该老者是一位退休教师，他儿子是某县政法委副书记杨某。这位退休教师在大街上公开宣扬，说我冒充他儿子的名义去找袁家要人，他说他儿子根本不认识我，骂我是个骗子。

我根本不知他是谁，也不知他与该县政法委副书记杨某是什么关系，而且我根本就不认识该县政法委的杨副书记。我也没有对任何人说过是政法委的杨副书记让我去要人的。我也是当天早上才得知阿春找到了晓芳，被他们临时叫来的。

就在这位老教师煽风点火的阻拦下，群众跟着起哄，对我们指指点点，乱七八糟的什么话都有，简直不堪想象。显然，我们一行人被这个老头为首的人控制在了李富乡那个地方。

阿春拉着晓芳仍坚持要她回家，他一拉，晓芳就又哭又闹，又喊打死人，引起了更多人围观。这个杨老师更是从中挑拨，煽动群众怒火，把阿春及其父母批评得一文不值，猪狗不如。不但如此，他还说是我教唆阿春打人，让群众指责我。

当我被这个老头逼急了的时候，我也顾不了那么多了，就跟他一样“泼妇骂街”，毫不示弱。在农村，有时候讲道理没用，能“骂街”有时候也可起点儿作用。

再说，在当地，有些事情说不清楚时，人们就会按照迷信的方法，对天发毒誓以示自己清白，我本不信这一套，但是必要时这确实是一个能解决问题的好办法。

还真如我预料，当我提出发誓赌咒这个主张后，杨老头坚决不同意，他说他不信那一套，也不得跟我发誓赌咒。

此时，杨老头的老伴来了，在一药店门口批评他多管闲事，叫他回家，并且给我赔礼道歉，让我这个年轻人别跟一个老头儿一般见识。

在他老伴劝阻下，围观群众渐渐离去，但杨老头仍然指使几位村民不让阿春带人走。他认为嫁到他们那里了，就是他们那里的人，管他合不合法，就是不得准许把人带走。总之，阿春抓住晓芳的手，就在那里一直僵持着。

借此机会，我与蒋老太又回到袁家，找到袁父详细地调查了整个事情的真相。因袁父比较通情达理，得知我们被杨老头围堵后，详细告诉了我们前因后果。

对当时在场的杨老头，袁父告诉我说他是一位退休教师，确实有一个儿子在该县县政法委员会，就是杨副书记。

这个杨老师之前与他们没有啥关系，是跟他儿子说媒的传华找的靠山，杨老师又为袁家介绍了代理律师，就是某司法所所长。他说本来他是反对这个事情的，但是考虑到有县政法委副书记的父亲作保，才同意的。后来，他又给自己家请律师，帮助他们解决后遗症，他家还是很感激杨老头的。

他说，晓芳与他们是在杨老师家里见的面，后来请律师也是杨老师推荐的，说是他的学生，与代理律师见面又在杨家，杨老头的老婆不支持这个事情，但是也管不了他。

请律师打官司离婚的事情，律师费是拿到杨老头家里，当着大家的面交的钱。代理律师也姓杨，袁家当着杨老师的面将1250元钱交给了代理律师，由代理律师用晓芳名义给袁家出的借条，但是出借条时晓芳却根本没在场。

他们约好，如果阿春找上门来要人就马上通知杨老师，并要阿春赔偿他的损失，也就是那个律师用晓芳的名义写的1250元借条，他们说这个钱要阿春还。他们让袁家说这是卖耕牛交的律师费，阿春要带走人就得还钱。

更好笑的是，这1250元钱并不是代理人杨律师收的，而是介绍人杨老师向袁家收的，借条是由代理律师模仿晓芳的笔迹写的，最后这个居然成了袁家向阿春要钱的依据。

袁父反复告诉我们，就是在杨老师家里，他将钱交给了杨老师，律师用晓芳的名义打的借条。他们的行为应了农村的一句俗话，“别人吃肉，绳子套在自己头上”，他们就这样把杨老头收的钱转换成了阿春的债务。

掌握这些情况后，我便让袁父签字具结，立即与当地乡、村领导取得联系。乡村干部他们本来都同情阿春，也愿意帮阿春，无奈一听说有县政法委杨副书记的父亲在干预，他们也就不好参与了。不过，有了袁父的证实材料，也就好办多了。

从早上一直被杨老头带人围堵了近十个小时的阿春，根本没办法把晓芳带走。眼看天色已晚，我便让阿春放弃带晓芳走的念头，先回去再想办法。

谁知，不带人走也不行，杨老头仍然不许离开，非要阿春保证不再去找晓芳。这简直是无理取闹。

在这种情况下，我只好求助该县法院，毕竟案件法院已经受理了，如果出现了意外恐怕大家都不好说。

法院赶紧把这一情况告诉了晓芳的代理人杨律师，最后杨律师出面与杨老头交涉，我们才得以脱身。

次日，阿春在婶娘蒋老太的陪同下找到该县政法委，如实跟杨副书记反映了当天的情况，杨副书记当即给他父亲打电话，让他不要再参与此案。

回到家后，阿春觉得很没面子，也非常不甘心，又去袁家找过几次晓芳，但均被告知人已经交给你了，是她自己不回去，又没有回到我们这里来，请你不要再来我们家要人了。

2004年3月25日，该县法院公开开庭审理本案。

开庭当天，阿春家来了不少亲友，袁家也做好了充分准备，这回那个杨老头没有再直接露面了。

庭审中，我们认为虽然阿春与晓芳办理的婚姻登记不合法，但是仍然是他们二人在共同生活，并且他们的同居生活开始于1992年，在1994年2月1日民政部颁布的新的《婚姻登记管理条例》之前，依法应当认定他们之间的婚姻关系属于事实婚姻。

同时，双方当事人的婚姻感情尚未完全破裂，晓芳的诉讼缺乏证据，且全是编造，要求放弃离婚的念头回到阿春身边。

晓芳在法庭上基本一言不发，全由代理人代为发言，仅仅是对一些必须自己回答的法庭调查，简单地说是或不是。显然，她已经被操纵了。

法院审理认为，阿春的弟弟在办理结婚证时用了阿春的名义，而晓芳与用阿彪名义与阿春办的结婚登记，对双方之间的关系没有影响和意义，因而应当认定原被告未经合法登记以夫妻名义同居生活至今，双方同居开始于1992年，在民政部《婚姻登记管理条例》公布实施以前，且符合结婚实质要件，根据《最高人民法院关于适用〈中华人民共和国婚姻法〉若干问题的解释》的相关规定，应按事实婚姻处理。

法院认为，在本案的审理过程中，双方当事人经调解不能和好，应准予离婚，晓芳要求与被告离婚的理由正当，应予支持。晓芳与被告阿春的弟弟阿彪办理的结婚登记，所产生的问题应另行处理。

法院还认为，原、被告居住的房屋是婚前被告父母修建，应归被告阿春所有，原告晓芳离家出走后居无定所，不能保障其子的稳定生活，孩子应由被告直接抚养为宜，原告承担适当的抚养费。原告与他人确有同居行为，被告阿春要求原告感情伤害赔偿（即离婚过错赔偿）符合《婚姻法》第46条的规定，法院应予支持。

该院审理后，没有当庭判决，宣布择日宣判。闭庭后，双方退庭。

在法院门外，阿春的亲朋好友向属地的乡计划生育行政部门进行了举报，要求计划生育部门把晓芳带去强制引产。

晓芳那边的代理律师见状，立即报告了法院审判庭的刘法官，并请法警为晓芳“护驾”。同时，联系了该县计划生育委员会，县计生委的人把乡镇计生办的人员招了回去。

阿春的亲友见状，就守在法院大门口，不让晓芳出来。法警以保护晓芳人身安全为由，把她带上警车强行送了出去，并在城郊公路上把晓芳交给了袁家派来接人的面包车上。

据此，阿春的亲朋好友对法院产生了抱怨，开始在法院门口对承办法官及晓芳的代理律师破口大骂，其中被告阿春的堂姐蒋老太的女儿最不服气，又吵又闹。

对于他们请乡镇计生办的人员前来，我并不知情。他们想在法院外强行把晓芳带回家，并说要把晓芳肚子里的“野种”打掉等情况，我也不知情。他们没提前告诉我，我也就无法提前给他们做适当的法律指导。所以，开庭结束后我去了该县人大，反映另外一个案子。

他们在法院吵闹的确影响了法院的形象和声誉，法院怎么会视而不见呢？哪怕当时已经是下班时间，法院仍然决定对阿春的堂姐进行司法拘留。

该县法院法警队队长从内心也同情阿春，所以并不想拘留其堂姐。

于是，法警队队长把我叫到县法院法警队，向我说明了自己的想法，让我去劝一下。

我到县法院门口，给阿春他们说了法院想拘留人的情况，劝他们不要闹了。再说，袁某是未婚大龄青年，肯定要想办法保住孩子，县政法委杨副书记的父亲表面上没再参与，但 1250 元律师费是他收的，代理人是他介绍的，他不可能就真不管这件事。

经我劝说后，他们的吵闹没有那么厉害了，事态得以平息，围观群众也纷纷散去。本以为此事就这样算了，各自回家等法院判决了。

结果，我们正准备离开时，法警队却把阿春拘留了。

法警队队长给我做了个无奈的表情，让我去告诉阿春承认错误，写一个保证书便可以提前释放。他说已经努力了，法院还是决定对阿春拘留 10 天。

其实，我知道法院拘留阿春还有一个原因，就是不能让他继续找人，给晓芳脱身的机会和时间。

我几经周折，让阿春承认了错误，写了保证书，关了一天后提前释放了出来。

2004 年 4 月 14 日，该县法院作出了［2004］达×民初字第 381 号《民事判决书》，判决准许原、被告离婚，婚生子由阿春抚养，晓芳每月支付生活费 80 元，教育费、医疗费凭票据由双方各负担一半，自判决生效次月起至孩子能独立生活时为止，每年年底以前一次性付清当年费用，住房归被告所有。

另外，晓芳因婚外与他人同居导致离婚，赔偿阿春精神损失费 4000 元，诉讼费 600 元由原告负担。

判决后，阿春不服，要求提起上诉，我站在代理律师的角度认真分析了本案，劝他算了，不用上诉，因为上诉没有实际价值。为此，阿春放弃了上诉的念头。

判决生效后，因晓芳是法院送走的，袁某及家人不承认在他们家，再说法院判决承担义务的主体是晓芳，没法找别人承担，所以判决的4000元精神损失费和孩子的抚养费根本无法执行。

虽然晓芳与阿春的婚姻关系解除了，但是她与阿彪的结婚登记仍然没得到处理，所以她无法与袁某办理结婚登记。后来，听蒋老太说，晓芳在袁家生了一个白胖胖的儿子，不久便被袁家赶出了家门。

据知情群众称，袁家争晓芳并不是为了娶她，而是她怀上了袁家的孩子，能为袁家传宗接代。晓芳生完孩子后，袁家的目的达到了，晓芳的价值自然就降低了。由于这个事情闹得动静比较大，远近皆知，袁家继续留着晓芳不但办不了结婚登记，还有重婚的危险，只好把她赶出了家门。

尽管法院的判决最终可能没有得到执行，或者说，事实上也不会得到执行，但法院对原告方因婚外同居导致离婚的事实和过错进行了确认，而且还判决晓芳承担了4000元的精神损害赔偿，这是非常难能可贵的，应该得到肯定。

在这个案件中，晓芳与阿春并没有真正办理结婚登记，他们属于事实婚姻，但法院还是支持了婚姻感情伤害赔偿的诉讼请求，这很不容易。

虽然我国婚姻法规定了离婚损害赔偿，但事实上，在司法实践中主张离婚损害赔偿获得法院支持的案例并不多见，这个案件中原告的过错法院进行了认定，还支持了被告对损害赔偿的主张，其实也是换了一种方式告诉我们，司法其实还是站在正义一边的。

本案中，法院是直接以损害赔偿的名义判决的，与我代理的其他案件相比，其他案件法院均是以经济补偿的名义支持损害赔偿的，这个案件直接用的损害赔偿，还是非常不容易的。

要知道，自从我国《婚姻法》2001年修改以来，婚姻感情损害赔偿在司法实践中很难得到支持，而且支持的金额都不高，在那个时候就支持了4000元，也是很难得的。

2020年，我在参加成都法官论坛时获悉，实践中这类赔偿的支持率一直不高，能查到判决的最高的只有30 000元，一般是20 000元以内，15 000元以下最多。当天，法官、律师、检察官、妇联等部门的同志的倾向性意见是支持突破 50 000 元，不超过 100 000 元。当然，具体的实施还有待司法实践的探索和司法解释的进一步明确规定。

11 如梦姻缘终成空

林辉祖祖辈辈都是农民，很小的时候母亲便去世了，只留下他与父亲艰难度日。

本以为自己只能在农村，“脸朝黄土背朝天”生活一辈子，万万没有想到政府的一个决策，改变了他的命运。

从农村进入城市，从农民到工人，林辉想都不敢想这是事实。对其他人来讲，这肯定是一件非常非常值得庆幸的事，而对林辉来说却并不是那么回事儿，他还是觉得在农村里生活稳当。

他们家因承包的土地被占而被安置入城，在工厂当了一名工人，本来不好找对象的他，女方主动上门求亲，成就了他的一段姻缘。

婚后，儿子意外死亡，不久父亲病逝，外出务工又遭遇工头“跑路”，回家得知老婆跟别人好上了，莫名其妙地“被离婚”，安置房也被老婆占了。他欲哭无泪，仰望长天，凄惨地问道：“是谁给我把婚离了？”

林辉突然一下子好像掉进了万丈深渊，儿子没了，父亲没了，连老婆也没了，房子被占，存款也不见了，自己反倒被法院判决背负了一身的债务。

在好心人的介绍下，林辉找到了我，希望我能帮帮他，给他讨回一个公道。

残酷的现实，让我和林辉只能遗憾地被拒之于法院门外。他申请再审被法院无情地驳回，再怎么申诉也无济于事。最后，他不得不选择放弃。

事情还得追溯到 1985 年。当年，为了建国营华蓥山火力发电厂，要对向光村的土地部分征用。

为了响应国家号召，支持国家经济建设，土地被征用后，县政府按照国家有关政策，按每人 10 000 元的安置费，把失地农民分别安置到了织布厂和麻纺厂。

当年，林辉的母亲早已去世，他和父亲相依为命。如果不是要修电厂，征用了林辉家的土地，凭他们的居住条件和生活条件，想要找到女朋友十分困难，几乎不太可能。

正是因为国家政策，他们的土地被征用，又成了城镇居民，并能安排工作，他的身份才发生了根本性的转变。一夜之间，他由农民变成了工人。

但凡是从农村里出来的人，几乎都清楚，如果不是改革开放，一个农村人，要想脱离农村成为城镇人口，还要安排工作，由农民摇身一变成工人，那是比登天还难的。如果说幸运的话，林辉算是幸运者中的幸运者，他不但摇身成了城镇居民，还成了工人。

就在 1988 年，林辉家的土地最终被征用，他的身份转变已经彻底实现，附近的女人开始主动找上门来，要成为林家儿媳。田琼也不例外，其主动托人给林辉做媒，最后二人建立了恋爱关系。

对田琼当时的举动和目的，大家的心里十分清楚。在 1988 年，一个农村女孩要嫁入城市，并能嫁给一个工人，是一件多么不容易的事，也是一件多么光彩的事。

没有人对田琼的主动行为说三道四，人们反倒是夸林辉命好、有福气，能找到这么一个聪明、能干的老婆，都投来了羡慕的目光。

1989 年底，林辉最终被安置到了位于县城内的织布厂，并真正成了该厂的一名工人。

当年，他们又分得了位于该县某镇北大街六居委 2××号的县织布厂内职工宿舍楼职工住房一套。

1990 年 1 月 19 日，林辉和田琼二人自愿到镇政府办理了结婚登记手续。婚后，二人感情一直较好。同年 7 月 6 日，田琼生下一子。

可好景不长，1991 年下半年，织布厂开始不景气，林辉一人的工资要养活一家四口，有点困难了。

经夫妻二人商量，他们去学了一套食用菌种植技术，在北大街西路口搞起了食用菌种植。

田琼的文化程度比林辉高，人又聪明、能干、能说会道，能写会算，是织布厂有名的女强人。销售、采购、管钱自然落在了田琼身上。为人忠厚老实、不善言辞的林辉只好在家干活，专司种植之职。

当年，食用菌种植是一个新的赚钱门道，没有竞争压力，而且成本低。

1991 年至 1992 年间，他们两口子从事食用菌生产经营，并有了一些积蓄。

1993 年，为了改善生活条件，田琼告别林辉祖孙三代，独自一人前往广东省普宁市务工。当年，正是南下务工的高峰时期，在沿海一带打工收入肯定会比内地高，她这一出去便 2 年未归。

林辉在织布厂上班，祖孙三代的生活就全凭林辉一人那点工资收入。不但以前种植食用菌的钱在田琼手里，而且田琼外出打工也未给林辉祖孙三人寄过一分钱。

1995 年，织布厂又开始出现运转困难的情况，林辉干脆也请假到广东省深圳市务工，留下儿子、老父二人在家。

同年，田琼把林辉叫到广东省普宁市，商量着想回四川老家买一辆汽车，跑运输业务。

林辉认为老婆能干，又有头脑，这个家离不开她，她的主意一定没有错，告诉她认为怎么好就怎么办，只要能挣钱，什么都可以听她的。

当时，林辉把自己仅有的 10 000 元积蓄全交给了田琼，希望能实现老婆的买车计划。

拿到钱后，田琼回到四川，准备买汽车从事运输业务，而林辉则仍然留在广东省深圳市的建筑工地。

回到四川，田琼并没有自己一个人去购买汽车，而是与姐姐田秀合伙买了一辆川路牌农用运输型拖拉机。买车后，田琼在家经营了一年的货物运输业务，又觉得挣不了几个钱，未与林辉商量便把这辆川路牌汽车廉价卖给了他人。

1996 年，田琼卖车后在家照顾了一年多的孩子。

1997 年 7 月，一件非常不幸和悲伤的事情发生了。那个月底一天下午，林辉刚刚满 7 岁的儿子与别的小孩一起偷偷下河洗澡，不幸被淹死了。

林辉得知噩耗，立即从广东赶回四川，带着莫大的悲伤处理了儿子的后事。

唯一爱子夭折，林辉不想再外出务工，毕竟自己还年轻，不得不赶快再准备下一步的传宗接代计划。

遗憾的是，唯一孩子溺水死亡，田琼却以种种理由拒绝了与林辉同床的要求，连肌肤相亲也没有机会，更别说“造人”了。从此，夫妻二人开始了冷战。

亲朋好友劝林辉“打鱼莫在急滩上”，让他在家里找一个合适的职业，做长远打算。

于是，林辉去买了一辆三轮车从事客运业务，多少可以赚点生活费。

有一次，林辉在拉客时因违反交通规则，被交警部门发现，罚款500元。当时林辉因安葬了儿子又买了三轮车，手里资金困难，在田琼的大姐处借了500元钱缴纳罚款。此后，林辉再未向她借过钱。

林辉因在四川开三轮车，长期在家生活居住，与田琼天天相处，无论是男人生理需要还是人性的本能，无性的生活时时折磨着他。

加之丧子之痛过后，又一心想再生一个孩子，传承香火。林辉多次请求田琼去摘取节育环，再生一个孩子，都遭到了田琼的拒绝。

每次商量都不欢而散，久而久之，形成了同床异梦的格局，就连语言沟通都非常稀少，二人形同陌路。

林辉常常一个人对着田琼自言自语，多么希望田琼能施舍一次，当然更希望她能再生下一男半女。

面对林辉的死缠烂打，田琼感觉心里很烦，特别是林辉外出务工，常年在建筑工地干活，满手老茧，语言生硬，人也木讷，田琼觉得这个男人离自己的要求越来越远，看到他就烦，一心想逃避他。

两三个月后，田琼实在待不下去了，不愿意再继续与林辉父子同在一个屋檐下共同生活。于是，她悄悄离家出走了。

田琼离家出走后，林辉四处打听、寻找，根本不见她的踪影。一天下来，跑三轮车还得自己做三餐饭，并照顾年老体弱的老父，日子别说有多么艰难了。

眼见唯一的爱孙溺死，儿子、儿媳又不合，儿子不但常常被赶到沙发上过夜，就连话都没见儿子、儿媳说，老人心里十分难受。慢慢地，老父变得沉默寡言，与儿子也没有几句话说，他看着早出晚归的儿子，疼在心里，又恨自己帮不上儿子的忙。

1997年腊月，林辉的老父离开了人世。

就在安葬父亲的前一天晚上，田琼不知从哪里回来了，与林辉一道安葬了父亲。后事料理完毕，林辉再次提出让田琼把节育环摘除，求她再生一个孩子，尽传承香火的责任，但再次遭到了田琼的拒绝。

半年时间内，痛失爱子，又没有了父亲，老婆对自己又不理不睬，不但传宗接代的念头落空了，就连生理问题也得不到解决，人遇到这样的事情，活着还有什么意义？林辉想到了死。

在亲朋好友的劝说下，林辉打消了死的念头，怀着外出务工打工挣钱，慢慢等田琼改变态度的心态，准备再次外出打工。

大家劝林辉，田琼作为一个女人，一个母亲，痛失爱子，这也绝不亚于做父亲的悲伤。或许，田琼的心结尚未打开，那就让她先静静地恢复一段时间再说吧。大家都说，林辉父亲去世，田琼还能回来帮助料理父亲后事，这也说明她应该不是那么绝情的女人。

为了不与田琼天天面对面接触，也为了不增加二人的冲突，不激化夫妻矛盾，林辉再次决定外出务工，想用时间和距离来缓和双方的矛盾。于是，林辉把三轮车推回家，自己孤身一人凄凉地再次踏上了去广东务工的征途。

林辉外出打工，田琼一个人在家，他还是挺担心的，毕竟有近十年的夫妻感情，而且都遭遇了丧子之痛。为此，林辉常常打电话回家，对田琼表示关心。前几次电话还有人接，后来他打回家的电话再无人接听。

他向织布厂的工友们打听得知，田琼已经把他的三轮车卖了，到县城的四合街开了一个茶馆。茶馆生意如何，是否与他人共同开的，没有人知道。能否赚钱，也没有人告诉林辉。

1999 年上半年，林辉回到四川，想与田琼面谈，以化解双方的心结，想共同把家庭维持下去。但林辉回四川后却不见田琼的踪影。经四处打听，得知田琼与一个叫李松的男人到海南做香蕉生意去了，坊间甚至将田琼与李松之间的风流韵事传出了多个版本。

回四川仍没找到田琼，反而是各种闲言淡语从四面八方迎面扑来，压得林辉抬不起头，喘不过气来，只好忍辱再次外出。

2000 年，田琼与李松在海南省经商没有挣到钱也回到了四川，并领取了从 1999 年 8 月开始由县政府为下岗工人每人每月发放的生活补助费 80 元。

2002 年 6 月，下岗职工生活补助增加到了 120 元一月，也全是由田琼一个人领取的。

2000 年到 2002 年三年的房租，每年 4000 元，也是田琼在对外出租和收取租金。

2001 年 8 月 8 日，田琼和大姐田秀合伙开了一间服装门市，合伙 3 个月，每人分了几千元便散伙，田琼后来独自经营该服装门市到 2002 年 3 月。

2002 年 8 月 10 日左右，由于林辉所在建筑工地的包工头带着工人们的血汗钱“跑路”了，这令他白白干了一年，一分钱也没有拿到，只好空手回家。

林辉回家后，听说老婆田琼早已与她一同到海南做香蕉生意的李松住到一起了，不少人还开玩笑说林辉戴“绿帽子”了。

8 月 14 日，林辉回到家却进不了家门，便到从小就抱养出去的叔父家，叔父很少与林辉联系，不知侄儿下落，一见林辉去了，便拿出 2001 年收到的一封信。

林辉发现该信是从县城寄出，字迹明显是田琼的，信封（现仍由我保存）上的邮政日戳是 2001 年 10 月 26 日，信内装着该县法院的一张公告，公告日期是 2001 年 10 月 12 日。

公告内容是：“林辉，本院受理原告田琼诉你离婚纠纷一案，现依法向你公告送达起诉状副本及开庭传票。自公告之日起经过 60 日即视为送达。提出答辩状的期限为公告送达期满后的 15 日内。答辩期满后的第三日上午 9 时（遇节假日顺延）在本院民事第三审判庭审理此案，逾期将依法判决。特此公告二〇〇一年十月十二日（院印）。”

林辉拿到这封信，方知去年田琼已经把自己起诉了，她要跟自己离婚。林辉想搞清楚这究竟是怎么回事儿，于是赶紧又回到县城寻找田琼。

2002 年 8 月 16 日，田琼将一张公告复印件和一份判决书扔在了县城南大街一王姓大妈家，并电话联系了织布厂的一位工友通知林辉。工友是林辉本姓老乡，是与他一起被安置到织布厂的。

林辉接到电话后，到王大妈处拿到了一份县法院于 2002 年 3 月 12 日作出的［2001］达×民初字第 1336 号《民事判决书》。

同时，还有一张法院公告复印件。但这张公告复印件就有点与众不同了。从该公告的内容来看，是公告向林辉送达该院的［2001］达×民初字第 1336 号民事判决书。理由是，林辉下落不明。公告中说自该公告发出之日起经过 60 日即视为送达。如不服该判决，可在公告期满后 15 日内向该院递交上诉状，并提交副本二份，上诉于四川省达州市中级法院。落款时间居然为：2002 年 2 月 37 日。

从法院的判决书中可见，田琼起诉时称：“原、被告 1988 年结婚，婚后于 1990 年生育一子，夫妻感情一般，被告于 1993 年外出打工，对原告及家人不闻不问。1997 年，原、被告之子下河洗澡溺死，被告林辉之父患肝癌去世，家庭欠上数万元债务，被告对原告不体贴、照顾，反而于 1999 年 1 月外出至今杳无音信。其婚姻实属名存实亡，请求法院判决原、被告离婚，债务由原、被告共同偿还。”

该县法院经审理认定了原告田琼诉称的事实，并认定了夫妻共同债务 1.75 万元。

该院审理认为，原、被告婚前缺乏了解（实际上是邻居，且是田琼主动要嫁给林辉的），婚姻基础差（事实上二人恋爱 2 年时间），婚后共同生活时间少，未建立起夫妻感情，后因儿子溺死，家庭琐事不能互相谅解，常发生争执，以至被告自 1999 年 1 月外出无音讯，分居至今，互不履行夫妻义务，现原告要求与被告离婚，符合法律规定，应予准许。

法院认定原、被告共同分得住房一套，因未取得房屋产权，且被告下落不明，而原告又无房居住，故由原告居住使用为宜。

最后，法院认为原、被告夫妻共同债务，原告请求共同偿还的理由成立，判决如下：①准许二人离婚；②原、被告共同居住的县织布厂的（安置林辉的）住房一套，由原告田琼居住使用；③原、被告婚姻存续期间所欠债务 1.75 万元（包括林辉借钱 500 元缴纳罚款变成的 5500 元），各偿还 8750 元，该款在本判决发生法律效力后 10 日内付清；④案件受理费 500 元，由田琼负担。

拿到这份超过上诉期的判决书，看了公告的内容后，林辉急得说不出话来，他只是默默地流淌着伤心的泪水。

工友们传递着这份判决书阅读后，整个厂区一片叫骂声。工友们有骂田琼无良心的，有骂她忘恩负义的，有骂她偷人的，也有人骂她蛇毒心肠，不得好死的。

在林辉心里，他一直有个疑问，自己明明在广东务工，田琼也知道地址和联系方式，是谁就这样草率地给我把婚离了？

拿着判决书和该院的“2002 年 2 月 37 日的公告”，林辉找到县法院。承办法官说是笔误，应为：“2002 年 2 月 27 日”，从林辉的手中拿去涂改了时间。

由于公告送达期早已满了，已过了上诉期，法官先告诉他已经不能上诉了，让他提出申诉或申请再审，并给他提供了三张借条复印件。三张借条都是向田琼的另一位姐姐田琴借的，一张是 1997 年 9 月 10 日，以林辉的名义借的 5500 元，约定按年利息 10% 收取；另一张是以田琼的名义向她姐姐借的 5000 元，时间是 1997 年腊月初五；还有一张也是以田琼的名义借的 7000 元，时间是 1997 年 8 月 2 日。

1997 年 9 月，林辉因缴纳罚款，确实向田琼的大姐借了 500 元，但只借了 500 元啊，以后就再没有向她借钱了，这 5500 元借款从何而来？当初借钱，也没有出具借条，更没有约定利息，这利息又是怎么回事儿呢？

同年 8 月 19 日，林辉经人介绍找到我，想委托我代理他申请再审。我接受他的委托时，明确告诉他，申请再审非常困难，特别是像他这种情况，想推翻原来的判决更难。在一般情况下，法院不会轻易承认他们办错了案，申请再审可能不会起任何作用。但是，也不能排除他们愿意纠错的可能。如果要纠错，最大可能就是否定债务、要回住房，离了的婚无法挽回。

接受委托后的当天，我对此案展开了调查。通过调查得知，华蓥山发电厂占地的安置补偿款 10 000 元，本系林辉婚前个人所得，但当时县里的安置款被该县财政局借用了 340 000 元，被该县政府招待所借款 300 000 元，一直未发放到职工手中。经全体失地人员联名向该县政府要求，该县政府办公室于 1995 年 12 月 29 日发出督办通知，要求在当年 12 月底前归还。此后，这 10 000 元的安置款被分成 2 批，每批 5000 元由政府开办的存单发给职工，林辉的 10 000 元安置款由田琼领取，不知去向，

织布厂工友一致证实，1997 年 8 月，田琼根本没有在家，林辉的父亲也不是法院所说的患癌症死的，当时田琼没有照顾过老人，是安葬的前一天晚上才回来的。1997 年 8 月 2 日，向田琴借 7000 元，用于老父治病简直是无中生有。

他们认为林辉和田琼根本不可能欠账：一是他们做了几年食用菌种植生意；二是打工的钱全交给田琼了；三是安置款 10 000 元也在田琼手中；四是田琼打工没有拿过一分钱出来；五是田琼开茶馆也是挣了钱的；六是她自己的亲姐姐证实开服装门市也是挣到钱的，不可能欠账。还有，他们的房子租了几年，有 10 000 元的收入同样是由田琼在收支。

田琼的亲姐姐田秀告诉我们说，林辉人直，比自己的妹妹老实得多，而且对田琼很好。以前田琼就想离婚，经她们劝后才算了的。后来田琼病了，妹夫还专门回来看望她，拿钱给她。她认为自己的妹妹田琼个性强、脾气坏。但是，对于离婚的事情，她一点消息也不知道。

为了弄清楚林辉的住房问题，我们专程找到了该厂的李厂长调查情况。据李厂长介绍，当时林辉家是父子两人，房子是政府分的安置房，而他父亲年龄大了不能参工，属于政府包养人员，也就是发给生活费，房子就是分给林辉一人的。

李厂长还特别告诉我，林辉是他看着长大的，连一册书都没有读过，他说以林辉名义借的5500元纯属是假的，他说对笔迹只要一鉴定就能真相大白了。他说法院把林辉的房子判给田琼更是毫无根据。一是那住房一直没有落实产权，是林辉与田琼婚前就分配了的；二是离了婚，林辉一人孤苦伶仃，无家可归，法院有责任查清事实，公正判决。

通过进一步调查得知，2002年8月27日，该县政府对安置房又特地作出了批复，对安置房再次明确确定是为华电土地工所建，任何个人和单位不得随意占用。

在充分调查的基础上，我们代理林辉向该县法院提出了再审申请。

起初，该县法院不同意接受林辉的再审申请书，经向该院领导反映，最后同意接收林辉的再审申请书，但条件是需要他向法院缴纳500元诉讼费。

当时，林辉连生活都陷于困难之中，全靠工友和亲戚救济，哪里有钱交诉讼费。

为了证明林辉的经济困难情况，2002年8月30日，该厂工友30余人联名向县法院提出了书面的困难申请，请求法院根据《最高人民法院关于对经济确有困难的当事人予以司法救助的规定》，依法对林辉予以司法救助，准许免交诉讼费。

我也提出了申请再审应该对林辉免收诉讼费的辩解理由。但该院立案庭的张庭长（该院立案庭庭长后来因为立案时吃、拿、卡、要被我检举过）坚持不交费便不接受申请。鉴于这种情况，该厂的李厂长也亲自到法院说明林辉的实际困难，请求照顾，但同样无任何结果。

实在没办法，大家不能眼睁睁看着林辉就这样算了，便又积极帮他想办法，以捐、借的方式给他凑足了500元钱到法院去交诉讼费。

2002年9月3日，林辉向该县法院缴纳了500元诉讼费，该院为他出具了一张川法NO. 1051406达×立字第9号预收诉讼费收据，这下终于可以向法院申请再审了。

同日，该院给林辉送达了举证通知书，限期10日向该院立案庭提供证据。

当天，我们将收集到的所有证据提交到了法院，法院告诉我们不需要再东奔西跑了，等候通知就行了。

提出再审申请后，我们都认为这个案子存在的问题太多了，法院应该会决定再审。

2002 年 11 月 11 日，该县法院对林辉的再审申请没有举行听证，也没有询问当事人，直接作出了［2002］达×民再字第 9 号《驳回再审通知书》。该通知书称：

经我们复查，并交本院审判委员会研究认为，1988 年你与田琼同居时 (1990 年补办结婚证) 双方符合结婚条件，你们的同居已构成事实婚姻。1989 年×县织布厂分给你的住房一套使用权，是事实婚姻期间所取得的一种权益，离婚时夫妻双方都有使用权，所以原判决住房由田琼使用并不违法。

关于你对 1.75 万元共同债务的异议，最高人民法院《民事诉讼证据规则》规定，一方提出书证或无误的复印件，当事人提出异议但没有足以反驳的相反证据，人民法院应当确认其证明力。原审中田琼提供了由你或她署名的借条，申诉中你虽然提供了一些证人证言证明债务不成立，但这些证据不足以推翻原审认定的事实。综上，对于你的申请主张，你没有提供足以推翻原判决的证据。因此，我们认为，原审判决是正确的，你的申诉主张不成立。

收到这通知书，林辉很不服气，我也不服气，我们找到该院提出了异议。林辉同厂的工友也很不服气，表示支持他继续向上级法院申诉反映，但林辉却失去了信心，表示放弃。

最后，我以林辉代理人的身份向达州市中级人民法院、林辉所在地的县委、政府、人大、政协书面反映了他的情况，希望能多少对林辉有所帮助。

后来，据知情人士透露。田琼因担心到该套住房居住被该厂职工及土地工围攻、辱骂，不敢回去居住。只是房间里面的锅、碗、瓢、盆等被田琼悄悄地全搬走了，只留下了一套空房。

好心人给林辉施舍了一些简单的生活用品，让他得以生活。法院判决林辉应该负担的 8750 元债务，田琼的姐姐田琴亦未向林辉主张偿还，也没有人申请强制执行。

至此，林辉一案就这样画上了句号。

12 都是没有生育惹的祸

王辉是川东某滨江县城人，1993 年农历十二月，时年 22 岁的王辉经人介绍认识了邻乡的王蓉，二人由此确立了恋爱关系，相互往来。

相识不久，二人便开始同居生活，并一同外出务工。

交往过程中，二人形影相随，相谈甚欢，感情很深。相处一年，二人决定回四川老家结婚。

回到老家，按照当地风俗，举行了隆重的婚礼。

王辉已达到结婚法定年龄，王蓉的年龄却不到，办不了结婚登记，拿不到结婚证。

王蓉本家有一个侄儿，正好在乡上任副乡长。于是，王蓉的父母便找到当副乡长的侄孙，为王蓉与王辉办理了结婚登记。

婚后，二人一直在外务工。2000 年，二人回到老家，花了 21 000 元购买了一套住房，装修、购买家电又花去 15 000 余元。

2003 年，双方各在一地务工，联系相对较少。婚后多年，王蓉一直未孕，因无子女，日子过得十分潇洒。

从分开打工后，二人之间由于没有子女这个纽带，感情慢慢地出现了裂痕。

王蓉在外面勾引男人的消息不绝于耳，王辉先是不信，后来却亲眼看见。他忍无可忍，想与王蓉提出离婚。

2003 年下半年，王辉与王蓉协议离婚，后因王蓉不同意离婚协议中的内容而未能离婚。

由于婚后无子女，二人一同到广东省普宁市人民医院去做过检查，结论是王辉患有死精症，无生育能力。

因王辉无生育能力，王蓉曾经提出过“借种生子”的想法，遭到王辉拒绝。王辉认为，“借种生子”不如收养一个。在王辉的坚持下，他们后来收养了一个女儿。

王蓉对收养的女儿并不好，逐渐对王辉也不关心，又在外面找男人“鬼混”，再次被王辉发现。经王辉反复劝说，她不但不听，反而更加堕落，后来直接加入了卖淫女的行列。

不但如此，王蓉还公然把在外面的男人带回四川老家，并跟养女一起生活、居住，毫无顾忌。

有一次，王蓉将外面的男人带回家，被王辉发现，王辉拿着菜刀去砍那个男人，后被他人劝阻。

由于面子思想，加之没有生育的责任在自己，王辉尽量把这些痛苦掩藏在心底，对外人很少提起，就连通过诉讼离婚的勇气都没有。

2005 年 11 月 8 日，王辉突然收到县法院的开庭传票和王蓉的起诉状副本。原来，王蓉恶人先告状，先把王辉告到了法院。王蓉在诉状中称：

双方于 1993 年腊月经人介绍相识恋爱。之后，双方均外出各在异地务工。1994 年腊月 24 日，在王辉的再三催促下，双方举行了结婚仪式。1995 年 3 月 28 日，在原、被告均未到场，且原告还未到法定婚龄的情况下，被告王辉之父，采取“走后门”的方式到被告所在乡政府替原、被告二人办理了结婚登记手续，领取了结婚证。

原、被告婚后初期，夫妻感情较好，彼此能够和睦相处，但好景不长，不久就因原告无身孕而闹离婚，究竟是谁有生理上的问题，双方均不愿意去检查，但被告总认为原告生理有问题，因而长期对原告不是打就是骂，令原告不堪忍受，两人的感情一天一天地恶化。尽管如此，原告本着嫁鸡随鸡，嫁狗随狗的中国女性伦理道德观念，委曲求全，迁就被告，努力寻求和谐方式，尽一个好妻子的责任，履行一个妻子的完全义务。

1998 年，为了增进夫妻感情，为家庭增添快乐，收养了一个女儿，取名乐乐。

2000 年，为了改变居住环境，原告一人想方设法，东挪西借筹钱在某地税局附近购买了住房一套，且添置了家具，其目的是让夫妻和睦，家庭团结，但原告的苦心、好意换来的是被告的无情。为了偿还购房所欠下的债务，原告外出务工。谁知，在家的被告凭着原告创造的良好条件，开始了奢侈的生活，不但不务正业，而且公开与他人发生暧昧关系，且同居生活，原告得知后十分伤心。

2003年，双方曾到某司法所协商离婚的事，因被告蛮横不讲理，导致协议离婚未果。

此后，相互间无往来，你不管我，我不管你，互不履行夫妻义务。期间，被告竟然胆大包天，公开与他人以夫妻名义同居生活，并有了子女。被告的所作所为，不仅触犯了我国法律，而且严重伤害了原告，令原告无法接受。

为此，诉至法院，请求依法准许二人离婚。收养的女儿现年12岁，归原告抚育，由被告支付生活费，婚后共同财产全部归原告所有，依法判令被告赔偿原告30 000元，诉讼费由被告承担。

收到这一起诉状副本，王辉仍想挽回这一婚姻，其理由有两点：一是自己患有死精症无法生育，很难再娶；二是收养的是女儿，女儿不愿意跟随王蓉生活，离了婚跟随自己生活多有不便。

于是，王辉根据自己的想法提出了答辩。

王辉在答辩中称，他收到王蓉的起诉状后非常吃惊，认为王蓉是恶人先告状。他说，王蓉的起诉绝大部分是子虚乌有，自己很爱面子，也十分顾及王蓉的脸面，所以一忍再忍。加之，王蓉的妹妹又是自己亲弟媳，他一直尽力为夫妻二人遮丑。虽然王蓉提出了离婚，但他认为夫妻感情没有破裂，仍愿意原谅王蓉，希望夫妻重归于好。他说，如果王蓉真的认为不想跟自己一起生活，也希望法院主持双方协商，并要求将共同房屋依法评估折价，共同分割，谁住房子谁补钱给对方。

关于养女问题，当初是共同决定收养女儿的，且已满12周岁，依法应由女儿选择跟随哪方生活，而女儿自愿跟随王辉，他也愿意抚养女儿。同时，王辉提出王蓉与周某有不正当关系，并公然带回家居住，已是众所周知，给自己造成了精神痛苦，要求王蓉赔偿自己。王蓉要求自己赔偿于法无据，请法院明察。

王辉提出答辩后，认为王蓉已聘请律师，并且律师写的起诉状有很多方面歪曲事实，担心自己不请律师官司打不赢。于是，他通过朋友找到我，请求我给他提供法律帮助，代理他打这场官司。

我接待了王辉，听他反映情况，并查阅了他提供的诉讼状副本和答辩状，让他提供证据线索。

王辉首先出示了购房合同，以及买家用电器、水、电、气安装的票据，他说这全是结婚后他自己去办理的，根据法律规定，应该属于共同财产，该分割的就依法分割。同时，他还提供了一张王蓉与周某手挽手在重庆某文化广场合影的照片，还有养女提供的录音一盒。

根据他提供的线索，我找到了他们的介绍人黄某。据黄某反映，他们婚后夫妻感情很好，后来因王辉没有生育，加之王蓉为人不好，所以他们关系就不好了。同时，她还证实王蓉把外面的男人带回家来居住，被王辉看见后，还跟那个男人打过架。她说，王蓉带回来的那个男人她不但知道，而且还看到过。

于是，我把王辉提供的照片给他们的介绍人看，黄某说照片上的女人就是王蓉，她用手挽起的那个人就是她带回来的那个男人。

据介绍人黄某回忆，2003 年 9 月 4 日，她侄女生日那天曾经见到过王蓉和这个男人，当时王蓉对黄某说这个男人没有结婚，让黄某给这个男人介绍一个女朋友。黄某当时信以为真，便真要去给他介绍女朋友，结果王蓉又说，不用介绍了，他有女朋友，就是她自己。黄某只知道王辉夫妻一直在外务工，没有在家，以为与王蓉已经离婚了，也就没有多问。

另外，有一位目击证人陈某写了一份书面证言，证明王蓉与周某从 2004 年开始便以夫妻名义同居生活，王蓉与周某共同租房住在一起，且王蓉长期在重庆鱼洞从事卖淫等不正当职业。为了证明其证言的真实性，陈某提供了身份证复印件，并愿意当庭作证，承担法律责任。

王辉的养女除了给他提供了一盒录音外，还自己亲笔书写了一张自愿跟随王辉生活的文书。他养女乐乐在文书中写道："我是王辉、王蓉的女儿，现年 12 岁，我请求自愿跟我爸王辉生活，因我妈无法带我，她在那种情况下生活，我无法接受。"

根据他女儿的录音，我整理成了一份记录。他们的养女在录音中说：

我是王辉、王蓉收养的养女，名叫乐乐，今年 12 岁半。我是 1998 年来到王辉家的，不到 3 个月我妈就出去打工。到年底她就回家了，在家待了一年多，到 2000 年又出去打工。在那年快过春节，我妈妈在重庆打电话回家，叫我给那个男人接电话，我说我不接，我妈在电话里就骂我。在 2001 年放暑假，我妈妈把我接到重庆南坪去耍，刚下去一天时间，她就跑到那个男人老家去了，把我一个人丢在重庆，几天不回来。刚好我表叔遇到我，叫我在他那里吃饭，不然的话，我肯定就饿死在重庆了。

在2002年，我妈过生日，从重庆带回一个男人，那天下午，我妈和那个男人还在我们街上给我买了一件衣服，还在街上手牵手地走。到了天黑，我爸回家，看见我妈带了一个男人回家，我爸爸走到厨房去提刀砍那个男人，结果那个男人跑了。在2003年我大舅妈过50岁生日，我妈妈从重庆带回一个男人回家，在二舅舅家，最后又到大舅舅家里，还在我们街上房子里住了几天。

从那之后，我妈长时间叫我接不认识男人的电话，说不接她就在电话里骂我，这是叔叔，什么、什么的老板。我讲的全是真话，我如果回家讲这些话，我妈要打我。还有，今年我在老家，我和我公婆他们合不来。我妈又不回家带我，也什么都不管我，我才12岁就想到要生活，活下去，自己找自己的饭吃。于是就给我爸联系，我爸当时不同意，于是我再三给他讲，这样就出来打工了。我妈在前几年经常说不要我，也不管我，现在看见我能挣点钱，不知我妈安得什么心？妈，我才12岁半呀！

刚到这里不久，8月份我爸叫我回家读初中，我不回来，因为在家没有生我养我的爸妈照顾，你们想想，这样下去，我是多么可怜？妈，你又不回家带我，也不给我学费读书，我现在才12岁多。妈妈，你就能真的把我看成捡的吗？什么都不管，你良心过不去吧？不管你恨我、骂我，我也是你收养的女儿吧？我要用直话直说，来证明我来到王家所发生的一切一切，我就这样。

我把这些证据收集整理好，根据法院的举证通知要求，提交到法院。

开庭当天，由于原告方拿不出在自己起诉中提出王蓉与他人同居生子的任何证据，并且自己带男人回家的证据和卖淫的证据、照片都被掌握了，王蓉的代理律师与王辉在法庭上大吵起来。

王辉认为王蓉的代理律师只听王蓉一面之词，歪曲事实，不够格当律师，要求这位律师跟他赔礼道歉。而这位律师原与王辉是一个地方的人，他在从事律师业务的过程中认识了一位女法官，与老婆离婚后，跟法官结了婚。为此，王辉骂他嫌贫爱富、趋炎附势、忘恩负义。

这位律师不但不听法庭劝阻，反而指桑骂槐，认为是我让王辉为难他的。

事实上，我以前从没与这位律师接触过，只是知道有他这么一个人，根本不了解他，也懒得跟他解释，就看他与当事人争吵。

承办法官费了好大的劲才让双方停息争吵，继续审理案件。

根据双方的情况，王辉和王蓉和好已经不太可能，双方都同意离婚，经过多方努力，双方达成了调解协议。

王辉同意离婚，养女由他抚育，不要王蓉拿生活费，婚后共同住房一套王辉无脸在那居住，归王蓉所有，王辉只要王蓉补 5000 元，诉讼费 400 元由王蓉负担。

王辉说，不管怎样，都是自己对不起王蓉，是自己没有生育能力，不能让王蓉生育自己的孩子，干脆把婚离了，让她自由地寻找属于她的幸福。房子就算给她十几年的补偿，女儿是收养的，她不愿意跟王蓉也就算了，自己应该能养活她。他说，要是他们自己生了孩子，王蓉或许也不会这样。

不过，王蓉太过出格的表现在当地影响非常不好，不少人对她的评价都很差。就这样，一对本来很幸福的夫妻因没有生育子女，婚姻在过了 11 个年头后，最终走到了尽头。

13 乡长保证的婚姻

刘芳是四川省某县的农村姑娘，家庭条件不太好，但长得漂亮，附近的不少男青年都垂涎刘芳的美色，纷纷托人做媒。

刘芳认为媒人介绍的这些男人，虽然家庭不错，但本人并不那么理想，都不太聪明。她希望自己找一个聪明的男人做老公，家庭条件不一定要很好，人能干就行。

1996 年 9 月，经人介绍，刘芳认识了雷明。雷明比刘芳大三岁，相对来说显得比较成熟，人品也不错，看上去很精明能干。

刘芳第一眼看到雷明就产生了好感，她相信第一印象和直觉，认为这个男人很适合自己，嫁给他肯定没错。

见面后双方确立了恋爱关系，雷明找到这么一位漂亮美女做女朋友，自然把刘芳缠得很紧，几乎天天往刘芳家里跑，总是找机会与刘芳接触。

十几天后，雷明使出了浑身解数，让刘芳跟他一起到广东务工。

刘芳与雷明相识，注定这一辈子要遭遇痛苦的婚姻，她的广东务工之行就是不幸婚姻的开始。

一到广东，刘芳便受控于雷明，在到广东的当晚雷明便“霸王硬上弓”，强行与刘芳发生了性关系，刘芳衣裤被撕烂，全身被雷明抓得青红肿紫。这与强奸有什么区别？无疑就是强奸。

遗憾的是，碍于面子的刘芳并没有报警，而是自己默默地承受了这份痛苦。

刘芳想不到自己的男朋友居然是这样的人，她曾经想摆脱这个男人，想到报警，但是每次都是因为面子问题让她望而却步。

同时，她担心报警后雷明会报复她及家人，又担心自己的名声被毁了，无法面对亲人，又担心以后再也嫁不出去……

对于刘芳的担心和顾虑也是那个年代大部分有相同遭遇的女性的担心和顾虑。

一系列担心和顾虑，让刘芳将这些事实一直掩藏在心底。但她的忍让却给自己埋下了深深的痛苦。

接下来的日子里，雷明几乎天天对她实施奸淫，久而久之，她认为自己反正是雷明的女朋友，既然生米已经煮成熟饭，只好听之任之，任由摆布。

不久，刘芳怀孕了。她一心想摆脱雷明，不想生下这个孩子。她想方设法要打掉孩子，无奈雷明把她看得很紧，根本没有机会。

1997 年 4 月，雷明强迫刘芳回老家办结婚证，刘芳不同意，结果被雷明一顿毒打。

回到四川，刘芳以死对抗，但也没有经受住雷明的折磨。

1997 年 8 月 8 日，雷明不知从哪里弄了几张办理结婚证的表格回来，威逼刘芳按上指纹。刘芳不从，雷明便对其采取武力镇压，迫于暴力，刘芳只好按照雷明的要求签字和按上指纹。

雷明拿到这些按过指纹的婚姻登记表，独自一人到政府去办理结婚证。民政办的同志坚持要男女双方亲自到场，并当着他的面签字、按指纹，才同意办理结婚登记。

雷明见民政办的同志不给自己办理结婚登记，心中挺着急，便找到乡上分管计划生育的副乡长，请他来说情。副乡长出马，民政办的同志也不买账。副乡长很不高兴，便问民政办的同志到底要怎样才办?

民政办的同志也不想过分与副乡长做对，便提出已有几个地方民政办负责人因违法办理结婚证受到了处罚，他说如果要办这个结婚证，除非副乡长写一个保证，保证雷明与刘芳是自愿结婚，并不得闹离婚，保证办这个结婚证出了问题与自己无关，全由副乡长负责。

副乡长为了帮雷明办理结婚登记，他还真的按民政办的要求，写了这样一份保证书，由民政办的同志装入雷明的婚姻登记档案一并存档。

同年 12 月初，刘芳生下一女。由于她没有生儿子，雷明便百般刁难她，对她实施无情的折磨，并长期施以性侵犯，说要直到刘芳为他生下儿子为止。

由此，夫妻二人感情极度恶化，雷明根本不尽丈夫的义务，又不爱劳动，整天游手好闲无所事事，动辄对刘芳实施毒打和性虐待，开始扬言让刘芳滚蛋。

刘芳不想让娘家父母为自己担心，从来不敢对父母讲自己的遭遇，最后连生活都成了困难，全靠到娘家背粮食回家过日子。

就这样，雷明仍是经常打骂刘芳，赶她滚回娘家，邻居和乡村干部调解了多次都无济于事。

有一次，雷明对刘芳大打出手后，刘芳实在忍无可忍，只好背着女儿回到娘家，不敢再回来。

刘芳回娘家一段时间后，雷明在家忍受不住孤单、寂寞和无性生活，他便主动到刘芳娘家，在刘芳的亲友面前向刘芳赔礼道歉，写保证、说好话，以当众下跪等方式乞求刘芳回家。

为了不让父母担心，刘芳跟随雷明回了家。谁知，刘芳回到家中后，雷明的性欲得到满足后便改变了嘴脸。

为此，刘芳再次逃回娘家，雷明又如法炮制，再次说好话、写保证，又把刘芳接回家。

刘芳回家后，雷明再次旧病复发，刘芳再次回到娘家，如此反复多次，后来刘芳坚决不再跟雷明回家了。

雷明软硬兼施，好话说了一箩筐，保证写了一大堆，伤心透顶的刘芳就是不回去。

雷明见刘芳软硬不吃，便在刘芳娘家无理取闹，又到刘芳姐姐家闹事，并恶语威胁恐吓刘芳亲人。更为突出的是，他还抱着自己的女儿说要去跳水库，逼刘芳回家。

已经死心的刘芳无论如何就是不回去，表示要与雷明离婚，要死就一起死。刘芳坚决不回去，雷明花招使尽也没了办法。

2000 年 9 月，刘芳委托律师代理自己提起离婚诉讼，案件进入法院，法院审理时，雷明表示不愿意离婚，最后调解无效，法院判决不准离婚。

尽管如此，法院还是对雷明进行了严肃的批评教育，希望他不能重男轻女，要对刘芳多体贴、照顾，共同维持好家庭。

本以为通过法院的批评教育，雷明应该会有所收敛。谁知，他仍无半点悔改之意，变本加厉地折磨刘芳，刘芳只好又回到娘家躲避。

雷明认为法院都没有判决离婚，刘芳仍是他的老婆，他继续到刘芳娘家无理取闹，并公开要求刘芳应当陪他睡觉，履行老婆的义务，跟丈夫过性生活。

在雷明的再三纠缠下，刘芳走投无路，通过熟人介绍找到我，要求我帮她打这场离婚官司，说坚决要与雷明离婚，否则宁愿死也要离婚。

我接待刘芳时，刘芳对我支支吾吾的态度让我感觉她有什么难言之隐。于是，在我的开导下，她痛哭流涕地给我讲述了她的悲惨遭遇。

听了她的哭诉，我十分震惊，这哪里是把刘芳当老婆，分明就是当发泄兽欲的工具。我答应她，一定想办法争取让她早日脱离苦海。

接受案件后，我根据刘芳提供的线索展开了仔细的调查，争取找到有力的证据，真正帮助她离婚，争取自由。

我们调查了证人唐某，唐某证实刘芳与雷明相识不久便一起外出务工，有了身孕就回四川老家，两口子关系不好，经常打架、吵架，每次雷明把刘芳打跑了，都去刘芳的娘家要人。他亲眼看到过雷明打刘芳，因怕雷明报复，不敢去阻止，还是外地不认识的人阻止雷明才住手的。

据雷明所在村的文书介绍，刘芳被雷明打后，去找过他解决，他和社长都去处理过多次。据文书说，雷明打刘芳，一般一两天是收不了场的，一闹就会闹好些天。

一位胡姓老人说雷明好吃懒做，好逸恶劳，一张油嘴，对刘芳不好。刘芳到娘家背粮食回来吃，雷明不但不感激，反而认为丢了面子，还要毒打刘芳。他曾经劝阻过雷明不要打刘芳。

据社长介绍，有一次雷明说刘芳偷了他 10 块钱，把刘芳狠狠打了一顿，他去解决时还看见了刘芳身上的伤口。又有一次割谷子时，雷明打刘芳，好心群众来请他去劝阻，他去时见雷明把刘芳按到稀泥巴田里打，还是他去扯起来的。

社长说，刘芳全身都是稀泥，他对雷明进行了严厉批评。现在，刘芳实在是在雷家待不下去了，只有离婚。

据社长反映，他们刚结婚不久便打架，有一次雷明将刘芳的衣服扔了满地，打了刘芳后，刘芳也去找过他处理。他说刘芳不爱说话，也不敢说话，雷明脾气暴躁，他们一般都只好叫刘芳让着、忍着。

姚某见到雷明打刘芳，阻止过，为刘芳出具了证明，艾某、刘某、王某都证实雷明经常打刘芳，但他们都不知道原因。

雷明所在乡政府民政办出具书面声明：1997 年 8 月 8 日，为刘芳与雷明办理结婚登记证明齐全，并有乡上分管计划生育领导签字。

实际上，乡上分管计划生育领导签字，就是分管计生的副乡长写的保证。

民政办的同志把保证书的内容给我看过，但不允许复印，为了帮助刘芳他才用民政办的名义写了一张证明，并加盖乡政府民政办公室印章。

在刘芳第一次离婚的案卷材料里，我还看到了雷明写的检讨书，虽错别字多，但意思表达还是很清楚。检讨书全文如下：

爸爸、妈妈及哥嫂、姐，你们好：

爸爸、妈妈，我成任（承认）我错了，我底（低）头给你们任（认）错，陪（赔）理，道欠（歉），但我对不起你们当爸爸、妈妈。请爸爸、妈妈在（再）原谅我一次，我保证今后在（再）也不打刘芳了，不骂刘芳了，我一定要好好对待他（她），如果今后在（再）打架就安（按）法律处理，我家房子和才产（财产）就一人一办（半），我求爸、妈、哥、嫂，你们在（再）原谅我一次，我与刘芳支间（之间）的事，也但（担）了不少的心，结婚四年时间，但我的希望最好要往弄的边说，最好合好，不要闹分离、不要说气话，我希望不要把事情闹大了，要一家人活木相楚（和睦相处），你们不要看在我明（名）下，要看到娃儿明（名）下，我们还是亲启（亲戚），你们随时走我都热情结代（接待），刘芳，我知道你还在生我气，我说这些是真的，请原谅我。

大姐二姐，你们不要见我的气，我也给你们任错（认错），我错了，但我有多少时间对不起你们，当姐姐的请原谅我一次我保证今后在（再）也不发生这些事情，我今后对家一定有个好的要求和记话（计划）。爸爸、妈妈、哥嫂姐，请你们相信我一次，白纸写成黑字，如果在（再）饭（犯）的话，就照我写的指行（执行）。

雷明写 2000 年 9 月 11 日

这份检讨书上写着：2000 年 10 月 9 日，由原告刘芳向法庭提供的字样。

我们收集到这些证据后，为刘芳起草了离婚诉状，让她再次向法院提出离婚诉讼。

法院受理刘芳的第二次起诉后，很快开庭进行了审理。在法庭上，雷明仍一味认错，请求原谅，他说他以后再也不打刘芳了，一定要对刘芳好。他公开说，这么漂亮一个老婆，要是离了婚再也找不到这样的了。

经过反复论辩，我们用大量证据，证明了他们夫妻感情不好，雷明也当庭予以了承认，但就是不同意离婚。

法庭审理后，因担心雷明闹事，影响法庭，法官一直坚持调解，迟迟不予判决。但如果要调解离婚，就得让刘芳赔偿或补偿雷明的钱，否则雷明坚决不同意离婚，法院说怕他闹事，也不敢硬判。

虽经反复与法庭交换意见，庭长仍然是那个意思。我提出，本来是该让雷明赔偿的，只是想早点解脱，才没有提这方面的要求，现在反而要让刘芳倒拿钱，这不合理。

为了让刘芳早日得到解脱，我只好劝她想办法借点钱给雷明一点补偿，让他同意离婚。为了摆脱这种男人，刘芳也表示愿意接受这个建议，但数额不能多，多了拿不出来。

谁知，雷明狮子大开口，提出了一个天文数字，一口价 10 万元。10 万元简直太离谱了，根本不现实。

最后，通过我们与承办法官一起反复做工作、劝解，雷明才同意补偿 5000 元，就签字离婚，女儿他不要，也不给抚育费。

当天，双方在法庭签署了离婚调解协议书，并兑现了刘芳的 5000 元补偿。为了避免夜长梦多，法院当即便制作了调解书，在支付补偿金的同时向双方进行了送达。

这个案件，虽然办理结婚登记时刘芳没有到场，但是婚姻登记档案里面的申请表、结婚登记表确实由刘芳本人签字并按指纹，我们没有足够的证据证明刘芳没有到现场。因此，没有办法证明婚姻登记违法。

民政办的同志鉴于此，给我们出具了一份书面声明，特别说明有分管领导签字，就是为了间接说明婚姻登记是有问题的，不然为啥要多这么一个领导签字的程序呢？而且，还是书面保证呢？只是，他们不敢说实话，也怕自己担责。

我们对这个事实的陈述，实际上也引起了法官的注意和重视，所以才有后来法官极力帮助劝说雷明同意协议离婚，且让刘芳只补偿了 5000 元。要不然，这个婚离起来还真困难。

14 坠车身亡千里索赔

2002 年 3 月 8 日，我早早来到办公室，准备整理一篇新闻稿件，编辑已经催我几次了，必须尽快交稿。

当年，我还不会使用电脑，还不会使用电子邮件发送稿件，投稿全靠手写。

刚一坐下便来了一位老人，他说经人介绍想请我打官司。

据他自述，他是四川大竹人，有一个独子。2002 年 2 月 3 日早上 8 时，儿子在福建省打工回四川的途中，不知何故从列车上坠落，躺在铁路边上被人发现，后来经抢救无效死亡。

据了解，他儿子当时买的福州回四川的火车车票，但怎么坠车受伤死亡他们就不知道了。铁路公安电话通知，当天早上群众发现他儿子躺在铁路边上，发现时受伤严重，后经抢救无效死亡。

他们接通知后，立即赶往福建省处理这件事。当时只知是买了车票的，但到底是哪次车并不清楚。而且，他也是听群众说，看到铁路公安在他儿子身上搜出了一张列车车票和身份证。

老人说，他们去了福建一没看到尸体，二没看到车票，只是在派出所拿到了儿子的身份证和相关行李、现金等物品。

他们在与铁路部门交涉时，铁路部门认为他儿子是自行跳车身亡与铁路方面无关，不但不给予赔偿，反而要他们支付几万元的抢救费。为此，他们无功而返。

因为没有钱支付儿子的抢救费，连儿子的骨灰都没有拿回来。并且，是否火化都不清楚，只是听派出所的说可能已经火化了。

老人告诉我，他当时委托了当地律师一同前往，律师到了福州也爱莫能助，就跟着一起回来了。他们在别人的介绍下找到我，希望请我到福建去为他们主张赔偿。

他们已去过一次，且无功而返，我没有多大的把握，不敢贸然答应。更何况，他们给我的信息也很有限，又没有充分的证据，这个事情确实比较棘手。

经过反复研究，我让他们先交 500 元咨询费，办理一个非诉讼代理委托手续，让我先试试，来个投石问路，如果有机会就去，没机会也就算了。

他们当时也是无计可施、无路可走，不但没得到赔偿反而还要拿抢救费，儿子的骨灰都没有拿回来，心中不平衡，也很不服气。遇到这样的事情，我想任何亲人和家人都不会就这样算了，事情总得有一个结果。毕竟，那是一条鲜活的生命，不能就这样不明不白地死去。因此，听说我先只收 500 元便可帮他们，当即就同意了。

由于不知道事情的进展，委托合同也不太好约定。经请示领导，我没有与他们办理相关合同手续，只是简单地写了一个委托书，简单约定如果没有效果这 500 元钱也就算咨询费了，不能找我退钱，如果能起到作用，则在今后收的律师费用中扣除。

把这些问题谈好后，我担心他们不能理解，就再三告诉他们要想清楚这毕竟没有多大把握，可能这 500 元钱交了也会“竹篮打水一场空”。

说白了，他们除了接到一个电话，去领回了儿子的遗物，其他什么证据都没有，这个工作还真是不好开展，我必须要把风险清清楚楚、明明白白地告诉这个老人。

当年，自己知名度不高，实践经验也不太丰富，没有多少案件办理，时间上也就相对比较充足。一是兴趣爱好；二是多少可以获得一些稿费；三是可以宣传自己，提高自己的知名度和影响力，所以就经常写稿件投稿。老人说经常看到我在报纸上发表的文章，看到过我很多案例，信得过我，让我放心去办。

当天，我根据相关法律法规的规定，拟了一份《赔偿请求书》，打算用邮政特快专递寄到福建去试试。但是，邮件寄给谁呢？经过反复思考，最后我决定直接邮寄到福建南平火车站技术安全科，因为他儿子是在南平地段出的事，我觉得应该先从这个地方着手。

当时我也不知道到底该向什么地方投递，只晓得他儿子出事的地方受南平管辖，找其他地方好像没有什么根据，只好瞎蒙。再说，他们当时去的也是这个火车站。

在《赔偿请求书》中，我指出："四川大竹县××乡××村青年尹某在返乡途中不幸坠车身亡一事，他父亲得知他是2月3日早上8时被铁路边的群众发现，报古田火车站派出所才得以抢救，后因抢救无效死亡。尹某的父亲来福建处理该事故时，只得知他是凭有效火车票乘车，但他是怎么掉在车外的无人能知。在尹某的父亲等人来福建后，你们火车站派出所说他是另外原因坠车身亡，因而在责任方面产生分歧故未能达成共识。尹父听说儿子尸体已经火化，未见到儿子最后一面，他十分不甘心。同时，他对你们所称他儿子坠车的原因也产生了合理怀疑。这点，我们暂时保留其他意见。目前，尹某已身亡且已火化，事故已经造成，这是谁也无法挽回的事实。加之，尹某是家中独子，由于经济困难至今未婚，其父已年逾花甲，忠厚老实，母亲又是一个一级残疾人。为了减轻双方负担，减少矛盾，避免冲突，造成双方不愉快，依照合同法、民法通则、铁路法、消费者权益保护法、铁道部关于铁路运营事故人身伤亡的赔偿规定、最高人民法院的相关司法解释、铁路旅客意外伤害保险条例等有关规定，请求你们赔偿4万元的死亡赔偿金、2万元的保险金。最后，要求他们依照有关规定30日内给予书面答复。"具名我用的是尹某父亲的名义，我的身份为代理人。

同时，我又用代理人的名义，另外给福建南平火车站写了一份《法律意见书》，一并给他们寄了过去。

在《法律意见书》中，我说已接受尹某之父委托代理办理尹某身亡赔偿一案，虽然他们此前曾到过福建前来洽谈处理未果，但在我前来处理之前我想对这件事故谈谈自己的看法，供参考，以便日后面谈。我提出，尹某是持票乘车而出的事故，作为铁路企业理应承担赔偿责任。

在《法律意见书》中，我认为，合同是当事人之间设立、变更、终止民事关系的协议，依法成立的合同受法律保护，合同的当事人应当按照合同的约定全部履行自己的义务。这件事故中，尹某持有效车票乘车，你们双方之间建立了客运合同关系。根据合同法的规定，承运人应当在约定期间或者合理期间内将旅客、货物安全运输到约定的地点。客运合同自承运人向旅客交付车票时成立，但当事人另有约定或者另有交易习惯的除外。承运人在运输过程中，应当尽力救助患有急病、分娩、遇险的旅客。承运人应对运输过程中旅客的伤亡承担损害赔偿责任，但是伤亡……的除外。

总之，理由说了一大堆。

我认为尹某乘坐列车，铁路企业应当在合同成立的前提下，乘客上车后准时、安全地运送尹某，并对他予以保护、救助。现在尹某是在运输过程中受伤死亡，铁路企业应当赔偿。同时，我又指出铁路法也规定铁路运输企业应当保证旅客和运输的安全，做到列车正点到达。因铁路行车事故及其他铁路运营事故造成伤亡的，铁路运输企业应当承担赔偿责任。如果伤亡是因不可抗力或者系由于受害人自身原因造成，铁路运输企业才不承担赔偿责任。从铁路法的规定来看，对于这些运输事故实行的是无过错赔偿，除非铁路企业有足够的证据证明尹某死于不可抗力或自身原因，否则必须赔偿。

另外，我指出，我国民法也规定从事高空、高压、易燃、易爆、剧毒、放射、高速运输工具等对因周围环境有高度危险的作业造成他人伤害的应当承担民事责任。就铁路运输企业来说，显然是属于高速运输工具，也应适用无过错赔偿。

我认为，从情理方面来讲，尹某系独子，年近 30 岁仍未结婚，一是家庭经济条件困难；二是该名青年十分孝敬老人，打工的钱几乎都用在父母身上了，自己无钱结婚。尹父年逾花甲，老年丧子其情其景怎能不让人同情，母亲病重又是一级残疾，不但丧子，事实上就是绝后，作为铁路运输企业又于心何忍？目前，我们当地媒体已开始关注此事，并已公开发动老百姓为尹家捐款相助（我在发出这份建议后就推动了这项工作），群众也积极响应，相信铁路部门不会无动于衷。

最后，我说这是我作为代理人的个人意见，敬请支持并盼回复，望我们早日达成共识，帮助当事人尹父前来完善相关手续。落款为本人的真实姓名及身份、单位地址并加盖了单位印章，一并寄到了福建省南平市火车站。

对于这些材料寄出去后到底会不会有回音或效果，我不知道，我只当是投石问路，权当试试。

2002 年 3 月 18 日，福建南平车务段有了回复。他们在回复中对事情经过进行了阐述，并认为不应由铁路企业赔偿。

回复称：“2002 年 2 月 3 日，旅客尹某乘坐临客 380 次列车，在古田站 K89+300 米处跳车，身受重伤，经抢救无效，于 2 月 9 日死亡。经古田站派出所、本次列车的列车长和乘警等调查分析，此事故是由于尹某本人自行跳车造成，属自身责任。此事故的处理依据是根据最高人民法院［1994］25 号文件《最高人民法院关于审理铁路运输损害赔偿案件若干问题的解释》第11条：‘人身伤亡的赔偿范围除铁路法第二十八条第二款列举的免责情况外，如果铁路运输企业能够证明人身伤亡是由受害人自身原因造成的，不应再责令铁路运输企业承担赔偿责任。’铁运［1995］52号文件《铁路旅客人身伤害及携带行李损失事故处理办法》第六部分事故处理费用——第17条旅客自身责任造成的伤害其医疗费用由责任人承担的规定。”落款为：福州铁路分局南平车务段，并加盖了公章。

收到这一回复后，我不看他的理由，只看他们承认尹某是在列车上坠落后死亡，我就心中有了谱，至少有80%把握能得到赔偿。我马上给尹父联系：车站有了回复，可以准备前往福建了。

之前，不知有没有希望，加上我在市里离大竹县比较远，所以在福建方面没有回复前我没有收集相关证据。现在福建方面已经有了回复，应该去收集证据了。

首先，我调查了尹某死亡的消息来源、什么时间、用的什么方式，先通知的谁？后怎么联系上尹某父亲的？

2月3日尹某死亡后，2月9日，福建省南平市古田镇火车站派出所陈所长才联系上大竹县水电局的甘某。后来，甘某通过大竹县清水派出所查到了陈所长的电话，经询问陈所长得知2月3日早上群众发现铁路边上躺着一个人。

派出所到现场在他身上发现有身份证、400余元现金、一个农业银行的存折，这个人全身是伤，有一腿粉碎性骨折，当即就送往医院抢救。一直抢救到2月9日才死亡，用去抢救费约2万元。陈所长让尹某亲人去处理，甘某说尹某家里非常穷，他爸爸没有钱，一时半会儿去不了。陈所长告诉甘某，可以暂时不去，反正是春节了要放假，不如春节后再去，反正他身上有车票，医药费不用担心。当天晚上，派出所再次联系是否同意火化，说放殡仪馆要花钱，不如早点火化了。后来，联系上尹某父亲，他同意后就告诉陈所长同意火化。

正月初三（2月14日），甘某等人再次联系陈所长并确认死者有一手的指头被弄断过，那是尹某以前打工被机器弄断的，这才最终确认是尹某。

接着，我收集了尹某生前写回来的书信，他们与当地派出所陈所长的通话记录单，并调查了第一次与他们一起去的尹某叔父。

尹某的叔父说，他们2月17日从四川大竹出发，21日晚才到福建南平，22日找到派出所陈所长。后来，南平火车站的一位冯科长接待了他们，这位科长说尹某是自己跳车身亡，有两个车上的证人可以证实。这两个证人一个是湖北某单位的职工，一个是四川中江的农民工。

冯科长说尹某是自己跳车，所以铁路上不得赔偿，只有2万元的保险，没有其他政策。就是保险2万元尹父也得不到，因为抢救花了近3万元，已用超出了，多出的钱亲属应该补给车站。如果尹某家里经济困难，大不了凭乡以上证明给一点困难补助。当时，他们把乡上的证明拿给冯科长看，冯科长只同意给2000元。冯科长说，如不同意只能去找这个列车所属的列车长，并说尹某坐的列车是襄樊的车，跟他们各是一个局他也没办法。尹某叔父几人一直找冯科长说好话，但是无任何进展，只好于2月27日买了车票回到四川。

4月上旬，我们从四川出发去到事故地福建南平。

我们一到南平便直奔车务段，在南平车务段他们根本不理睬我们，只是说既然我们坚持认为该赔偿那也只能让襄樊车务段来跟我们谈。经过努力，最后他们联系了380次列车车组方面的人和襄樊方面的人，他们同意到南平来跟我们谈谈。

我们到的第三天，襄樊方面来了三个人，一个是380次列车的列车长，一个是乘警，一个是车务段领导。

谈判过程中，我重申了给南平车务段的法律意见内容，同时提出要求见一见铁路方说的两个目击证人，就是湖北某单位的职工和四川中江的那位农民工。另外，我提出他们来时必须出示与尹某乘坐同一辆车的车票，并提供他们当天坐那辆车并看到尹某跳车的其他证据。

不仅如此，我还提出春运期间不可能只有他两个证人看到尹某跳车，列车为什么不多找几个证人？既然他是跳车身亡，那么他全身多处受伤又是怎么形成？如果真是尹某自己跳车，这两个目击证人当时为什么见死不救？如果见死不救是否是间接故意杀人？这时，列车乘务员、乘警干什么去了？有无责任？

这些问题问了以后，我又认为列车方面还有义务证明尹某当时是基于什么原因自己跳车？

这些问题提出来后，处理事故的人都无法回答。他们说要研究，要请示领导，就推到第二天再回答我。

第二天，我们按约定的时间到了约定的地点，又展开了激烈的谈判。我提出的要求他们无法达到，说只是登记了证人的情况，无法联系四川中江的农民工和湖北的职工，关于我们提出的其他问题更是无法回答。

谈判进入第三天，争论没有那么激烈了，他们已经答应赔偿了。只是，他们认为不应该赔偿 6 万元，还是坚持说抢救花了近 3 万元应当扣除。

本来，以我的意见 6 万元一分都不能少，车旅费、误工费还得另外承担。但尹某父亲认为能要到钱都已经不错了，只要他们愿意赔偿，他主动表示可以让步。

经过协商，最后襄樊方面同意赔偿 4 万元，那 2 万元的保险费就充抵抢救治疗费。

尹父老实巴交，他见儿子已去，多要这 2 万元也没有多大必要，再说车站方面积极抢救，他认为也很不错了，就同意了 4 万元的赔偿金。

当天，我们签署了赔偿协议，因我有其他案子要处理，急需赶回四川开庭，签字后我就先回四川了，让他们在那里领取赔偿金。

他们回来后，给我制作了一面锦旗，专程从四川大竹给我送来以示感谢。当天，他们问我为什么拿到南平车务段的回复就有把握去了？我这才告诉他们，当时尹某到底怎么死亡没有任何有效证据，他是否是从列车上坠下也不确定，是否有票更不得而知。他们的回复恰恰把这几个问题都给解决了，至于他们的理由则不成其为理由。所以，拿到他们的回复，只要确认尹某是有票乘客，在列车运行途中坠车身亡，他们就该赔偿。

遗憾的是，他们拿到赔款后，凭派出所和车站的文书去殡仪馆提取骨灰盒时却没有提取到。

根据法律规定，殡仪馆本应该赔偿的，他们却没有提出来，也没有告诉我。他们回到四川后，来感谢我时我方知此事，但再去南平单独主张赔偿已没有多大必要，只好不了了之。

15 双方同意离婚，法院为何不准？

彩红是在某县司法局工作的小娟的同学，由于婚姻问题，在小娟的介绍下，彩红认识了我。

我们是在滨河路的一间歌厅里见面，昏暗的灯光仍没能掩饰住彩红的漂亮。

她的确是一个漂亮的女人，成熟少妇特有的迷人风采在她的脸上表现得十分成功，但她脸上流露出的忧虑和悲伤，也会让所有懂得怜香惜玉的男人心疼。

她给我的印象很复杂、多变，既是一个漂亮的女人，又是一个忧伤的女人，更是一个成熟的女人，孤单、无助、痛苦都写在了她的脸上。

彩红在轻柔的音乐声中，给我讲述了她忧伤和痛苦的婚姻，讲述了她痛苦的人生。

从1997年到2006年的十年时间里，我办理了很多的离婚案件，而且代理的女方当事人比较多。可能是当时的社会风气的原因，她们都不喜欢到办公场所谈自己的事情，往往是约在歌舞厅或者茶坊等地方。

那些年，我也不例外，经常在歌舞厅接待当事人，听她们娓娓道来或悲情述说。时而悲伤，时而动情，大家的情绪也很容易跟着音乐的节奏变化。

我很幸运，能够听到很多婚姻家庭的故事和秘密，包括他们的一些私生活，除了法律服务以外，有时候我还扮演着心理医生的角色，是一位咨询者、一位倾听者。有时候，我就好像一个作家，在收集着素材。

那些年，我的经济并不宽裕，自己断然不会轻易到那些灯红酒绿的地方去。想去，但是消费不起，而且也不太适合。所以，每次遇到被当事人安排在歌舞厅见面的时候，我一般都不会轻易拒绝。当然，做这种安排一般都会是女人，男人几乎都习惯于在茶坊或者酒桌谈事。

原来，她是家里的掌上明珠，父母、哥姐都十分疼爱她。特别是在公安战线工作多年的父亲，对她更是百般疼爱。高中毕业后，她被安排在一家国营单位，工资不算高，但福利待遇好，工作轻松。同单位有一位小伙子，很吸引女孩们的眼球，也引起了彩红的注意。在众多的工友中，彩红认为这就是自己的白马王子，是自己的守护神。

据了解，他来自某乡镇，是家中的独子，父母亲都在镇上工作，家庭条件不错。而且，这个小伙子名字也很好听，大家都叫他雪儿，有点女性化。年龄上，比彩红小两岁，是一个小弟弟。

1991 年元月，二人自由恋爱，并公开了恋爱关系。工友们都夸他们郎才女貌，是天生一对，地设一双，好比天仙配的男女主人公。

1992 年，他们在雪儿父母工作的镇政府办理了婚姻登记。婚后感情一直很好，过着幸福的生活。

1993 年 11 月，大女儿出生，一家人更是其乐融融。

古人云，天有不测风云，人有旦夕祸福。二人幸福的婚姻从 1995 年彩红生下第二个女儿开始便出现了裂痕。

雪儿是家中独子，彩红第一胎生了一个女儿，雪儿父母认为第一胎没有生儿子，可以第二胎再生。谁知，第二胎又生的是女儿，雪儿父母便认为彩红的肚子不争气，对她开始有意见。从此，雪儿对彩红的感情开始出现了微妙的变化，夫妻之间以前那种幸福的元素已不复存在。

1996 年，雪儿染上了毒瘾，二人的关系发生了翻天覆地的变化。雪儿为了吸毒，将家里值钱的东西尽数变卖。但巨大的吸毒成本导致家庭入不敷出，家里已变得一穷二白。夫妻开始陷入争吵、打架的生活状态，并开始分居。雪儿也常常往返于看守所、戒毒所和家三地之间。父母及亲友对雪儿没有少劝过，也没少采取武力措施，但他就是屡教不改！

1997 年初，因雪儿吸毒，屡教不改，彩红心念俱灰，为摆脱这一痛苦的婚姻，她独自一人外出务工。彩红走后，雪儿吸毒断了资金来源，整天游手好闲，无所事事的他，无法忍受没有毒品的煎熬。

同年 6 月 19 日，雪儿租了一辆摩托车去某厂，途中摩托车不慎跌倒在地。当天下午，雪儿手柱铁棍，手持匕首前去摩托车司机家将摩托车反光镜打烂，以脚跌伤，所穿裤子、皮鞋被跌倒摔烂为由，强行要求摩托车司机赔偿医药费和损失。在雪儿的威逼下，司机迫于无奈只好拿了 770 元给他。司机知道雪儿在吸毒，是“粉哥”，为了摆脱雪儿的日后纠缠，当日他又通过熟人出面，再次给了雪儿 200 元，希望再不要去纠缠。

7 月 31 日，雪儿又租乘黄某的摩托车，黄某拒不搭乘雪儿，并驾车离去。雪儿便租乘另一摩托车追赶，在某火车站追上黄某后，他以对方拒绝搭乘为由，将黄某的摩托车扣下，要求黄某赔偿 400 元损失。迫于无奈，黄某将身上仅有的 100 元交给了雪儿，雪儿仍不放车，黄某又只好借了 300 元交给雪儿，才将车取走。

同年 8 月，雪儿在某商店购买冰棍，谎称中了奖，要店主兑付奖金 52 元，否则不让摆摊营业，为摆脱纠缠，店主只好给了他 55 元，方才罢休。

经公安机关查明，此前雪儿还向他人强行索取钱财，他人怕报复，也给了 50 元，他嫌人家给少了，这个人又给了 50 元。

此后，雪儿多次向他人强行索取钱财，为此发生纠纷，当事人向公安机关报案。

1997 年 8 月中旬，公安机关以雪儿涉嫌抢劫、敲诈勒索给予刑事拘留，同年 9 月中旬，雪儿被检察院批准逮捕。

1998 年 2 月，法院经审理认为雪儿以非法占有为目的，实施言语威胁，强行向他人索要钱财，且数额较大，其行为已构成敲诈勒索罪，但犯罪后尚能认罪，积极退清了赃款，有悔罪表现，可以从轻处罚。该院判决被告人雪儿犯敲诈勒索罪，判处有期徒刑 6 个月。雪儿被判处犯敲诈勒索罪后，当年有所收敛，为人比较低调，大家都认为他已知道悔改了。

谁知，到了 1999 年底，雪儿旧病复发，再次吸食毒品，众亲友无论如何都劝阻不了。

2000 年 5 月，县公安局对雪儿予以强制戒毒 3 个月。戒毒期满，雪儿仍拒不悔改，继续吸食毒品。同年 12 月 18 日，公安机关检测雪儿的尿样呈阳性，根据本人交代，其仍在吸食毒品。

县公安机关认为雪儿的行为违反了全国人大常委会《关于禁毒的决定》第 8 条第 2 款的规定，应对其劳动教养 3 年。

县公安局的劳动教养决定经市公安局批准，并于 2001 年 1 月 3 日，经四川省政府劳动教养管理委员会作出劳动教养决定书，决定对雪儿实行劳动教养 3 年。同年 7 月，雪儿被送往四川省大雁劳动管理所，接受劳动教养。

2002 年 8 月，彩红得知这一情况，到四川大雁劳动管理所探望了雪儿，并提出离婚请求，雪儿表示同意。虽然雪儿同意离婚，但是他被劳动教养无法到民政部门办理离婚登记，经协商雪儿让彩红向法院提起离婚诉讼。

因此，在同学的推荐下，彩红找到了我，让我代理她的离婚案件。

听完彩红的讲诉，我认为这很简单，既然双方都愿意离婚，向法院起诉后，由法院组织双方达成一个离婚协议，制作一份调解书就可以了。

于是，我们制作了离婚诉状，向当地县法院提出诉讼要求离婚，并表示由雪儿抚养两个女儿。

法院很快便受理了彩红的起诉，在了解了详细案情后，法院决定到雪儿接受劳动教养的劳教场所去开庭审理本案，以方便当事人诉讼。

当年，去四川大雁劳动教养管理所有好几百公里路，又没有直达的车子，租车又太贵，只好坐火车到重庆，再经重庆转乘汽车去。显然，这种情况费用开支不可能由法院来承担，自然是由彩红承担。

在到大雁劳动教养管理所之前，我与法院的审判员分别去过雪儿父母家，向他们了解情况，征求意见。雪儿的父母对我和法官都表示同意彩红与雪儿离婚，两个孙女他们都要抚养，不过生活费彩红必须承担。

2002 年 9 月 11 日，法院派了一名法官独任审理本案，并派了一名书记员，与彩红和我一起，花了一整天时间才赶到四川大雁劳动教养管理所。

2002 年 9 月 12 日上午，我们一行四人前往大雁劳动教养所，经与该所联系，我们在他们的会议室适用简易程序开庭审理了本案。庭审中，雪儿承认了彩红的诉讼事实及理由，也表示愿意离婚。当庭，为了核实雪儿父母的意见，还当场让雪儿给他父母打了电话。

当天，雪儿当庭表示愿意离婚，并要求自己抚养两个女儿，也得到了他父母的同意，让他父母先把孩子抚养到 2003 年，等他从劳动教养管理所出来再自己抚养。雪儿的父母对此也予以同意，并表示他们不放心将自己的孙女交给彩红抚养。

双方当庭对离婚的事宜都协商得很好，达成了离婚调解协议，离开时彩红还给雪儿留了几百元钱，让他改善一下生活，以便更好地接受劳动教养。

离开劳动教养所后，彩红的假期已经快到了，她在家里只待了一两天，又回务工单位上班去了。

彩红离开时，得知我在市里没有购买房屋，还是租房居住，正好她在那里有一套房，以前是出租给别人的，当时正好空着。于是，彩红坚持将她的房间钥匙给了我，说是那个片区很快就要拆迁了，让我帮她看房子。

其实，我知道她的好意，就想帮我减轻租房负担。我在没有办法拒绝的情况下，接受了她的钥匙，但是我却从来没有到过她的房间居住。毕竟我们之间是法律服务的法律消费关系，可能违反职业道德和执业纪律的事情，我不会干。

本来，办理这个案件我认为很简单，她的婚姻应该顺利得到解除，既然双方都同意离婚，都签字表态了，还有什么好担心的呢。我让她安心地回单位上班，后面的事情交给我进一步完善，等收到法院的调解书或判决书我直接邮寄给她。

其实，在这个时候法院制作一份调解书，给双方送达了就算了结了，婚也就离了。

殊不知，彩红刚走，雪儿的父亲就变卦了，带着两个孙女找到县法院，要求把这两个孙女让彩红抚养，表示不愿抚养这两个孙女了。

突然出现这样的变化，法官赶紧通知我，希望我让彩红到法院去处理这个事情。得知这个情况，我也感到十分为难，不是一切都说好了吗？为什么这样呢？彩红和我们都认为这段痛苦的婚姻已经得到了解决，就等法院的一纸调解书或者判决书，她就可以自由了啊，我怎么跟她说呢？我知道，要是彩红知道这个消息，刚刚好一点的心情，估计又要崩溃了。

没有办法，现实就是如此，我无法控制和左右，只能争取。无论如何，这些事实都必须尽快如实告知彩红，保障她的知情权和决策权。经与彩红联系，她已在前往广东的火车上了，无法再回头处理这个问题，让我帮她想想办法，帮助她一下。

就在我与彩红联系的时候，雪儿的父亲又做出了一个让人难以理解的举动。他把自己的两个孙女直接丢在了县法院，让她姐妹二人跟承办法官生活，教她姐妹，法官走哪里她们就走哪里，要不就把她姐妹俩的妈妈交出来。

雪儿的父亲本是某镇政府的工作人员，开庭前我和法官都专程登门拜访、征求了他们两个老人的意见。

9 月 12 日，在劳教所开庭的当天，又当场让雪儿与他们通了电话，征求了他们意见，本来说得好好的，他又来这一手，让我感到很意外。

其实，要是当父母的有不让儿子儿媳离婚的想法，在彩红离开前把孩子交给了彩红，让她自己作出选择和决定也是可以理解的。可是，现在什么都说好了，庭也开完了，彩红刚走，他就做出这样的事来，居然把孩子扔给法官自个儿跑了。

我也知道，他的行为就是想以此为难、要挟法官，让法官在最后关头不要准许彩红离婚，他们舍不得这个儿媳，担心离婚后雪儿不好再婚。

最后，经承办法官请示院长，院长了解这一情况后，让承办法官把两个孩子先照顾好，再派人找到雪儿的父亲，跟他反复做了大量的工作，并承诺判决不准雪儿与彩红离婚，他才同意把孩子接回去。他来接孩子时，再三表示如果法院判决让雪儿与彩红离婚，他就会马上再把两个孙女送到法院。

在这样的情况下，法院当然不敢判决准许彩红与雪儿离婚，离婚调解书更不敢送达。

以前，我不太理解法官的做法，很多事情想得比较简单，后来接触的一线法官多了、交流多了，就很理解他们的难处了。特别是后来我自己担任了仲裁员（特别是担任独任仲裁员审理案件和首席仲裁员）在审理案件的时候，更容易理解法官的难处，自己的办案思维也逐渐发生着变化。

2002 年 9 月底，县法院对彩红要求与雪儿离婚一案作了一审民事判决。该院认为：

原、被告是自由恋爱，婚初感情较好，婚后被告珍惜夫妻感情，后染上吸毒恶习，正在强制戒毒，被告有一定的悔过表现。被告承认有一定过错，愿意改正错误，希望能与原告和好，共同抚育两个子女，以利于子女的健康成长。被告有明显的悔改诚意，原被告双方的婚姻基础较好，有和好的愿望。

特别是本案审理中，被告的父亲多次向人民法院反映雪儿正在接受劳动教养，而彩红又不在家乡，没有经济来源，没有居所，两个孩子一直跟随其爷爷、奶奶共同生活。如果准许二人离婚，将不利于雪儿的劳动教养，为了维护社会稳定，家庭和睦，要求不准许二人离婚。

于是，该院最后作出判决，驳回了彩红的离婚诉讼请求。

我们律所有不少具有法官和仲裁员经历的律师，其中一位具有 30 年的法院审判工作经验的律师，他在对某一个案件发表看法时曾说，法官想帮哪一方就得找到帮哪一方的说辞，不然判决书不好写。那么，这个案件如果判决离婚应该是很好写判决书的，然而审理的情况是双方都同意离婚，最后法院却要判决不同意离婚，这个判决书其实并不是那么好写的。一是缺乏事实；二是违背自己的意愿。

这份判决书，雪儿那方是由他父亲前来代领的，彩红的这一份由我代为签收。领取判决书后，彩红只是简单地问了一下，她表示不再回四川，也不会再提出离婚，并会断绝与家人的联系，只是会不定时给两个女儿寄力所能及的生活费。

我也建议彩红对这个案件进行上诉，同时把上诉的可能结果进行了分析。主要是上诉后，雪儿的父亲可能还是会做出一审的举动，又把孩子带到中级法院去，中级法院也不会为自己找麻烦，也就不敢轻易判决支持彩红的离婚请求，那么改判的机会不大。

听我这么一说，彩红觉得更没有上诉的价值和必要了，她觉得这个婚离不离其实已经不是那么重要了。

此后，彩红换了手机号码，我们之间也失去了联系，她娘家的亲人也无一知道她的具体地址和电话。

2003 年雪儿劳动教养期满释放，四处打听也没有得到彩红的音讯。

2004 年上半年，雪儿主动向法院提出离婚，因无法找到彩红，法院曾联系过我，彩红的家人也找过我，以为我能联系上她。最后，经多方打听，仍无彩红的任何消息，法院只得以公告的方式向她送达法律文书，并缺席审理了雪儿的离婚诉讼案件，判决准许了雪儿的离婚请求。

这个案件，如果严格以法律规定的感情是否破裂作为判断是否准许离婚的标准，法院无疑是完全可以判决准许当事人离婚的。而且，在法庭审理过程中双方当事人也当庭表示愿意离婚，法院根据庭审的实际情况，照样可以判决准许离婚。

但是，庭审后，判决前，男方父亲的举动给法院的裁判造成了现实压力。从社会效果来讲，法院如果判决支持了女方的请求，就难免出现一些意外事情，法院也不愿意承担责任。因此，法院只能判决不准离婚。

作为一名律师，我们在代理案件的过程中，往往不能只注重法律效果，还需要注重社会效果，需要法律效果与社会效果并重，更需要实现法律效果与社会效果的有机统一。所以，面对法院最终不准离婚的判决，我是理解的，因为这就是现实，这就是司法实践。理论的归理论，实践的归实践，理论必须联系实践，理论也必须服从、服务于实践。

16 赔得冤枉

袁某是一位很能干的农村妇女。她的儿女也很能干，并且早已成家立业，各自都有自己的幸福家庭，工作单位都很不错，儿女每月给的钱完全够她的生活了。

老伴是解放军某部的在编职工，长期担任县民兵武器仓库保管员，工作轻松，收入也不低，根本不需要袁某养活。

1999 年 8 月，闲着无事的袁某想在家附近从事水泥销售生意。在子女的帮助下，她的水泥店如期开业，并进行了个体工商户登记。根据工商行政部门的登记，她的经营期限为 3 年。

眼看，3 年期就要满了，她也不打算继续经营了，计划把这点尾货处理了就安享晚年。

没有想到，就在最后经营的时间里，袁某遇到了一件很意想不到的事情，结果经营了 3 年的水泥不但没有挣到钱，反而倒贴，还被一起官司缠身，一打又是 2 年。

最后，她经营几年挣的钱还不够赔偿，人也被拖得筋疲力尽，官司打输了，钱也赔了。

虽然，这个案件已经过去有些年了，袁某或许已经不计较这件事情了，但是，我却始终记忆犹新。

事情得从 2002 年 7 月 19 日说起，那天 5 时 30 分左右，一位姓张的村民去袁某的水泥店购买水泥，用于修补自家厨房的楼顶。天刚刚亮，张某便来到袁某店里，以 26 元钱两袋水泥的价格买两袋水泥。

张某要购买 Q 县水泥，那段时间 Q 县水泥紧张，只剩下几袋了。对袁某来说，谁来买什么水泥都一样，只要自己这里有都行。

张某想的却不一样，他担心没有 Q 县水泥了，便在支付了 100 元钱给袁某后，问袁某还有没有 Q 县水泥，袁某指了指堆放 Q 县水泥的地方，告诉张某说怎么没有，那里有好几袋呢。

张某来时，已经在路边找来了一辆三轮车，等到讲好价钱，就打算让三轮车帮他把水泥运输回家。

张某付钱给袁某后，袁某便去水泥商店旁边的临时工棚，通知搬运工。

袁某经营水泥的地方，有不少的建材店，他们都没有专门的或固定的搬运工。一些民工就住在那附近，只要哪里有需要搬运时，他们便提供专门的搬运服务。

张某见袁某离开后，便自己去拖堆放在店内的 Q 县水泥。谁知，仅转眼间，搬运工还没赶来时，张某已经在拖水泥袋时将堆放的水泥堆拖垮，把他自己压在水泥袋下面了。

张某被压住后，便叫开三轮车的人将他扯出来。这个开三轮车的还是个学生，没有能力一个人把张某扯出来，便大声呼救。他刚一喊，袁某和喊来的搬运工就都赶到了，大家一起把张某从水泥袋子下面救出来。

当时，张某说脚受了伤，袁某便将张某支付的仍拿在手中的那 100 元钱递给他，让他自己去弄药，找医生包扎一下。后面的事情袁某也就没有管，更不知道怎么样了。

2002 年 7 月 24 日，这个事情仅仅过去 5 天后，张某突然一纸诉状将袁某和其丈夫告到了法院，要求判令被告赔偿医疗费用，承担诉讼费用。

张某在诉状中称，2002 年 7 月 19 日，凌晨 5 时 30 分到袁某的水泥店去购买水泥修补厨房，当时天刚亮，双方谈妥两袋水泥共计 26 元。当时，搬运工还在睡觉，袁某便不愿叫搬运工，叫张某自己搬（首先证明他已经知道那里有搬运工了）。

无奈，他在袁某指定的位置去搬运水泥时，正好他需要的水泥只剩下 3 袋，当他将第一袋水泥搬放在地上，准备往 3 轮车上抱时，突然堆码的水泥塌下，猛将自己全身压住，无法动弹，后在三轮车司机呼救下，袁某才迟缓出来叫搬运工把压在自己身上的水泥袋搬掉。

他说自己被救出来后，是三轮车司机将他扶到附近的药店，期间，袁某对自己不理不睬。由于风大雨大，时隔两小时，县医院“120”救护车才来，将自己送往县医院治疗。经医院诊断为肋骨骨折，脊椎骨骨折，踝骨骨折。根据伤情，医院建议急需手术，但他经济困难，无力支付医疗费。为此，张某认为袁某侵权行为明显，请求法院裁决。

同时，张某向县法院提出了先予执行申请，要求袁某夫妇先行给付医疗费 15 000 元。

2002 年 7 月 26 日，当地县法院作出民事裁定书，裁定袁某夫妇先予支付医疗费用 10 000 元。

收到法院的先予执行裁定书，袁某夫妇提出了复议申请。他们认为根据《民事诉讼法》第 98 条规定，法院裁定先予执行的应当符合下列条件，“（一）当事人之间权利义务关系明确，不先予执行将严重影响申请人的生活或者生产经营的；（二）被申请人有履行能力”。他们认为张某的伤，是自己擅自扯水泥造成，与自己无因果关系，权利义务关系并不明确。

同时，袁某提出张某申请先予执行的担保没有办理相关手续，房产没有评估，房产所有人未出具担保承诺书，不能表明担保人真实意愿。更为关键的是，担保人提供担保的房屋早已卖给他人，张某自己手里的产权证早已无效，认为张某提供的担保不真实、不合法。为此，他们认为自己不应该承担赔偿责任，更不应该先行支付张某的医疗费。

袁某的一个女儿和女婿在市建设局，对张某提供担保的房屋的产权进行核实，应该说很容易，他们认为既然房子都卖了，担保自然无效，法院理应采纳他们的复议申请，但事实上法院对此根本未予理睬。

按照常理和法律规定，担保必须合法、有效，就算法院在办理先予执行裁定时，对担保仅仅负责形式上的审查，对袁某反映的这些情况不清楚，那么在法定的复议期间，当事人提出了这个问题，法院也应当进行审查。

事实上，法院收到复议申请书后并没有理睬他们的辩解理由。最后，法庭对袁某夫妇采取了强制措施，限制了袁某夫妇的人身自由，逼迫他们支付了先予执行费用 4000 元，否则就要拘留二人。

此后，张某继续住院，到 2002 年 8 月 16 日出院。

2002 年 9 月 5 日，某司法鉴定所对张某作出司法鉴定，认为张某的伤属于六级伤残，并需院外继续治疗费用约 6000 元至 12 000 元。

张某为了支持他的主张，向法院提供了三轮车司机（未成年人）的证词，同病室的人听他讲述受伤经过的证词，医院的住院病历及司法鉴定书。

这时，袁某夫妇感觉案件看似简单，实际上可能不是那么简单，恐怕自己无法打这个官司，需要请律师帮助。在别人的推荐下，袁某夫妇找到了我。

因袁某已委托了另一名律师，我只担任她丈夫的代理人出庭参加诉讼。袁某另一女婿，某银行干部，担任她丈夫的特别授权代理人，我担任一般代理。

接受委托后，我对袁某丈夫的被告身份提出了异议，认为他不应该成为被告，张某的伤害不应由袁某夫妇承担。同时，我们收集了一些相关证据，用以支持我们的主张。

2002 年 11 月 12 日，当天下午我们去找三轮司机马某，但马某在学校上课，经与老师联系，同意我们去学校，要晚自习时才有时间。

在后来约定的时间，我们去了马某的学校，在马某老师的面前我们对马某进行了调查。

马某介绍，当天一早，他骑着他哥哥的三轮车到外面玩，在三岔路口时，被张某拦去拉水泥。他当时只看到张某与买水泥的人在讲价和交谈，后来看到买水泥的张某给了卖水泥的老板袁某 100 元钞票一张。水泥老板拿着 100 元钞票就离开了，张某在老板走后便自己拖水泥，结果被垮塌的水泥压住了。

他证实，张某自己拖水泥袋子时，卖水泥的老板是去喊搬运工去了，不在现场。当他听见张某叫他扯他时，马某便大声呼救。马某刚一呼救，卖水泥的袁某和搬运工便跑过来，搬开水泥把张某救了出来。在马某呼“救人”后，他听见袁某在催搬运工快点、快点，人都压到了。

次日，我们又调查了搬运工。这些搬运工证实，他们长期住在三岔路口处专门从事搬运工作。他们告诉我，哪怕是别人来买一包水泥也是由他们帮忙搬运，每搬一包水泥他们都有相应工资即报酬。张某去买水泥那天，袁某收到张某的 100 元钱，还没来得及找补，便去喊他们来搬运水泥。当他们还没有来时，张某自己乱拖水泥袋，结果把水泥堆拖垮压伤了自己。

我们到了张某的居住地，向他的邻居调查，邻居们证实，张某平时在家和下地干活都没啥问题，只是上街时和出门办事，必须拖上一根木棒，是要故意让大家觉得他受伤致残了。

当天，我们也找到张某本人，向他了解他受伤及伤后救治的经过。最初，张某不同意跟我们说，他说他儿子请的律师让他不能对外乱说，否则得不到赔偿。我们希望他配合把详细经过告诉我，我们可以想办法促进双方和谈，协商处理这起纠纷。

经我们沟通后，张某说这个官司他并不想打，是他儿子找的律师，说保证给他打赢官司。不但如此，他说律师打听到袁某的子女都能干、单位又好，经济方面不成问题。所以，当时律师建议先予执行。

不过，对这先予执行张某很不满意，他亲口告诉我们，先予执行回来的4000元还不够成本，他说搞这个先予执行花的钱比拿到的4000元还多，而且自己一分钱没看到。

张某说他自己也没想到会出事，当天早上，袁某指了Q县水泥堆放地方，就去给自己补零钱去了，他没想到自己去搬水泥时会受伤。他也承认，袁某没有喊他去搬水泥，但是也没叫他不去搬。他最后告诉我，住院只花了5000来元，出院后贷款在外面治疗。他说自己并不想这样扯下去，是律师叫他儿子坚持打官司。张某说回家后，来了一个法医到家里，来看的他，给他做的鉴定，但不知道这个法医是谁以及是哪里的，只听说是法医。

我根据张某所说制作了笔录，他看后认为有些只能跟我们摆谈，不能写入笔录，不然他儿子要责怪他，要求我修改笔录，并去跟他复印一份才签字，他说这也是律师教的，不然不同意签字。我们只好按照他要求的进行了修改，并给他复印了一份，他看后才同意签了字。

2002年11月18日，该县法院民一庭审理了此案。

当天，法庭审理中我们对张某的鉴定提出了异议。一是认为没有治疗终结；二是一个法医去鉴定的；三是该司法鉴定所同一天出具同一编号的两份鉴定结论上的鉴定人不一致，我们要求解释未获支持。出庭时张某的代理律师并不是他跟我们说那个律师，而是另一人。

当庭，我们提出袁某是个人经营的个体户，其开支没有用于家庭共同生活，事实上也用不着她的营业收入养家糊口。袁某的丈夫是解放军在编职工，且工作岗位十分保密和特殊，不可能参与经营水泥店，要求法院驳回张某对袁某丈夫的起诉。

对于这一事实，我们提交了充分的证据，完全足以证明水泥店是袁某个人经营，且办理了个人经营的个体户营业执照。按照常理和法律逻辑，我们的这一主张本应该得到支持，遗憾的是，法院认为我们的主张不能成立，驳回了我们的请求。

对于鉴定的问题，袁某的代理律师认为真实性有问题，伤残鉴定过早，且是原告单方委托，特别是对后续治疗费的鉴定根本没有任何依据。他认为该鉴定结论存在缺陷，要求法院不予采信。

我在庭上也反复强调，本案的鉴定不是诉前鉴定，而是诉讼中的委托鉴定。根据法律规定，在诉讼中的司法鉴定，应由法院统一对外委托，而且要双方协商鉴定机构，更为重要的是续治费的鉴定根本不是该鉴定中心的业务范围。

在鉴定程序方面，我还提出根据司法部的鉴定程序通则规定，司法鉴定应当由两名司法鉴定人完成，而案件中的鉴定只有一名鉴定人。但是，我方的这些观点法院全部没有支持。

还有一个问题，张某诉状上没有具体的诉讼请求，后来他才主张的7070.30元治疗费，伤残补助费45 800元，续治费12 000元，营养费、误工费3540元，当庭要求追加困难生活补助费10 000元。

对张某自己搬水泥受伤的责任问题，法庭上争论比较激烈，张某的代理律师认为袁某指了Q县水泥的堆放地方就是暗示让他自己搬。而我们则认为当地当时就有搬运工，按常理不可能让张某自己搬，事实上袁某也没有让他自己搬，袁某是去找搬运工去了。

在法庭上，我们对鉴定人的身份提出了异议，我方问张某，对他做司法鉴定的人是男的还是女的，多大年龄，张某居然回答不知道。

最后，张某的代理人认为张某是在买水泥过程中受伤，他受伤是袁某暗示让张某自己去搬水泥造成的，他说被告袁某没有告知张某安全注意义务便离开，导致张某搬水泥中受伤，袁某应承担过错赔偿责任。同时他认为袁某的丈夫平时在过问这个案件，在关心、负责袁某的水泥店，应共同承担赔偿责任。

我方认为，双方是一种买卖合同关系，根据法律规定，买方有交付的义务，而且张某也认识到该由买方搬水泥进行交付，在袁某收钱后去找搬运时，买卖合同实际的交易还没有成功，只是形成了合同关系，在买方履行交付义务前，张某去搬水泥是一种侵权行为，他自己致伤自己应由自己承担责任。

特别是，原告是以侵权纠纷起诉和主张赔偿，袁某的丈夫没有任何过错，他为什么要成为被告，原告是在滥用诉权。先予执行阶段，法院还以拘留进行“要挟”，这对被告方非常不公平。

法院为了进一步查清案件事实，专门问了张某。问他，他认为这个水泥该由谁搬？张某当庭、当众也回答应由货主卖方搬运给买主，不该由自己去搬水泥（这个内容庭审笔录写得很清楚）。

庭审结束后，张某不知在什么地方又弄了一张所谓的会诊记录，该会诊记录上记载由该法院委托，某医院医生所做，该记录是用一张病历续页写的，落款是某市中心医院，由一个人签名。从这张会诊记录上看不出这个人是个什么身份，无年龄、性别、职务、身份介绍，也无医院印章，仅仅只有一个人签名。

这个会诊记录。时间落款是 2002 年 11 月，袁某等根本不知情。而该法院就是凭这样一个所谓的会诊记录，居然得出张某还需续治费 8000 元左右。

2002 年 12 月 12 日，该县法院又在袁某夫妇不知情的情况下，委托上级法院某中级法院作出了另外一份鉴定结论，这次还是只有一名鉴定人出具的鉴定书，结论是张某的伤属七级伤残，续治费 8000 元。只是，伤残等级比之前的低了一级。

最后，一审法院判决张某的各种费用合计 68 401 元，由袁某夫妇承担 90%，即 6 万余元。

一审判决送达后，袁某夫妇不服，立即向市中级法院提出了上诉。

在上诉中，袁某称张某的医疗费、误工费、护理费、交通费、伤残生活补助费等全部应由被上诉人张某自理，自已根本没有什么责任。

袁某认为，第一，一审法院的认识错误。

（1）“袁某拿着 100 元钱离开往临时工棚的坡上走去。”“走去”干什么？没有了下文。是去通知搬运工，是去找补零钱，还是另外去干什么？临时工棚是搬运工住的地方，搬运工有零钱的可能性较小，且天刚亮一般人都还在梦乡，老板一般都备有充足的零钱，特别是在一天的生意之始，找补零钱之说不能成立；是去“方便”或做其他的事，不可能；综合当时的情景和三轮车夫、搬运工的证明，应当认定为其是去找搬运工。

（2）“被告袁某及三轮车驾驶员将原告救出。”错。施救的不是袁某和三轮车夫，而是两个搬运工：黄某、任某。一审判决通篇不提“搬运”及搬运工——在本案中的这个重要事实，掩盖了本案的实质，抹杀了被上诉人的重大过错责任。

（3）“被告经营出售的水泥堆放方式存在安全隐患，本应告知原告而未告知，导致原告在搬水泥时，后面的水泥垮塌致原告受伤致残，被告应当承担主要民事赔偿责任。”

首先，上诉人经营的水泥采用的堆放方式是最常用、最普遍的堆放方式，在一般情况下不会自行倒塌，而事实上以前任何时候都没有自然或人为地垮塌过。应当推定为水泥堆放方式符合安全要求。

其次，按照辩证法的观点，任何事物都不是绝对的、一成不变的。安全和危险就是这样的一对范畴，在一定条件下可以互相转化。

被上诉人作为一个完全民事行为能力人，应当预见自己从码堆中间扯动水泥，会导致上面或后面的水泥包垮塌的危险，这是一个普通的常识问题。如果就近从地上搬水泥，也不会有损害结果的发生。被上诉人自己也知道，水泥上车应当是老板的义务。由于被上诉人自己的过错造成了自己危险发生的可能性和现实性，把安全状态转化成了危险状态，责任应当自负。

第二，一审判决适用法律错误。

一审以被告违反《消费者权益保护法》第 18 条未对消费者履行告知义务而判令被告承担 90%的主要民事责任是错误的，理由是：

（1）如果是上诉人叫被上诉人自己去搬动水泥，或者堆放物自行倒塌，从而造成损害，一审这样判决无疑是完全正确的。事实上，上诉人没有叫被上诉人自己去搬运水泥上车，而是去通知搬运工来上车。被上诉人因为自己的过错，造成了危险发生的可能性和现实性。因此，不应适用《消费者权益保护法》而应适用《民法通则》民事责任的归责原则。

（2）对一般民事责任的确定均以过错责任为归责原则，在构成要件中要求同时具备过错、违法行为、因果关系、损害四个要件。在本案中，上诉人用大量的证据证明了自己的服务符合安全要求，不存在安全隐患，连上车都是自己负责，其间没有任何瑕疵，更谈不上违法行为。损害结果与水泥堆码方式没有任何因果关系。全县、全市、全省乃至全国都是这种堆码方式。上诉人就是用绳索把水泥袋捆绑起来，有人要从中间去扯，水泥也会垮塌。所以，因缺乏过错、违法行为、因果关系三个要件，一般民事责任之说不能成立。

（3）本案不适用公平原则。《民法通则》第 132 条规定：“当事人对造成损害都没有过错的，可以根据实际情况，由当事人分担民事责任。”

本案中，被上诉人有过错，连一审判决都作了认定。因此，不适用公平原则。

第三，某市法技［2002］字第 2 号法医学鉴定书形成的程序上有问题。

（1）被上诉人2002年7月19日受伤，且是骨伤，医疗期较长，是一个缓慢恢复的过程，该鉴定是同年12月12日作的，在医疗期未满、未终结时，时间不足5个月时作的鉴定，不能准确客观地反映经治疗、恢复的实际情况；

（2）为被上诉人作鉴定的是中级法院的某法医。该法医同时又是金证司法鉴定中心的负责人之一。上诉人是对金证司法鉴定中心某金司鉴［2002］第3×7号法医学鉴定书提出异议后，一审法院委托中级法院法医室重新鉴定。由负责人来给自己属下作的法医鉴定下定论，这样的做法很不妥当。

综上所述，上诉人认为，一审判决认定事实错误。上诉人的水泥堆放方式符合安全要求，不存在安全隐患，因而不存在告知义务。上诉人负责雇搬运工将货搬上车，所提供的服务没有任何瑕疵。上诉人没有让被上诉人自己动手去搬水泥，被上诉人在上诉人去叫搬运工的时候，擅自动手去码堆中间扯水泥袋，造成损害，被上诉人的过错是明知自己的行为有危险而为之，过错行为与损害结果有直接的因果关系，是损害结果产生的决定性因素。上诉人对被上诉人的这种过错行为不能预见和不应当预见，所以不存在告知义务，不应承担一般民事责任。

被上诉人的行为具有过错，因而又不适用民事责任的公平原则。损害结果和上诉人的水泥堆码方式没有因果关系，不适用《消费者权益保护法》上的告知义务。不要说被上诉人是六级伤残，就是一级伤残，也和上诉人无关，上诉人不应承担任何民事责任。被上诉人的伤残认定未过医疗期，不能准确客观地反映伤愈后的实际情况，由自己给自己单位作的鉴定做重新认定，有失公允。

请求二审法院查明事实，纠正一审法院的错误裁判，依法准许上诉人诉请，维护司法公正。

袁某向该市中级法院依法递交了前述上诉状。

由于一审审理结果对袁某夫妇很不利，他们认为我和另外一名罗律师表现得不好，在二审中他们请了另外两名律师代理二审。

2003年6月23日，该市中级法院开庭审理此案，袁某请的这两位代理律师作出了如下代理意见：

原审判决认为："被告经营出售的水泥堆放方式存在安全隐患，本应告知经营出售的水泥堆放方式存在安全隐患，本应告知原告而未告知，导致原告在搬水泥时，后面的水泥垮塌致原告受伤致残，被告应承担主要民事责任。"

代理人认为，原审判决是错误的，错误在于：

第一，从水泥堆放方式来讲，不存在安全隐患。

上诉人经营出售的水泥采用的是个体经营户最常用，最普遍的堆码方式，在没有外力相加的情况下，是不会自行倒塌的，实践中从未出现过，被上诉人也没有举出以前任何时候曾自然垮塌过的证据，更未举出过这种水泥堆放方式要怎样才符合安全的国家标准，应负举证不力的责任。

第二，从告知义务来讲，上诉人已用一种特殊的方式，对被上诉人履行了告知义务。

（1）袋装水泥是一个较特殊的商品：重达 50 千克；搬运时会弄脏衣裤，灰尘弥漫，外加从水泥堆中间去拖动，会破坏原有各水泥袋相互间力的平衡，又存在一个安全问题。上诉人以及众多的个体水泥经营户基于这几点考虑，为顾客的方便、卫生，特别是安全，不论顾客买多少，都要老板花钱雇搬运来为顾客装到车上，这是一个不成文的惯例，两个搬运工也证实了有这个惯例。

（2）被上诉人事前就已知道应该由货主来安排搬运这个惯例，请看一审《庭审笔录》（一审卷第 143 页）中审判员对被上诉人的对话：

审判员："原告（指张某）你认为是该谁搬运水泥？"

张某："应由货主来安排搬运。"

既然作为消费者的被上诉人已经知道搬运应由货主来负责安排，这就说明上诉人已用一种特殊的、可靠的方式对被上诉人进行了告知，被上诉人已经完全知道上诉人对顾客服务周到的良苦用心：方便、卫生、特别是安全。

（3）同类商家在同种情况下，还没有口头告知和设立警示牌的先例，因为其经营的一般商品，面对的顾客是一个具有正常思维能力的人，而不是相反。

第三，从造成损失的因果关系方面来讲，被上诉人擅自从水泥堆中间去扯水泥，将安全状态变成了危险状态，这一过错行为和损害结果具有直接因果关系。

（1）上诉人按照惯例，出门去叫搬运工（一审卷第 67 页），搬运工黄某、任某证实："听到老板喊自己去上水泥"（一审卷第 85 页、第 87 页）。

（2）张某自己证实，应该由货主找搬运工。张某也知道，上诉人去叫搬运去了。三轮车主马某证实：……（老板娘去）喊搬运工了（一审卷第 67

页）……张某（被压后）说："年轻人……快叫卖水泥的搬运来把水泥扯开，快哟，我求你了"（二审中上诉方提供的新证据）。

（3）马某、乡村医生王某、余某、个体户苗某、张某健、搬运工黄某、任某以及张某的同室病友都直接或间接地证明了被上诉人擅自去水泥堆中搬动水泥，从而造成垮塌并受伤的事实。上诉方所举的证据具有客观性和真实性，和被上诉人所举的证据相比较，无论从质量上，还是从数量上都具有不可比拟的优势。法律要求在被上诉人主张权利的同时，必须承担举证责任的义务。

（4）上诉方所举的证据具有客观的真实性，环环相扣，形成了一个严密的证据锁链。

第四，原审的程序上也存在问题。

同一律师事务所的律师在同一案件中担任双方的代理人（实际上，我认为这并不违法）；袁某的丈夫不应当成为被告，但有可能在执行程序中成为被执行人；在原审中，上诉方就提出了不在中级法院法医室重新鉴定的要求，因为中级法院某法医同时是中院法医室和金证司法鉴定中心的核心人物，这样做有失程序上的公正性，当事人对重新鉴定的结果也提出了异议。现在被害人生活和劳动正常，与七级伤残的结论不符合。

第五，一审判决处理错误。

上诉人为被上诉人提供的商品服务没有瑕疵，符合安全要求，事实上已经履行了告知义务，上诉人在服务的过程中从头至尾没有过错。被上诉人自己有过错，由于自己的行为把本来安全的状态转化成危险状态，造成损害结果的发生，其行为和结果具有直接的因果联系，应当自行承担全部责任。公平原则的适用是当事人均无过错，而本案中，被上诉方有过错，不应当适用。

作为代理人，对被上诉人的致伤致残表示深切的同情和遗憾，希望委托人在法院公正判决的同时，从人道主义出发，给予对方一定的帮助。

2003 年 7 月 21 日，市中级法院对本案作出民事裁定认为原判认定事实不清，且审理程序违法，即将未经庭审质证的证据作为定案的依据。依法裁定，撤销该县人民法院［2002］某某民初字第 1021 号民事判决书，发回该县法院重审。

发回重审，当事人还是没有再委托我代理。

本来案件一审结果原告方比较满意，获得了数万元的赔偿，他也没有上诉，只有袁某一方进行了上诉。按照常理，原判决的数额不应当增加才对。然而，该县法院对本案重审后作出的判决居然比第一次一审赔偿的数额还要多。当然，袁某又只好上诉。

不过，第二次上诉，他们又来请我代理。

这次上诉我们提出：

第一，一审法院认定事实不清。

（1）被上诉人的诉讼主张请求、认定不清。

被上诉人 2002 年 7 月 24 日起诉，当时无具体赔偿额及具体赔偿项目。9 月 5 日，提出增加诉讼请求的申请书，包括医药费 7070. 30 元，护理费、营养费、误工费共计 68 410. 30 元。直到 2002 年 11 月 18 日，一审法院原审第一次开庭审理时，被上诉人都未主张鉴定费及残疾赔偿金。庭审时，被上诉人又增加 10 000 元的生活困难补助费。当庭上诉人就提出了异议，认为被上诉人没有在举证期间届满前提出增加变更诉讼请求。

2004 年 1 月 12 日，一审法院在发回重审的判决书中记载被上诉人主张索赔 109 360. 30 元，不知凭的是什么依据？被上诉人什么时间主张的 109 360. 30 元？就算被上诉人在 2002 年 9 月 5 日增加的诉讼请求合法，也只有 68 410 元。就算 2002 年 11 月 18 日，被上诉人当庭增加的 10 000 元生活困难补助费合法，充其量只有 78 410 元，也没有约 110 000 元。不知一审法院在重审后凭什么说被上诉人主张的残疾赔偿金 40 000 元？

这个数字的增加，我方没有看到任何证据，也没有在法庭上听到原告方主张，这些数字是如何得来的，我方确实毫不知情。而被上诉人在以前根本没有依法主张残疾赔偿金的情况下，又是怎么判决上诉人承担被上诉人10 000 元的残疾赔偿金的？还有鉴定费被上诉人以前也没主张，为何法院主动判决？显然，这违背了不告不理的原则，超越了审判权限。

（2）关于司法鉴定认定的问题也不清楚。

本案一审法院审理作出的判决，上诉人已依法提出上诉，二审法院认为“原判认定事实不清楚，且审理程序违法，即将未经庭审质证的证据作为定案的依据”裁定发回一审法院重审。而一审法院重审时，对市中级法院某市法技［2002］字第 2 号法医学鉴定书没有依法审查，草率认定。上诉人在一审时提出市中级法院的法医鉴定书，是一人鉴定，没有按照《司法鉴定程序通则（试行）》（已失效）第 21 条规定“同一司法鉴定事项应由两名以上司法鉴定人进行。第一司法鉴定人对鉴定结论承担主要责任，其他司法鉴定人承担次要责任”的要求办理。

《关于民事诉讼证据的若干规定》（2001 年）第 29 条规定：“审判人员对鉴定人出具的鉴定书，应当审查是否具有下列内容：……（六）对鉴定人鉴定资格的证明；（七）鉴定人员及鉴定机构签名盖章。”而该鉴定书，不但是一人鉴定，而且没有关于鉴定人员鉴定资格的说明，更无鉴定人的签名或盖章，明显该鉴定结论不合法，存在瑕疵，不能作为有效的证据采信，不能作为定案的根据，不能说明被上诉人到底伤到什么程度。

根据《关于民事诉讼证据的若干规定》（2001 年）第 79 条的规定：“人民法院应当在裁判文书中阐明证据是否采纳的理由。对当事人无争议的证据，是否采纳的理由可以不在裁判文书中表述。”就鉴定书而言，双方争议颇大，而一审法院却没有说明是否采纳的理由。导致被上诉人伤残程度到底如何的事实不清。

在鉴定方面，这个案件确实完全没有章法，我方一直在反映，一直在抗议，但是没有任何效果。

（3）关于续治费 8000 元的认定不清。

我方提出，被上诉人提供了一张 2002 年 12 月 11 日市中心医院的某医生的会诊记录，以此由中级法院法医鉴定需续治费 8000 元，这本身就存在疑问。

首先，《新编现代汉语词典》对“会诊”解释为，“由多名医生共同确诊”。此喻几个内行人共同分析解决疑难问题。而该份“会诊记录”是仅有一人对被上诉人进行询问、体查等而写出的“记录”，而不是“多名医生共同确诊”。

其次，这位写“记录”的人到底是什么人？干什么的？没有一点介绍，也无医院证明印章，更无其他医生签名，这份“会诊”记录，明显不客观、不真实、不具备“会诊”的条件及要求。那么他一人得出的被上诉人需 8000 元续治费明显不客观、不公正、不科学。

说得简单点，这个会诊记录，其实就是一个人在一张某医院的病历续页上写了几句话，签了一个名，是不是医生写的、是不是真实的，根本无从考察，这样的证据法院居然采信了。

再说该结论系 2002 年 12 月 11 日作出，至今已一年半的时间，被上诉人去做手术了吗？花了多少钱？有合法的依据吗？如果没有做手术，又要什么时间做呢？到底花了多少钱呢？这些疑点众多，一审法院根本没有审查清楚。

（4）对被上诉人的受伤责任认定事实不清。

《关于民事诉讼证据的若干规定》第64条规定："审判人员应当依照法定程序，全面、客观地审核证据，依据法律的规定，遵循法官职业道德，运用逻辑推理和日常生活经验，对证据有无证明力和证明力大小独立进行判断，并公开判断的理由和结果。"

就本案而言，法院已审理查明，上诉人"拿着100元离开往临时工棚的坡上走去"，她为什么往"临时工棚的坡上走去"？难道她是去找搬运工找零钱吗？那里搭着"临时工棚"干什么？如果"临时工棚"没有住搬运工她又去干什么？稍有常识的人根据逻辑推理和日常生活经验都可得出上诉人是去喊搬运工的结论。

在2002年11月18日该县法院第一次的审理中，被上诉人接受法庭调查时自己也承认他买水泥应由货主安排搬运。（2002年11月18日该县法院庭审笔录倒数第2页第7、8行——审：补充调查，原告你认为是该谁搬水泥？张某：应由货主来安排搬运。可他却不等货主把搬运工喊来便擅自去搬运水泥而致伤，其责任理所当然应由被上诉人自己承担。）

一审法院认定上诉人经营的水泥"堆码过高垮塌"也缺乏事实依据。水泥到底堆码多高？有无行业标准？而码多高才不至于拖都拖不垮？而码多高水泥不拖都会垮？不得不问这些问题，因为查不清楚上述问题，就不应得出是"因堆码过高而垮塌"的结论，即使得出这一结论也是不客观、不公正、不科学的结论。

话又说回来，就算水泥堆码不规范，确实存在安全隐患，但这个事故不是水泥堆自己垮塌的啊，而是因原告的行为导致的，难道原告自己把自己弄伤，还要被告方承担如此重的赔偿？

不管上诉人的水泥堆有多高，为什么平时都没有垮？为什么没把别人压伤？为什么又正好是被上诉人扯了后才垮？而不是他刚走拢就垮？为什么不是其他地方垮恰恰是拖了水泥的地方垮？同样，我们凭逻辑推理和日常生活经验可得知，这水泥的垮塌不是堆高了自然垮塌，而是外力所致的垮塌。

既然，上诉人去临时工棚安排搬运工来搬运水泥了，被上诉人明知应由货主来安排搬运水泥，却擅自去拖水泥，至堆码的水泥在外力的作用下垮塌压伤自己，依法应由自己承担责任。

第二，一审法院适用法律错误。理由与第一次上诉的内容一致。

综上，我们认为一审法院在认定被上诉人的具体诉讼主张、被上诉人的伤残和程度上、被上诉人续治费问题、被上诉人的责任上都是模糊不清。对于被上诉人自己的过错行为致伤自己的责任，强词夺理地认为上诉人水泥垮塌是堆放过高，堆放方式上存在安全隐患，以及对安全隐患没及时排除或予以警示，错误地依据《消费者权益保护法》第 18 条予以判决，明显事实不清，适用法律不当，敬请二审法院予以依法审理。

上诉后，2004 年 5 月 14 日，该市中级法院再次审理了本案。张某请的律师这次露了面，确实就是张某说的那个律师。

案件审理后，迟迟没有结果。最后，中级法院通过很多渠道，促成双方达成了和解协议，只是在赔偿数额上少了一点，最终还是赔了好几万元。

不过，达成和解协议后，我没有收到任何法律文书，当事人说他们也只是在法院签了和解协议，付了钱，其他什么都没有，这个案件就算结案了。

本案其实很简单。之所以一审法院越审判决赔偿的金额越多，这都是人为因素所致，这是没有尊重客观事实，没有坚持依法审理的结果。

17 被撤回起诉的强奸案

这是一起很成功的无罪辩护案件，当事人不但最后被公诉机关撤回了起诉，还获得了国家赔偿。

这个案件很有意思，给了我律师职业生涯信心和勇气，很值得回忆。

王春从来没想到过，自己的未婚妻不但没了，自己反而成了强奸犯。幸好遇到了我，不然三年牢狱之灾也在所难免，或许还会不止被判三年，恐怕这辈子再娶老婆也都成困难了。

王春家住四川川东北一个偏僻的乡镇，因家庭贫困，没读过多少书，一直未婚。加之，那个地方地理位置差，交通极为不便，附近很多女孩都远嫁他乡了，村里的光棍日渐增多。

眼看33岁的王春还没找到对象，以他们家的经济条件和当地的实际情况，王春想结婚应该不是一件容易的事情，老母亲很替王春着急！怎么办呢?

幸好，王春有一个好手艺，他会编织竹器，不但可以帮左邻右舍，还可以多多少少挣点零花钱，生活全靠他这手艺得以维持。

同社女孩英子，年仅17岁，尚未成年。因家境十分困难，同样没有读过什么书。而且英子不是很聪明，头脑不太灵光，有点弱智，呆头呆脑。

英子家缺乏劳动力，常常请王春帮忙干活，王春也常常照顾他们家。加之，王春有一门好手艺，养家糊口绝对没有问题。

为此，英子的妈妈有意让她与王春好，让他俩在一起过日子。王春的母亲也看在眼里，喜在心上。

双方家长一合计，都表示同意。

于是，双方父母请同社人做媒，二人建立了名正言顺的恋爱关系，两家人交往更加紧密了。

2002年农历二月，双方确定恋爱关系后，群众也是众所周知。

因两家相隔只有 50 米远，在他们恋爱期间，英子常常到王春家玩，并经常在王春家看电视到深夜，有时甚至根本不回家睡觉，直接住在王春家。

王春与英子的恋爱关系已经公开，女朋友在男方家留宿过夜这也无可非议。相处之中，王春与英子发生了多次性关系，双方家长也心知肚明，互相默许。

平时，王春到街坊四邻去做竹器活，英子也常常去帮忙，并给王春打一些下手，干些杂活。有时王春没有带上英子一同去，英子也会主动去找王春。

交往中，二人的关系进一步得到了双方家人的认可。但是，恋爱关系虽然确立了，毕竟没有按农村风俗举行订婚仪式，要是冷不防英子肚子大了，女方家长会觉得没面子。

经双方协商，决定由王春去街上买了鸡、鸭、鱼、菜类及酒水，准备于农历五月举行订婚仪式。

按当地风俗，订婚一般由男方办酒席，宴请双方亲戚朋友。

王春与英子订婚也不例外，都请来了双方的亲戚好友到场，表示祝贺，只是没有结婚那么隆重。

英子家不但请来了他在农村的亲朋好友，也请来了住在县城附近的姑父和表哥。

英子的姑父和表哥起初不知她和谁订婚，当得知男方是王春时，父子二人当即坚决不允许，当场要求英子与王春断绝关系，表示随便在城郊给英子介绍一个男人也比王春强。

在英子姑父、表哥的强迫干涉下，订婚仪式被迫终止，两家客人各自散去，只有英子的姑父和表哥留了下来，逼迫英子家退还王春给的 500 元钱，不让两人继续往来。

对王春来说，好不容易找到一个对象，眼看觉也睡过了，酒菜也买回来了，双方客人都请来了，正要举行订婚仪式时，谁知半路杀出一个“程咬金”，让王春与英子的订婚计划彻底泡汤了。

这个婚事，本是英子的母亲先主动提出来的，也是她们家主动找邻居促成的，再说两家是邻居，你知我识，互相了解，也有一个照应，又有何不可呢？

因此，对英子姑父及表哥的行为，不但双方亲友大为反感，左邻右舍也都纷纷指责他们不对。为此，当天王春与英子的姑父、表哥发生了语言上的冲突。离开时，英子的表哥扬言早晚要收拾王春，让王春随时准备着。

订婚的事搞砸了，婚没订成，英子再也不敢去王春家了，王春觉得自己家穷，家庭条件差，讨不到老婆也就算了。但是手艺还得继续，不能丢啊，还得靠手艺挣钱养家糊口。

转眼，一个月过去了，大家相安无事。王春也渐渐地平静下来了，不再为订婚的事烦心了。

2002 年 7 月 17 日，农历的六月初八，王春像往常一样到该县板桥街上去赶集。

俗话说，冤家路窄。王春在板桥街上，被英子的表哥看见了，老实巴交的王春没想到英子的表哥对自己还很记恨，为此双方发生了口角。

英子的表哥在社会上混得不错，有一些狐朋狗友。而且，他们常常犯事，与乡治安室的人混得很熟。他恶狠狠地叫王春等着，王春以为英子的表哥是在吓唬他，认为可能他要去叫人来打自己，准备赶了集就回家，也没有放在心上。

谁知，仅仅一会儿时间，乡治安室的人来找到王春，说英子的表哥报案，称他强奸幼女，要把他抓走。

王春认为自己没有强奸，没犯法，怕什么，到治安室去就去。他以为自己订婚是媒人介绍的，双方还请了客，自己跟女朋友睡觉、发生性关系，都是双方自愿的，怎么会算强奸呢？自己没有犯法，到哪里也说得出道理。

于是，他被带到乡治安室。本以为，到了乡治安室，可以跟乡治安室的人讲讲道理，把事情说清楚了就可以回家。谁知，到了乡治安室，根本没有谁愿意听王春讲道理，没有谁理睬他，只是叫他老实在那里待着。

就这样，王春被扣留在乡治安室，再也无法脱身。他根本没有想到，就为这个事情，居然还能给自己带来牢狱之灾。

当天下午，该县公安局城郊派出所来人把王春接到县城，根本不听他的辩解，直接以涉嫌强奸罪将王春关进了看守所。这时，王春察觉自己既然进了看守所，恐怕这个强奸罪名是说不脱了，看来肯定会被判刑了。

2002 年 7 月 17 日，王春被抓。其家人没有任何消息，家中老母也无计可施，只是听群众议论，王春被英子的表哥叫人抓了。

2002 年 9 月 19 日，公安机关将王春涉嫌强奸的案件移送检察院审查起诉，检察院认为被害人英子属于弱智青年，需作弱智鉴定，将案件退回了公安机关。

2003 年 3 月 11 日，公安机关委托四川南充精神卫生中心进行精神病医学鉴定，结果为：精神发育迟滞（中度），无性防卫能力。

公安机关拿到这一鉴定结论，于 2003 年 4 月 23 日，再次移送审查起诉。

2003 年 6 月 5 日，该县检察院以涉嫌强奸罪对王春提起公诉。

在案件审理中，王春的亲友四处奔波，到处找人为他申冤求情，被一些别有用心的人骗去了不少钱，但最终仍未能释放出来。

在王春的亲友走投无路的情况下，他人为王春推荐了一个律师，这位律师正好是在法院说要收拾我的那位律师。

该律师接受委托后，告诉王春的亲友，恐怕至少得判 5 年，而且都还得他非常努力和走动关系的情况下才有可能。希望王春家人期望不要太高，要有心理准备。

对该律师的态度和案件的分析，王春的亲友有点信不过。于是，他们打算重新物色律师人选。

王春的妹夫董生，在其他亲友上当受骗，花了钱事没办成的情况下，专程从外省赶回来，看看能否有什么可以帮助的地方。

董生回来后，第一步是到了法院，掌握了一些基本的情况。在法院门外，他正在考虑下一步该怎么办？

正在这时，有人向他推荐了我。于是，他把详细情况给我一五一十地进行了介绍。

听完董生的介绍，我的第一感觉是王春应该不构成犯罪。

但基于种种原因，我考虑到，如果我与那位已经打过交道两次的律师共同为王春担任辩护人，或许会因意见不统一，反而对王春不利。

于是，我打算一审程序在背地里给他们提供支持和帮助。但是，我又不能左右已经请了的这个辩护律师的思想和观点，更不可能对一个律师界的前辈指手画脚——指挥他怎么为当事人辩护。

最后，我们决定由董生以亲友辩护人的身份担任王春的第二辩护人，由我指挥他，让他来表达我的意见和观点。

但是，当董生向法院提出担任王春的亲友辩护人请求后，法院坚决不同意，认为已经请了专业律师作为辩护人，他只是一个普通老百姓，又不是专业人员，担任王春的辩护人没有任何价值。

后来，经过董生的争取，法院最后还是同意了董生担任王春的第二辩护人。当那个律师知道董生要担任王春的第二辩护人，心里大为不解。

董生申请亲友辩护人成功后，我的第一步便是对南充精神卫生中心的精神病医学鉴定结论提出异议，要求重新鉴定。

在我们申请重新鉴定后，法院同意了申请，并安排了重新鉴定。2003 年 7 月 9 日，四川华西医科大学法医技术鉴定中心作出司法精神病学鉴定结论为：英子患有轻—中度精神发育迟滞。

据该司法鉴定中心的鉴定书显示：英子的亲戚反映其没有精神问题，就是读不得书，没文化，与正常人一样的，在家中可以割猪草、做饭。

同时，村民反映："英子平时可以放牛、割草、洗衣服，也可以煮饭，读过书，上过小学一年级，与同龄人没有什么区别，人有点老实，但不是疯疯癫癫的，说不得的话要说，能自己赶集，认识人民币，算数可能不行。"

英子的老师证实，她上过三年幼儿班，读过一年级，是班上成绩最差的，智力不足，与同龄人相比智力差得远，当时只能做 10 以内的加减法。

因此，该中心认为英子患有轻—中度精神发育迟滞，但没有南充精神卫生中心鉴定认为的无性防卫能力这一结论了。

2003 年 7 月 23 日，法院审理本案。

庭审前，我为董生准备了法庭代理方案，并模拟了庭审可能出现的情况，以及公诉方、法庭可能会涉及的问题的应对，包括如何向王春发问等。

由于亲友辩护人会见被关押的被告非常困难，一般是会见不到的，所以董生的辩护就要稍微困难一些。尽管如此，我们还是准备得非常充分，蛮有信心的。

庭审进行得非常顺利，基本上一切都在我的预料之中和掌控之下，董生应对自如。案件开庭审理进入辩论阶段，轮到了该他发表意见时，董生在法庭指挥下，当庭宣读了我帮他写的无罪辩护词，并当庭递交到了法院。辩护词的大概内容是这样的：

审判长、审判员：

根据我国《宪法》（1999 年）第 125 条的规定，"被告人有权获得辩护"。我国《刑事诉讼法》第 32 条也规定了被告人可以委托亲友为其进行辩护。我（董生）作为本案被告人王春的妹夫，今天经县人民法院同意我接受被告人王春的委托，为其担任辩护人，出席今天的刑事审判庭进行辩护。

开庭前，我就本案进行了调查走访，并对本案进行了认真的研究，今天又听取了法庭的调查，我认为县检察院指控被告人王春有强奸罪的嫌疑是错误的。根据《刑法》第236条的规定，以及最高人民法院、最高人民检察院、公安部1984年4月26日发布的《关于当前办理强奸案件中具体应用法律的若干问题的解答》（［1984］法研字第7号）的规定，本案被告人王春的行为不应认定为犯罪。因此，应立即释放王春，我的辩护理由如下：

第一，根据我国法律的规定，强奸妇女是指以暴力、胁迫或者其他手段，违背妇女意志，强行与之发生性交的行为，该罪的构成要件有四个：

（1）侵犯的客体是妇女性的不可侵犯的权利。

（2）在客观上表现为违背了妇女的意志，使用暴力、胁迫或者其他手段，强行与之发生性行为。

（3）在主观方面只能由直接故意构成，行为人必须具有明确的强行奸淫的目的，如果不是强行奸淫，而是双方自愿，则不构成犯罪。

（4）强奸罪的主体一般是年满16岁的有刑事责任能力的男子。

就本案而言，被告人王春与所谓的受害人英子之间发生的性关系无任何暴力、胁迫等手段，没有强行与之发生性行为的任何行为和迹象、证据。再说，他们二人本就是恋爱中的男女，发生性关系是迟早的事，因为恋爱是结婚的前奏，恋爱的目的应该说都是为了结婚，结婚自然会发生性行为，王春没有在恋爱中强行与英子发生性行为的必要，也更没有强奸的目的。他们之间自愿发生性关系，并没有侵犯英子的性权利。因为，他的行为不具备构成强奸犯罪的四个构成要件，王春的行为不应构成犯罪。

第二，王春并不明知英子是程度严重的痴呆者。

由于本案所涉及的受害人英子，没有一般同龄人聪明，其原因是她笨，没有读过多少书。但她能放牛、割草、洗衣服、做饭，而且能单独上街赶集，谁也不会相信英子是严重的痴呆患者，谁也不知道她是严重的痴呆患者，王春也不例外，他也并不是明知英子是重度痴呆患者。正是由于谁都不知道英子是重度痴呆患者，所以英子与王春建立恋爱关系也是公开的、众所周知的，而且也是很正常、很自然地社会现象。

他们二人基于恋爱而发生性关系，同样也是很自然的事、也不触犯法律，只受道德规范约束。因此，王春不是无缘无故与英子发生性关系的，他并没有侵犯英子的性权利的故意。

同时，英子可以放牛、割草，洗衣服、做饭、独立赶集、到数里之外的另一村寻找与其谈恋爱的王春，还帮他干活，这些足以说明英子有一定的认识能力和意志能力，生活能自理，能正常表达自己的意志，她不可能懂得恋爱而不知采取防卫。

特别是英子在接受专家鉴定时，这也不配合，那也不配合，更能反映出她是有意识不合作，恰恰能反映出她并不痴呆，更别说是重度痴呆。从认为英子痴呆的时间来看，他与王春是邻居，在同一社相处了 16 年多，不但没有听到人说英子痴呆，也没有任何权威部门对其做过痴呆的鉴定，王春又怎么会知道英子是重度痴呆患者呢？

第三，群众都为其鸣冤叫屈，也都十分关注此案。

王春的村社有 20 余名群众联名证实王春与英子有恋爱关系，他们是在恋爱中发生性关系的，而且英子能放牛、割草、洗衣服、赶集，根本不是重度痴呆者。试想懂得恋爱，能独立赶集，又知道到邻村找自己的恋人，替其帮忙干活的女人会是重度痴呆者，有人相信吗？符合逻辑吗？科学吗？客观实际吗？

还有，华西医学院的鉴定是双方同意并经该县法院委托后作出的，在英子多方面不合作的情况下，所作出的结论才是“轻—中度精神育迟滞”。如果她配合的话，会是这种结果吗？恐怕连“轻度”都谈不上。

但是不管怎样，这个结论也只是说是“轻—中度精神发育迟滞”并不是重度痴呆，相信大家都会明白“精神发育迟滞”就是‘痴呆’的话，那么“智力发育迟滞”又是什么呢？法律上规定的是“痴呆（程度严重的）”就只能是指痴呆，而且要求“程度严重”，不能用推测代表政策，更不能用推测代表法律。所以，不能以英子患有轻—中度精神发育迟滞就认定她是痴呆（程度严重）者。

第四，根据法律规定设置的条件，王春的行为不应构成犯罪。

1984 年 4 月 26 日，最高人民法院、最高人民检察院、公安部《关于当前办理强奸案件中具体应用法律的若干问题的解答》（［1984］法研字第 7 号）明确规定：“明知妇女是精神病患者或痴呆者（程度严重的）而与其发生性行为的不管犯罪分子采取什么手段，都应以强奸论处。”

本案被告人王春并不具备“明知”这一条件，英子也不是精神病患者，更不具备“痴呆者（程度严重的）”这一条件，在不具备这两个条件的情况下，王春基于在与英子谈恋爱的关系，又没违背其意志的情况下，双方自愿发生性关系，当然不构成犯罪。

综上，本辩护人认为检察院混淆了罪与非罪的界限，把无罪当成有罪在追究，这是明显错误的。因此，本辩护人敬请法院依法审理后，宣告被告人王春无罪，并予立即释放。请法院对我的辩护理由予以充分考虑，给予足够重视。

董生在宣读辩护词时，法庭静得非常出奇，审判长、审判员、书记员、公诉人，以及王春和他的第一辩护律师，无不认真盯着董生，仔细听他宣读完这个辩护词。

等他宣读完后，法庭上的第一句话是审判长问他，这个辩护词谁写的？

这也在我的预料之中，董生按照约定回答，是我一个亲戚，还在上大学，是法学院的学生。

最后，董生又当庭提交了村社 20 余名群众的联名信。王春所在乡村 20 余名好心村民，为了不让王春被冤枉，联名向该县法院提出了书面群众意见。群众意见称：

我们村社群众都一致认为王春不可能干出强奸英子的事实，王春是被冤枉的。为此，我们现联名向你们反映本案所涉及的全部事实，并提出我们的意见，供你们在办案中予以参考。

首先，英子与王春是恋爱关系，因中途反悔引发强奸案。

英子现年 17 岁，王春 33 岁，他们二人都系某县某乡村民，而且二人系邻居，两家相距仅 50 余米远。去年（2002 年）农历二月，英子与王春二人建立恋爱关系，群众众所周知。到农历五月，双方家长有意按农村风俗举行订婚仪式，于是双方协商请同社村民陈某做媒。经陈某征求双方意见后，确定了订婚时间，王春家也把相关办席的酒水、菜类购置回家。

谁知，英子家亲友前来参加她的订婚典礼时，其姑姑及姑父不同意，并要求英子家退还所借的 500 元钱，而解除了英子与王春的恋爱关系。事后双方产生矛盾，7 月 17 日（即农历六月初八）王春在某县板桥街上赶集，英子的表哥向乡治安室报案，说王春强奸幼女。当天，乡治安室就把王春扣留，通知城郊派出所把人抓回公安局，现关押该县看守所。时隔两个月余，王春才经批准逮捕，时至2003年3月11日，英子经四川省南充市第二人民医院进行鉴定，结论为英子患精神发育迟滞（中度），无性防卫能力。王春对该鉴定结论不服，申请重新鉴定。

2003年6月23日，英子在华西医科大学法医学技术鉴定中心进行重新鉴定时，对其智力测试不合作，精神检查亦不合作。而该中心不知依据什么法定标准，在英子接受鉴定检查不合作的情况下，作出了“被鉴定人英子患有轻—中度精神发育迟滞”的鉴定结论。

其次，村社群众都能证实英子不是严重痴呆，有一定的认知能力和意志能力，能正常表达自己的意志。

英子与王春恋爱是众所周知的，为了订婚也请人进行了说媒，王春不是无缘无故与英子发生性关系的，英子虽读书成绩差，但经村社群众证实英子能放牛、割草、洗衣、做饭，而且能独立赶集。这些足以说明她不是严重的痴呆者，能够表达一定的意志，能自理生活，与一般正常人只有文化高低的区别。

特别是鉴定意见书记载，英子在接受华西医科大学法医学技术鉴定中心的鉴定时，对智力测试不合作，在精神检查时神志清楚，检查不合作，更能反映出她是有意识地不合作，更能反映她并不痴呆。去年2月她与王春恋爱时，王春到外面买竹子回来打席子，英子还能够独自到另外的一个村子去找王春，陪王春，还帮王春干活。这些该村村民及王春去砍竹子的人家都能证实，王春的辩护律师也进行了调查取证。

第三，案发前没人知道英子系痴呆者，更别说是重度痴呆。

案发前，王春与英子恋爱，英子能干一般同龄妇女所能干的活。也能主动找王春增进感情，村社群众只是知道英子不太聪明，而并不知道她是痴呆者，更不知道也不会相信她是重度痴呆。作为与其谈恋爱的王春当然更不会知道自己的女朋友是痴呆者，而且是重度痴呆，所谓的痴呆是案发后差不多半年时间后，才经南充鉴定中心得知的。

第四，王春没有强奸行为，他不构成犯罪。

王春与英子是在恋爱关系中发生的性关系，双方自愿，而且英子有时在王春家留宿，其母亲也知道，并没有反对。从群众观察证实，英子不属于严重痴呆患者，而权威机构——华西医科大学法医技术鉴定中心在英子不合作的情况下所做出的结论也只是："被鉴定人英子患有轻—中度精神发育迟滞。"发育迟滞与痴呆（程度严重）是有根本区别的，发育迟滞并不完全代表痴呆。同时该结论也没有认为英子无性防卫能力，再说连鉴定人员对其检查她都知道反抗、不合作，难道对其性侵犯她反而不知反抗吗？

根据最高人民法院、最高人民检察院、公安部《关于当前办理强奸案件中具体应用法律的若干问题的解答》（［1984］法研字第7号）明确规定，明知妇女是精神病患者或痴呆者（程度严重的）而与其发生性行为的不管犯罪分子采取什么手段，都应以强奸罪论处。因此，王春不是明知英子是精神病患者或痴呆者，而且英子更不是程度严重的痴呆者，他们在长达几个月的恋爱中发生性关系，依法不应认为是犯罪行为。

综上，我们作为公民，是本案双方当事人同村社的群众，真诚地希望法院审理此案中相信群众，依靠群众，客观公正地审理此案，以还王春一个清白，为王春洗清罪名，以正法纪，以教育广大群众遵纪守法，确保群众合法权益不受侵犯，不漏判一个坏人，也不冤枉一个好人。

这封群众联名信和联名群众的身份证复印件、联系电话等，董生都当庭提交到了法庭，同时转达了群众意见，只要法院需要这些群众作证，他们也愿意当庭作证，并如实反映王春是被英子的表哥陷害的事实。

法庭上董生在法院、检察院都没有任何心理准备的情况下，大胆地发表了无罪辩护意见，这完全超乎了在场人的想象。更何况，他还准备了群众的联名信，合议庭和公诉人不得不对该案引起重视了。

最后，合议庭走完庭审程序，当庭并没有直接宣判，而是宣布休庭，择日宣判。

8月7日，法院作出一审判决，在王春已经被羁押了400多天的情况下，该院认为王春的行为构成强奸犯罪，判处有期徒刑3年。

判决送达后，王春的第一辩护人很高兴，对这个判决结果很满意，说是自己已经尽力了。当他得知王春家人对判决不服，表示要上诉时，又问他们是否愿意继续聘请他担任二审辩护律师。

这些情节我们提前也做好了预案，面对该律师的意见，董生表达了诚挚的感谢，但考虑到王春经济困难，家中尚有高龄老母，暂时不再继续委托律师了。

二审中，董生与我成了王春的辩护人。

在法律规定的期限内，我们为王春写好了上诉状，上诉状直接指出一审法院判决错误，应当撤销，要求宣告上诉人无罪。在上诉状的事实及理由部分，我们提出：

首先，原判认定事实不清。

本案上诉人王春自2002年农历二月与英子建立恋爱关系，在长达数月的恋爱关系中双方自愿有性关系发生，在数月后的订婚时，因英子的亲友（其姑父徐某和表哥徐某某）不同意，双方为此产生了一些矛盾。

后来，英子家亲友以上诉人强奸幼女为名报案，导致2002年7月17日上诉人被限制人身自由，次日被刑拘，长达两个月后的2002年9月17日方被批准逮捕。事情经过就是如此简单，但一审法院在审理后却在没有任何充分说理的情况下认定“被告人王春明知英子系痴呆女而与其发生性关系，其行为构成了强奸罪”。这一认定关系上诉人罪与非罪的问题，不知原审法院是基于什么事实而认定的？对事实的认定，一是法律事实，二是客观事实。原审认定的事实即法律事实，法律事实是基于客观事实而产生的，客观事实也是靠证据来反映的。从原审法院认定的10份证据来看，没有任何证据能充分证明“被告人王春明知英子系痴呆女”这一事实。

再则，他们发生性关系是基于恋爱关系的自愿行为，属道德调整的范畴。英子没有残联颁发的证明系痴呆的证明文件，也没有享受残疾人的待遇，更没有在恋爱前去进行医学检查，她本人能割草放牛、洗衣服、做饭，只是人有点老实，倒瓜不瓜的，上诉人会明知她是痴呆女吗？老百姓又应该如何来判断一个人的痴呆程度？用什么标准来判断？

恋爱期间，英子到邻村去找砍竹子的上诉人，并帮上诉人干活，整天整天地陪伴，有证人证实，法庭审理中审判长当庭询问英子，英子也认可了这些事实。

加之，从法院认定的第2、4、5、9、10号证据来看，只能认定其人有点老实，并不痴呆，更不会是程度严重的痴呆者。原审作出的“被告人王春明知英子系痴呆女”的认定，显然事实不清。特别是司法鉴定结论都只是认为：英子患有轻—中度精神发育迟滞，而不是明确认定其是痴呆者，且程度严重，上诉人又怎会明知呢？只有英子属于重度痴呆者，且王春明知的情况下与其发生性关系，才可能涉嫌强奸，而本案并不属于这种情况。

其次，本案认定王春犯罪的证据不足。

在审理中，法院认定了10份证据，其中第1号是用来证实二人发生性关系的地方是在床上。其实细想这份证据即照片用来待证的事实十分可笑，两人恋爱期间自愿发生性关系，理所当然是在床上，居然成了上诉人所称的犯罪地点，他们在床上发生性关系与王春明知英子痴呆有关吗？

第2号证据是村委会证明英子能煮饭、洗衣、放牛割草，能收割麦子、谷子等，少于赶集（不是没赶集，一个未成年人不能当家理财，少于赶集理所当然，在情理之中）这恰好能证明英子并不痴呆更不是程度严重的痴呆者，村委会也没有证明全村人或大多数人都知道其是痴呆者。

第3号证据即妇科检查证明英子处女膜陈旧性裂伤，这只能证明其与人有性关系的可能，就算其处女膜陈旧性裂伤是与上诉人发生性关系所致，也不能就此认定上诉人是强迫的，就能认定其有罪。更何况，上诉人和英子本人都一直是如实陈述，他们确实是经常发生性关系，英子还在王春家里留宿、过夜。

第4号证据是两个鉴定结论，首先这两个结论不一致，原审法院审理后都只是说“以上证据，通过法庭举证、质证，本院予以确认”。但从表面上来看，似乎是对这两个鉴定结论都认可，这不是自相矛盾吗？两个鉴定结论只能认定一个是正确的。从时间上看，南充的在前，华西的在后，从程序上看，南充的鉴定是单方所为，上诉人方不知情，其程序显失公正，而华西的鉴定是双方都去了的，具备合法的程序。从文书性质上看，南充的是医学方面的鉴定，而华西的是医学方面的司法鉴定，其效力明显要强，因此应该采信华西的“英子患有轻—中度精神发育迟滞”这一科学的司法鉴定结论。从司法鉴定方面也否定了英子痴呆（程度严重）是虚拟的、无中生有的事实。

第5号证据是上诉人的陈述，把案件的引起原因反映出来了，是因为发生了矛盾，与英子家的亲友发生争吵，其亲友去报案，而不是英子或其父母报的案，报案人也正是与上诉人发生冲突的人，其中缘由显而易见。

第9号证据是村民们及英子的另一亲友方某等的证实，都能证实其能割草、放牛、洗衣、煮饭等，人有点老实，倒瓜不瓜的，说不得的话她要说，认识人民币，算术可能不行，这足以证明她不是痴呆，且并不是很严重，而且有一定的生存、生活能力，同时也能反映出村民们也不是都知道她是痴呆者，与第2号证据村上的证明，第4号证据华西的司法鉴定结论，第5号证据上诉人的供述相符合，相互印证出英子不是程度严重的痴呆这一事实。

原审法院认定的第6号证据，是受害人英子的陈述，说被告人王春多次拉其到睡的床铺上，将其奸淫，并叫莫给我妈说，否则要杀我。对于这份证据我们认为，首先缺乏真实性，王春既然与英子是在恋爱，这是公认的事实，他不可能会强迫与其发生性关系，缺乏其行为动机、目的。再说，既是强拉奸淫，有无其他旁证，如衣服有无撕烂、毁损？身上有何伤痕？有谁看到、听到？英子又是倒瓜不瓜的未成年人，属于限制民事行为能力，其陈述可信度值得怀疑、研究，其陈述不客观、不真实，不能作为有效证据采信。最为重要的是，英子当庭陈述却是相反的，她在法庭上也是明确表示喜欢王春，愿意跟王春在一起。

原审认定的第7号证据是其亲友（英子的二姑）陈某证实，陈某实际上是英子二爸的妻子，称呼她二姑，属利害关系人，其证明力度明显大打折扣。再说，附近这么多人，难道就只有陈某看到的吗？从其反映英子只有15岁这一情况来看，英子出生于1986年，已是17岁的人了，她却说只有15岁，显然违背客观实际做假证 。

但她又只是说看到王春估到（强迫）拉英子，估到拉去干什么？拉后又怎么样了？这些都值得怀疑，特别是订婚未成，两家已产生矛盾的情况下，上诉人更不可能这么做。因此，这份证据缺乏真实性，根本不能作为证据采信。特别是说王春“估到拉”英子，恰恰又能反证出英子有反抗的意识和能力。试想，王春拉她，她都反抗、拒绝，会没有性防御能力吗？会是程度严重的痴呆者吗？

第8号证据，系英子的母亲陈某证实英子“不认识钱，走远了点就不晓得回家”，“王春的母亲刘某曾托人说媒要与自己的女儿英子成亲，因年龄相差较大，我没有同意，王春对此不满”，对这份证据且不说是与英子有什么关系，就说其“不认识钱，走远点都不晓得回家”，这一点又与第9号证据众村民及其亲友方某的公正证实、英子的当庭表现和陈述不相符合，不知原审法院是如何认定的？

英子母亲反映的不同意，只是因为年龄相差较大，才没有同意，并不是因为英子痴呆才没同意，事实上这与她的女儿与上诉人已有几个月的恋爱关系这一客观事实相矛盾，如果说不同意为什么几个月时间都没反对？为什么在订婚时，其他亲友提出年龄相差较大才不同意？很明显该证据不客观、不真实、不能作为有效证据采信。更何况，事实上就是英子的母亲请人说的媒，才有订婚的这回事儿，否则也可能不会发生这个事。

第10号证据是教英子的老师的证实，他们证实的只是其小时候成绩差，智力不足，与同龄人比较智力差得远，这只是数年前的英子，其随着年龄的增长，生理、智力的发育根本不可能仍停留在读小学时，再说人与人之间的个体差异也是正常的。特别是，英子能独立赶集，买菜、做饭，还可以到邻村找王春，帮他干活，这也说明她的智力并不是停留在小时候的。因此，该证据与王春的罪与非罪，没有关联性，也不应采信。

纵观上述证据，没有任何证据能够证明上诉人明知英子是痴呆且程度严重，更没有足够的证据证实王春有强奸英子的行为。恰恰相反，上述证据却能反映出英子不是痴呆程度严重的患者，王春并不知道她是严重痴呆者，也没有任何证据能证明王春强行与其发生了性关系。因此，原审法院认定，王春的行为已构成强奸罪缺乏证据，应认定其无罪。

同时，我们认为原审法院认定英子是痴呆者，除了前述证据外，没有别的证据，而前述证据又根本没有证明出英子是痴呆者。特别是华西医学院的司法鉴定结论是："轻—中度精神发育迟滞。"而这个结论，一是在英子的不配合下得出的结论，她的不配合恰恰反映出她不是痴呆，是有意不配合；二是结论只是"轻—中度精神发育迟滞"，而不是"程度严重的痴呆"。如果，"轻—精神发育迟滞"就是"痴呆"的话，鉴定人员为何不直接下"痴呆"的结论。那么，"智力发育迟滞"又是否也可推定为"痴呆"？"生理发育迟滞"不也可以推定为"痴呆"了吗？

再说，"轻—中度"就可认为是"程度严重"吗？如果"轻—中度"就是"程度严重"，那鉴定结论为何又不直接下"重度"的结论呢？因此，我们在办理刑事案件时，涉及当事人的合法权益，特别是人身自由权和政治权、名誉问题，对罪与非罪应严格区分、掌握。

1984年4月26日，最高人民法院、最高人民检察院、公安部《关于当前办理强奸案件中具体应用法律的若干问题的解答》（［1984］法研字第7号）明确规定："明知妇女是精神病患者或痴呆者（程度严重的）而与其发生性行为的，不管犯罪分子采用什么手段，都应以强奸论处。"从该条来看，一是明知妇女是精神病患者而与其发生性关系的；二是明知妇女是痴呆者（程度严重的）而与其发生性关系，都要以强奸罪论处。

很显然，精神病与痴呆是不同的概念，而本案所做的是“精神病学”鉴定，而不是做的是否属于“痴呆”的鉴定。因此，“精神发育迟滞”与“痴呆”完全是风马牛不相及的两回事，二者不能画等号的观点是有法律依据的。

当然，要说英子属精神病患者那更是不可能，不切合实际，王春也更不可能相信英子是精神病患者，更不会明知她是精神病患者。然而，从司法鉴定的结论来看，对英子的鉴定恰恰又是属精神病的范畴，但这个结论也只是说英子“精神发育迟滞”，并没有说她就是精神病患者。

这一结论又与所有其他证据不相吻合，法院以此来认定英子是痴呆者，而认定上诉人犯罪，十分牵强，对法律、对当事人都极端不负责任。因此，原审法院认定上诉人有罪，并作出有罪判决是适用法律不当。

最后，我们提出本案应适用“疑罪从无”的司法原则，认定上诉人无罪。

我国《刑事诉讼法》（1996 年）第 162 条第 3 项规定：“证据不足，不能认定被告人有罪的，应当作出证据不足，指控的犯罪不能成立的无罪判决。”因此，我国刑事司法上对“疑罪从无”予以确认，“疑罪从无”的司法原则予以确立。疑罪从无，是现行《刑事诉讼法》规定的一个重要原则，与无罪推定一脉相承。诉讼过程中，先推定被告人无罪，要证明其犯罪必须有确实、充分的证据，否则应按有利于被告人的结果来处理。

具体到疑罪，则应作出无罪判决。对疑罪的处理，从昔日的“从有”到如今的“从无”，是对人权司法保护的质的飞跃。疑罪从无在司法实践中得到认真的执行，是保护人权的一个重要体现，是刑事诉讼制度的一个重大进步，是现代刑事法制史上的一个重要里程碑。现代法治文明的程度，更多地取决于对犯罪嫌疑人或者罪犯权利的保护。不冤枉一个好人，不放纵一名罪犯，这是刑罚的最高目标。

就本案而言，公诉机关指控的是被告人（本案上诉人）王春明知英子系痴呆者而与其发生性关系，而没有任何证据能证明英子是痴呆者，虽有司法鉴定结论，但该司法鉴定又是做的司法精神病学鉴定，并非是针对英子是否痴呆的鉴定，也并非对英子痴呆的程度鉴定。显然，认定英子重度痴呆和王春构成犯罪的证据不足，应根据《刑事诉讼法》（1996 年）第 162 条的相关规定确立的“疑罪从无”司法原则，对上诉人作出无罪的认定和判决。

在本案的审理中，“受害方”的代理人即是英子的亲友，又是报案人，同时对英子与王春的恋爱不予支持，持反对意见的也是他们，上诉人与他们为英子的婚姻恋爱关系发生了矛盾，最后才引发控告，引出官司，其中缘由很明显。

他们为了给上诉人加上罪名，让上诉人承担罪责，不但四处扬言说，原审承办人与上诉人有不正当关系，而且在开庭时故意哄闹法庭，其用心之良苦，其行为之目的世人皆知。

更为值得注意的是，如果，英子真是痴呆者，又达到了法定的严重程度，岂不是英子从今以后不能再恋爱、结婚？岂不是凡是与英子发生性关系的人都会被追究刑事责任？这样一来，那些别有用心的人不是会导致英子不能恋爱，也不能结婚，再也没有人敢与其发生性关系了吗？岂不是直接毁灭了英子一生的幸福吗？英子的恋爱、婚姻、性生活、生育权利，不是就被那些看似好心，实则昧心的亲友毁灭了吗？如果这样，英子已经被她的表哥外嫁他人，而且已经怀孕，是不是这个男人和英子的表哥也应当构成强奸罪呢？是不是也要被追究刑事责任呢？

如果王春构成了强奸罪，是不是把英子外嫁他乡的表哥，以及英子现在的男人，也应当按照1984年4月26日，最高人民法院、最高人民检察院、公安部《关于当前办理强奸案件中具体应用法律的若干问题的解答》（［1984］法研字第7号）予以收监、定罪、量刑呢？

为此，我坚称本案中英子不是痴呆者，王春并没有明知英子系痴呆者而与其发生性关系的行为，他的行为不构成犯罪。检察机关的指控缺乏足够的证据，要求二审法院依法审理，依据《刑事诉讼法》（1996年）第162条确立的“疑罪从无”原则，认定上诉人无罪，予以立即释放。

2003年8月14日，我们的上诉状递交成功，8月25日王春的妹夫根据我写的一审辩护词、上诉状，又组织了一个题为“冤、冤、冤、恋爱不成反被判刑三年”的申诉材料，向市级有关部门及领导反映。

2003年9月初，市中级法院通知辩护人，要求提交二审的书面辩护意见。

2003年9月5日，我们向市中级法院提出了二审辩护词。这次辩护词我们仍坚持提出：

（1）王春与本案受害人有特殊关系，不是一般的所谓的被告人与被害人关系，他们是邻居，互相了解，而且恋爱过。

(2) 一审诉讼程序严重违法。根据《刑事诉讼法》(1996年) 第69条第1、2款的规定："公安机关对被拘留的人，认为需要逮捕的，应当在拘留后的三日内，提请人民检察院审查批准。在特殊情况下，提请审查批准的时间可以延长一日至四日。对于流窜作案、多次作案、结伙作案的重大嫌疑分子，提请审查批准的时间可以延长至三十日。"加上检察院的审批时间是7日以内，即犯罪嫌疑人从刑拘到逮捕，法律规定的最长时间只有37天。而王春依法被批准逮捕的时间最长也不超过14天，可他却被违法羁押了60天，才被批准逮捕，他被超期羁押46天，明显程序违法。

(3) 检察院指控王春涉嫌强奸，事实不清，证据不足。检察机关指控王春明知英子痴呆而与其发生性关系，构成强奸。但没有任何证据能够证明英子是痴呆程度严重患者，更没有任何证据能证明王春"明知"英子是痴呆者。一审判决罗列的证据中也没有一个能证明英子是痴呆者，而且证据互相矛盾，一审法院对这些证据的确认没有说明理由，也没有对各项证据待证的事实及目的交代清楚，特别是对南充和成都的鉴定结论，到底认定哪一个没有确定，或者是两个都认定也是模糊不清，这足以说明本案事实不清，证据不足。

(4) 检察机关指控中说英子是痴呆者，而提供的证据说英子"精神发育迟滞"，一审法院又依据"精神发育迟滞"认定英子"痴呆（程度严重）"，以支持检察机关的指控，是明显的定性错误。

(5) 王春与英子在恋爱关系中自愿发生性关系，英子人虽有点老实，但能单独赶集、洗衣、做饭、割猪草。她还能单独到邻村去找王春，陪其玩耍，帮其干活，这些都能说明她不痴呆。

村里村外没有一人能证实英子有精神病既往史，而鉴定结论又是下的"精神发育迟滞"的结论。根据最高人民法院、最高人民检察院、公安部、司法部、原卫生部颁发的《精神疾病司法鉴定暂行规定》的"知能低下，但对自己的合法权益仍具有辨认能力和保护能力的"为具有民事行为能力。从本案来看，英子就属此类情况，她应属于完全民事行为能力人，她与王春自愿在恋爱关系中发生性关系，王春不应构成犯罪。

同时，我们也再次强调，在案件审理中，英子的表哥已经把她外嫁他乡，并对英子已经怀孕的事实进行了陈述。我们再次要求二审法院依法审理改判王春无罪，予以立即释放。

2003年9月19日，市中级法院依法作出［2003］×刑终字第138号刑事附带民事裁定书，认为原审判定王春是否明知英子系痴呆女以及英子精神发育迟滞到底达到何种严重程度的事实不清，证据不足，依法裁定撤销了一审的有罪判决，发回一审法院重审。

2003年10月8日，我方以辩护人的名义向该县人大、县政法委、县检察院、县法院提出了书面的《无罪释放申请书》。我们提出要求无罪释放王春，同时也请县人大，县政法委员会对此案实施法律监督。

我们向检察院提出，控诉机关的证据互相矛盾，明显事实不清，证据不足，为此，请求指控机关根据《人民检察院刑事诉讼规则》（1999年）第351条的规定，撤回起诉，以事实不清证据不足作出不起诉决定。

2003年10月12日，在我方提出释放申请后，该县法院通知开庭重审此案，特地让我们准备辩护词。

当时，已有内部消息，法院正在与检察院沟通，希望检察院撤回起诉，否则将会作无罪判决。

于是，我们又准备了一审重审的辩护词。在这次辩护词中我们重申了王春无罪的观点，再次请求宣告王春无罪，要求当庭释放王春。否则，我们当庭举报英子的表哥也涉嫌强奸，在明知其重度痴呆的情况下，还要让她外嫁他乡，与人同居生活，且已经怀孕，要求追究英子表哥与现在的男人的强奸罪。

但这个辩护词我们虽然准备了，后来却没有用上。

2003年10月20日，该县检察院撤回了对王春的起诉，并于次日决定对王春不予起诉。

2003年10月22日，关押了462天的王春被释放了出来，释放时好心的看守所民警给了他20元钱，让他买一双胶鞋，赶快坐车回家，因为检察院去放人时已经快天黑了，他家离县城还有几十里路。

王春出来后，第一个电话就是给我打来的。他激动得不知怎么说才好，只是说已经出来了，最想先打个电话感谢我，并说过几天再来拜访我。

几天后，王春及他妹夫董生、他老母亲等人都来向我表达谢意，并表示为了表达对我的感恩，他们决定让董生的儿子认我做干爹。

王春认为英子的表哥诬告了他，要控告并追究他表哥的刑事责任。

由于当时与王春类似的一个案例，也发生在四川某市，那个人被释放后，马上去追究控告人的刑事责任，并要求国家赔偿，追究承办人的责任，结果自己又被抓了，被追究了强奸罪的刑事责任。

我认为，根据规定对王春的案件，他们如果要怎么样，应该在一年内再补充收集证据再来，而申请国家赔偿有两年的期限。加之，王春被抓当初，他另外的亲戚到处找关系，白白的花了几万块，他家已经负债累累了。得让他先出去打工，挣点钱再说。

2005 年 9 月，快到两年的期限了，王春打工已经有点积蓄了，要求国家赔偿的相关费用已有了着落。同时，按照我的要求，他们对英子已结婚生子的事实也进一步地进行了掌握，收集了大量的证据，就算有风险，也足可以反击了。

古话说，害人之心不可有，防人之心不可无。

我们虽没有控告英子表哥的诬告罪，没有要求追究办错案的人责任，难免我们提出国家赔偿，又有人为难我们，再次对王春不利。所以，多掌握一点儿信息，多收集一些证据，应该也没有坏处。

当时，承办案件的司法人员工作也差不多调换了岗位，英子也嫁人生了孩子，如果他们要抓王春，那英子现在的老公同样也构成了犯罪。换句话说，只要王春构成犯罪，那么与英子发生性关系的人和帮助她嫁人的人都该构成犯罪。

2005 年 9 月 15 日，在弄清这些问题后，我们代理王春书写了赔偿申请，当面送交到王春所在县检察院。为了防备他们到时不承认收到了该申请，我们又通过邮政特快专递给他们邮寄了一份申请书。

2005 年 9 月 26 日，该县检察院作出×检赔通［2005］1 号《审查刑事赔偿申请通知书》，告知王春于 2005 年 9 月 15 日的申请他们 9 月 22 日已收到。认为王春请求赔偿的违法侵权情形未依法确认，根据最高人民检察院的有关规定，他请求赔偿的违法侵权情形应由市检察院依法进行确认，该院已将有关材料移送市检察院了。

2005 年 12 月，市检察院对王春进行了询问，调查了相关案件情况，听取了我们的意见，于 12 月 12 日作出《刑事确认书》，认为×县检察院对王春的批准逮捕属于对不能证明有犯罪事实的人的错误逮捕，根据国家赔偿法的有关规定，对王春的确认请求予以确认。

拿到确认书后，检察院要求王春写一份申请，赔偿主体再加上法院。当然，我们也知道法院也应该赔偿，只不过法律规定可以只向其中一个单位要求赔偿，最后他们内部再处理。既然，检察院提出要求同时向两家主张赔偿，那也没有啥问题。

于是，我们修改了申请书，把法院也列为赔偿主体。

2005 年 12 月 29 日，×县法院作出了该县当年第一份共同赔偿决定书，界定对王春非法关押 462 天，按照 2004 年度全国职工日平均工资 63.83 元一天计算，共计：29 489.46 元，由检察院和法院各承担二分之一，即 14 744.73 元。

这个赔偿决定作出后，仅几天时间检察院的赔偿款就兑现了。我们为了感谢检察机关知错就改，及时保障当事人合法权益，特地为该县检察院制作了一面锦旗，夸奖他们知错就改，赔偿速度快。

但是，法院的赔偿款就没有那么容易了。从 2005 年 12 月 29 日，他们作出赔偿决定，我们便经常联系，过问、催促，但 2006 年整整一年，我们来回跑了几十次，火车费、汽车费、住宿费、生活费都花了不少，就是一分钱也没有拿到。

2007 年 3 月 13 日，我实在跑累了，都不知到底能否帮王春收到这 14 000 多元的赔偿款了。经向有关领导请示，同意我向该市市长反映。

当天上午，我向该市罗市长（2020 年当选四川省副省长）发出了一封求助的电子邮件，用我的真实身份和姓名向罗市长反映了王春的遭遇和一直拿不到法院赔偿款的情况。

3 月 14 日，13：39 分，市政府市长信箱回复我，我的求助信已批转王春所在县主要领导处理。

3 月 16 日，11：30 分，王春所在地法院通知我去办理相关手续领款。

按照法院的要求，我们提供了相应的文件和法律文书，但一直到 3 月 20 日都未领到款项。

最后我又找了该院院长，反复沟通，一直到 2007 年 3 月底才从该县法院领到那 14 000 多元的赔偿款。

至此，该案案结事了！

18 都是初恋惹的祸

1980 年，金某曾在山东服过兵役。部队上有一位领导很赏识他，常常带他外出办事。

有一位地方干部认识他后，很喜欢他。为此，金某常常到那位领导家做客，并与领导家的千金谈上了朋友。当然，据说这位领导喜欢他，其实就是这个原因。

后来，金某直接住进了领导家里，公开与其女儿阿飘谈起了恋爱。

四五年后，金某因故转业回四川，并与阿飘中断了联系。恋人突然离别，阿飘不知是何原因，也无法取得联系，更不知他的去向，她很是想念金某。此后，阿飘好不容易才走出金某的阴影，忘记了金某，并与当地一位副厂长结为夫妻。

时间一晃 20 年过去了，大家都儿女成人。20 年的光阴，金某在阿飘的记忆里早已变得模糊了。

20 年过去了，二人天各一方，没有任何联系，要见面根本是不太可能的事情了。但是，人生就像一场戏，或许是上天捉弄人，个中的曲折让人难以相信会是真实的。

一天，金某听说自己的一位老乡在 20 世纪 80 年代初，生活困难时跑出四川，嫁到了他服兵役的山东省某市。更巧的是，这个女人回娘家闲谈时，谈到了一个女人，这个女人居然是阿飘。

这位老乡根本不知道阿飘与金某那一段过去历史，也根本不相信金某会认识阿飘。

有道是，无巧不成书。还真是那么巧，这个阿飘的确就是金某当年的恋人。在金某的追问下，老乡提供了阿飘的详细地址和联系电话。

2005 年 4 月，金某给阿飘打了一个电话，称自己回四川多年，一直没有联系上阿飘，很想念她。同时，他告诉阿飘自己在家乡从事建筑承包工作，挣了不少钱，条件很不错，并邀请阿飘来四川做客。

20 年之后，久别的恋人终于有了消息，还邀请她去做客，并承诺报销一切开支，阿飘心里别提有多高兴了。早已平静的生活，在这通电话后荡起了涟漪。

接电话后，阿飘迫不及待地带上女儿来到四川，与久别 20 年的恋人金某见面。

金某与阿飘久别重逢，那情景让人感动，复杂的心情难于言表。金某给阿飘安排在某宾馆，每天盛情款待，偶尔也在宾馆重温旧情。

阿飘在四川玩了几天后，正准备离开，一位姓李的人突然来到了阿飘所住的宾馆，并说是找金某谈工作上的事情。金某给阿飘介绍，这是从事建设工程的李总，正在与自己合作某工程。

谈话间，李某表示自己目前有一个大工程，但资金方面尚差 10 万元。李某希望金某能帮助他借 10 万元钱，他表示愿意支付 3 万元至 6 万元的利息。

金某向阿飘极力推荐李某，并希望阿飘能借 10 万元给李某，而且表示愿意代李某出具借条，到时由他偿还也没问题。

阿飘虽不认识李某，但是她相信金某，这个男人毕竟跟自己在父母家里共同生活了几年，是她的初恋情人。

阿飘身上没有那么多的现金，出于对金某的信任，她马上联系了老公，让其老公拿了 10 万元现金来四川投资。

几天后，阿飘的老公某厂副厂长带着 10 万元钱从山东来到四川。仍然是在那一宾馆，阿飘两夫妇当着金某的面将 10 万元现金交给了李某，金某出具了 10 万元的借条一张，并约定 2005 年 12 月 3 日连本带利还给阿飘 16 万元。

转眼，很快到了 2005 年 12 月 3 日，按照约定阿飘丈夫来四川向金某收取借款及利息。

找到金某后，金某借故未予偿还借款，为了让她们放心，金某用自己的身份证复印件，给阿飘的丈夫写了一张承诺，内容为："欠你十六万元春节前保证打过去"，并收回了原来的借条。

金某出具这份承诺保证书的时候，李某也在场，并在金某出具的承诺上签上了自己的名字，批注属实等字样，李某这个承诺是直接批注在金某的身份证复印件上的。

但是，阿飘夫妇拿到这个承诺后，金某仍一直未还款。

为此，阿飘经常向金某和李某打电话催收这笔借款，金某老是推脱，李某也不承认是他借的钱。

2007 年 2 月，阿飘再次来四川收款。金某说钱是李某借的，钱也是当场交给李某的，自己只是帮忙出了一张借条，钱应由李某还。

于是，金某又找来了李某，李某说钱还了部分给金某，只差金某 47 800 元了。而且，李某说他没有直接向阿飘借钱，阿飘只能找金某。他说，他没有直接与阿飘发生关系，他可以给金某出具欠条，金某可以找他收钱。

2007 年 2 月 3 日，经过金某与李某对账，李某当着阿飘的面给金某出具了 47 800 元的欠条一张，当即交给金某。金某收到这张欠条，又马上在欠条上注明该款由阿飘直接收取，并在所欠的 16 万元中扣除，余款仍由自己偿还。

经过李某向金某出具欠条，金某又当着李某的面将这张欠条批注交给阿飘，就算这个钱不是李某借的，至少符合债权转让的法律规定，阿飘也有权直接找李某收钱了。

此后，阿飘多次追收款项，二人都未曾偿还分文。

2007 年 4 月 26 日，阿飘通过一位曾在山东服过兵役的领导，找到我。我了解情况后，感觉李某、金某从一开始就完全是在欺骗阿飘，而且根本没有还款的诚意。

阿飘告诉我，此前曾向公安机关报过案，控告诈骗，但因有借条和还款承诺书，公安机关认为是经济纠纷，不能介入。

我感觉金某最初就是在欺骗阿飘，是在欺骗和利用阿飘对他的感情，纯属一个骗财骗色的大骗子。我了解到金某家里很穷，住的房子都是公房，根本没有挣到钱，只是到处做空头承诺，开空头支票，而且骗的人还不少。

所谓的李总，知道金某的为人，便借机利用他，由金某出面骗钱，自己得实惠，拿来搞投资，搞工程，挣了钱又不愿意还。

在谈费用时，我带着同情心与阿飘谈判，只让她缴纳 3000 元的律师费，而且还没有让她支付车旅费、打印费，标的额提成费用也没有谈。

谈判时，律所主任也在场，主任没有做任何表态，让我先谈，到时再决定。

中午，主任告诉我，这个借款纠纷，看似简单，办理起来还有一定困难，如果只收3000元，根本就无法办理，因为阿飘委托后要回山东，其他事需我们出面处理，成本并不低。还有标的额提成收费和差旅费、打印、复印费我没有提出来，他说这些费用其实也不低，不要小看，主任建议下午继续谈判时要注意这些问题。

下午，我再次与阿飘谈判，提出了主任提示的一些问题，最后阿飘愿意支付5000元的律师代理费，300元的车旅费，打印、复印费，标的额提成按10%提取。

在办理委托手续时，阿飘提出自己只借了10万元，仍然只想收回10万元，如果能达成协议10万元也算了，但是起诉还是按照16万元起诉。

于是，根据阿飘反映的情况，我制作了民事起诉状，内容获得了阿飘的认可，并让她亲自签名捺指印。

准备好诉状，我们就到法院申请立案，立案时法院要收10 000元的诉讼费，否则不予受理。

立案后，我建议阿飘不停地与李某发信息催收款项，果然李某给阿飘回了几条承认借款和还款的短信。接着，我又让阿飘在当地公证处，请公证处的公证员对这些往返信息进行了公证。2007年6月21日上午，该地法院开庭审理了此案。

庭审中金某说借的钱是10万元的现金，出的16万元的借条，而且这个钱是李某拿去用于做工程。李某说他没有向阿飘借钱，那时他工程到手资金不够，金某答应帮他组织资金，才向阿飘借的钱。他承认当时阿飘不认识自己，不放心，才让金某出的借条。而且前几年金某生活困难，一直是他在帮金某，金某常常在他那里拿钱，现在只欠金某47 800元了。

我认为，如果钱实际上是李某借的，一旦法院查明了事实，这个钱就该他还，如果钱不是他借的，至少这47 800元该他还。因为，至少金某的债权转让已经生效，阿飘有权直接向他主张还款了。

法庭调查李某与阿飘的短信之事，他承认有那么回事，而且也确认同意还款，但是他说那是金某让他那么回的短信。最后，法庭组织了双方调解，但当时没能达成一致意见。

休庭后，经过反复协商，金某主动提出他们希望阿飘只收12万元，放弃部分。而且，这12万元由金某偿还7万元，李某偿还5万元，二人负责连带清偿。

经阿飘同意，双方达成了这一协议，并约定该款于 2007 年 12 月 31 日前还清，逾期按同类贷款计息。诉讼费 3000 元，阿飘承担 2000 元，金某和李某承担 1000 元。

协议达成后，双方又到法院请求法庭制作调解书。但在法庭核实双方的协议时，李某对承担连带责任予以反悔，除了承担连带责任外，其余条件不变。

最后，在法院组织下又确认了一遍，各方签了笔录，由法院制作并送达了调解书。

到了 2007 年 12 月 30 日，二人仍未偿还分文。2008 年上半年，阿飘向该法院申请强制执行。

后来，我到成都发展，阿飘执行的事也没能帮上忙。

2010 年 7 月 20 日，阿飘突然给我打来电话，她告诉我，官司打了几年了，向法院申请执行都两年多了，而且已经催了无数次，应收款至今仍未收回一分钱。

从阿飘委托我们打官司到结案，我给她计算了一下，她所支出的诉讼成本已在 15 000 元左右，这样一来，那 100 000 元没有收回来，又倒贴了 15 000 元。但是，作为律师，我们也没有办法，我们提供的只是一个法律服务过程，而无法控制结果。

像阿飘这样的情况现实生活中还有很多，如果不通过法院主张权利，又担心到时过了诉讼时效，而起诉打了官司后，又担心自己判决不能执行。这样的矛盾，我们作为律师也不愿意看到。

但愿，最高人民法院的限制消费令能给阿飘带来福音，能让她的借款执行到位。

不过，我想提醒大家的是，社会很复杂，不要太轻易相信人，特别是什么初恋情人之类的，那都是过去的事情了，千万要学会放下。感情骗子太多了，一不小心就会上当受骗。

19 罪有应得

西西是一个可爱的女孩，家庭条件也不错，路路是西西的小学同学，二人关系一直很好，直到上完初中。

西西与路路真正算得上是青梅竹马，大家都认为他们二人有夫妻相，能够结为夫妻。

1997 年 8 月，经人撮合，西西与路路正式建立了恋爱关系，互相正式以恋人的身份交往。

由于二人从小一起长大，又是同学，关系本来就好，确立恋爱关系后，他们于 1997 年 12 月便举行了婚礼。

当时，路路的年龄尚未达到法定婚龄，但他父亲还是托熟人办了结婚登记。

婚后，小两口关系很好，十分恩爱，甜甜蜜蜜，日子过得很是幸福美满。

1998 年 8 月 2 日，小宝宝降临，为这个本来就十分幸福美满、和谐的家庭又增添了许多欢乐。

有了孩子，两口子的感情更是一路飙升，旁人看了无不眼红。

后来当地有些村民在外带女孩从事色情服务，路路也不甘心在家里待着，他也随着那些老乡一道，前往广东，笼络一些无业女孩，从事色情服务。

在一个偶然的机会里，有一个嫖客嫖宿后，把手提袋遗忘了，里面有大量的现金。

路路眼前一亮，是不是可以换种方式挣钱了？看来这比只提供色情服务挣钱快得多。

于是，在他继续提供色情服务、组织卖淫的同时，偷包的行为一并利用上了。那些嫖客在嫖宿时包被偷了，他们自己腰板不硬，一般不会轻易报案。

老是偷嫖客的包，嫖客自然不敢来光顾了，路路的色情服务生意也开始低落。于是，他们又把目标转向了大千世界，在茫茫的人海中寻找猎物，借机下手。

几年时间，路路完全变了一个人，西西见他把钞票源源不断地寄回来，很是替他担心。在她的追问下，路路告诉了西西，西西知道后希望他不要去干这些坏事，路路就是不听。无奈，西西只好劝他要小心点，最好及时收手，不然“久走夜路容易撞到鬼”。

路路哪里肯听西西的劝说，反而说她是“头发长，见识短”，是妇人之见，是在咒骂他。为此，小两口闹了第一次矛盾。

2001 年 9 月，路路把这些年在外面搞的钱用于翻修父母以前建的住房，并进行了扩建，此后又进行了装饰，估计投入资金 10 万余元，修成了一栋漂亮的洋房。

西西在家担心路路出事，又管不了他，为了不成天提心吊胆地过日子，她只有让自己的生活变得充实一点。在朋友的帮助下，西西加入了啤酒推销的行业，当上了一位啤酒女郎。

虽然，上班时有事情做，西西没有时间精力为路路担心、着急，但是一下班，只要空了，她就很担心丈夫。

不久，与路路一起的亲友在做“业务”时出了问题，被公安局抓了，西西更是替丈夫担心，反复劝他收手，他就是不听。

2003 年 4 月，路路拿回钱又在县城北大街购买了一套面积 120 余平方的住房。房子买了，也装修了，他们不但不差外债，反而借给朋友数万元。

其中，某镇朱某处就借了 2 万余元，另外李某处借了 3 万元，还借给他人这里 5 千元，那里 3 千元，差不多接近 10 万元。

西西与路路结婚这么多年，从来没有争吵过，更没有打过架，只是西西在规劝路路时发生了一点小矛盾。

县城房子买了后，路路的父母也一同搬进城里居住，以便照顾孙子，也方便西西上班。

2004 年，西西发现儿子走路时脚有点跛，带去检查时，医生说是先天性的，没有多大的问题。她想把儿子带到大医院去进一步检查治疗，但自己手里又没钱。于是，她便向某镇那个朱某提出，是不是先还点钱。结果，钱没收到，朱某反而很不高兴，他向路路添油加醋地告了西西一状。

路路知道后很生气，认为西西不该得罪他，他说在某地犯了事，是朱某帮他摆平的，不能得罪他。

为此，路路专程赶回来把西西狠狠臭骂了一顿，并于 7 月 21 日负气离开家，不知去向。

8 月 2 日，西西找到我，希望我能想办法挽回她的婚姻，保住她的家庭。

西西告诉我，她与路路从小青梅竹马，关系很好，婚后感情也很深，丈夫 2001 年因涉嫌诈骗在广州火车站被现场抓获，刑拘了 37 天，花了不少钱，好不容易才放出来。

2002 年在东莞骗钱时也被抓过，同伙还有人被判了刑正在坐牢。因此，她常常替丈夫捏一把汗，成天都担心他出事，她认为钱多钱少没啥不得了的，只要人平安就是好事，她也劝过路路无数次，可无济于事。

现在，为了点小事，她说路路居然要跟自己离婚，自己想不通到底为了什么。

离婚诉状上，路路说西西文化程度低，经常跟他无理取闹，甚至争吵打架，感情一直不好，而且认为西西好逸恶劳，无任何经济收入，还长期打牌，并让他父母侍候西西。

诉状中说，2003 年在县城买了房子后，西西不孝敬父母，还将父母赶回农村。她对待孩子也漠不关心，长期由他父母养孩子。路路提出双方婚前基础不好，系父母包办，未达法定婚龄就办了结婚证，婚后无感情，感情完全破裂，无和好余地。

西西说，不知道路路为啥突然变化这么大，也不知为什么他就这么快向法院起诉离婚了，很突然，她很伤心，找不到路路是什么原因要这样。

由于路路提出离婚太突然了，西西很是伤心，她提交的答辩状内容也非常简单。她答辩时说自己与丈夫是从小一块儿长大，青梅竹马，自由恋爱，婚姻感情深厚，夫妻相亲相爱，儿子活泼可爱，家庭幸福美满，感情没有破裂，坚决不同意离婚。

我接受西西的委托后，根据她反映的情况，到她们婚前、婚后的居住地进行了调查走访。村民证实西西与路路两人从小在一起长大，当时西西是在路路那个村上的小学，他们还是同班同桌，西西也很能干、爱劳动，并不是路路说的好逸恶劳。

村民证明西西娘家和路路家只隔一条河沟，相隔两里路，他们婚后经常回娘家，两口子欢欢喜喜，很恩爱，他们的庄稼地都在路路家附近，他父母原来开的加工房，他们打米、打猪饲料都在路路家，对他们很了解。他们婚后在农村居住的住房翻修时，西西的父亲还去帮了一个月的忙，妈妈还背了农村土特产去路路家。

同时，我们对他们在县城居住的邻居也进行了调查走访，都认为这两个年轻人关系很不错，走路都在打情骂俏，看不出感情破裂的迹象。

法院审理认为："原被告结婚多年，生育了孩子，为孩子读书，在县城购买了房屋，把家迁进了县城，证明双方感情较好，家庭和睦，原告路路要求与西西离婚的理由不能成立，本院不予支持。据此，本院为维护婚姻家庭的稳定，保护当事人的合法权益，为了有利于儿童的健康成长，判决不予离婚。"

我以为法院判决不准许西西和路路离婚，他会回心转意，对西西改变态度，重温旧情，把家庭搞好。但路路却不是那么一回事，他没有一点转变，反而常常不回家，还把外面的三陪女带回家。他告诉西西，他要靠这些女人挣钱，要开发利用这些女人，为他创造财富。

2005 年 4 月 4 日，路路购买了一辆长安铃木轿车，并开始在四川成都搞房地产生意了。但是，他仍常常把外面的女人带回家，并跟儿子和他父母一起吃饭、逛街。

不但如此，路路又以项目亏损为由让那个本来就欠他钱的某乡镇组织委员给他从银行转账 2.7 万元，说这是生意亏损给他借的 2.7 万元，故意编造债务。

2006 年 3 月 8 日，又与他人搞了一个抵押协议，说是把车子也抵押给债权人了。

此后，路路第二次向法院提出离婚，提出在县城买的房子装修时她父母拿了 1.98 万元，又交了水电安装费 0.38 万元，在成都承包工程时向某乡组织委员朱某借款 2.7 万元，工程亏损了 0.6 万元，轿车又抵押给了李某，要求判决离婚，儿子归他抚养，由西西共同分担债务。

西西这次仍然委托我作为她的代理人代理她参加诉讼，西西答辩称，路路既然坚持要离婚，她也不再勉强，同意离婚，但路路与其他异性有同居关系，应承担过错责任，要求赔偿精神抚慰金 3 万元。婚生子是她唯一的精神寄托，应归她抚育，由路路承担抚育费，她告诉我说她不愿去控告路路的罪行，要是他被判了刑，儿子长大了会恨她。

至于婚后，他们投入的近10万元在农村装修和扩建的住房、县城的住房、车子等要求法院依法分割即可，她没有什么特别的要求。

路路一直是一个不安分守己的人，他习惯于拿钱买通关系，搞勾兑，所以在他离婚这件事上，他也是如此，他曾公开扬言，要拿钱给别人，也不把钱给西西，完全不顾青梅竹马的同窗同桌，更不顾一点夫妻情义。

我们向法院提供了大量的证人证言，他们儿子的证言，路路与第三者在一起的照片，证明路路与另外一个女人有不正当同居关系。证人赵某、裴某、张某，证实他们婚后在老家装修房子及扩建的事实，同时向法庭提交了机动车登记证书，证明婚后买了一辆轿车。

遗憾的是，法院认为，对于他们老家的房子产权应以房产证为准，西西举出的证人证言，证明他们婚后出资修配老家的房子，其客观真实性无法查实，不予采信。

西西提出，某乡组织委员朱某欠款一事，路路说已收回，并投入承包工程了，朱某后来从银行打给路路2.7万元，他出具了欠条，西西以自己不知道未签字为由否定相关债务及其处理的事实及理由不能成立。对于在县城的房屋，双方同意估价10万元，予以认可。

至于子女抚养问题，根据规定，父方与母方抚养子女的条件基本相同，双方均要求子女与其共同生活，但子女单独随父母或外祖父母共同生活多年，祖父母或外祖父母要求并且有能力帮助子女照顾孙子女或者外孙子女的，可作为子女随父或母生活的有限条件予以考虑。

原被告之子，长期和父母及祖父母一起生活，父母不在家时均是由祖父母照顾，其祖父母现亦要求，且有能力继续帮助照顾其生活，原告路路要求直接抚养儿子符合法律规定，应予以支持。被告西西作为子女的母亲，应依法承担必要的生活费用。

因此，法院认为应当由原告直接抚养子女，子女由祖父母照顾，房屋应归原告所有，被告西西应得部分由原告折价补偿。原告路路已提供证据证明轿车已抵偿，并交付给他人，抵偿是否有效，涉及案外人的权利，不在本案中判定和处理，被告西西可另行向有关当事人主张权利。婚后共同债务，即朱某处的借款2.7万元，本应原被告共同承担，但鉴定于被告离婚后无住房，且收入不高，无承担债务的能力，故所欠债务由原告个人负担。

最后法院判决如下：“一、准予原告与被告离婚；二、婚生子由原告直接抚育，被告每月支付抚育费200元至其独立生活时（18岁）止，计10年，共2.4万元；三、婚后共同财产，住房一套价值10万元及家具归原告路路所有，原告补偿被告人民币5万元；四、婚后共同债务欠朱某2.7万元，由原告路路偿还。以上各项综合计算后，由原告给付被告西西人民币2.6万元，在本判决生效后，10日内付清。”

判决送达后，西西很不服气，更不甘心。她提出，这个判决有很多不公平的地方。第一，他们婚后根本没有债务，不是他们欠朱某的钱，而是朱某欠他们两口子的钱，那2.7万元明明是还账，可法庭非要认定是对外共同债务，哪怕最终没有判决自己承担同样不服气。那2.7万元其中有一半是自己的，自己表面上是没有偿还共同债务，实际上是少分了2.7万元这一笔共同财产。朱某原来的欠条，在路路离婚前怕被公安机关抓，所以给西西写的账单都交到了法院，路路对于此也是认可了的，而法院却没有采信，显然不公平。

关于车子的问题，既然法院已认为他们车子的抵押协议是无效的，车子仍属于夫妻共同财产，应该依法分割，而法院却让她另案起诉，这又增加了诉讼成本，又得花费大量的时间和精力。农村翻修老房子和扩建，一次、二次打官司都提交了充分证据，完全可以证实，法院却一句话无法查实就不予认可，显失公正。

还有，路路抱着别的女人的照片已提交到法庭，很多人目睹他跟那个女人一路上来来去去，牵着手东走西走，这怎么又成了证人猜测呢？

西西最想不开的是子女的生活费。一般来说是按月、按季度或者按年支付，法院却强行在她应该分得的共同财产中扣除2.4万元。要是以后因某种原因需要变更儿子抚养权，是不是又得申请法院执行回转呢？

在我的劝说下，西西选择了放弃、选择了沉默。怀疑归怀疑，法治社会，必须要讲证据。再说，对于婚外情和婚外同居的事实认定，司法实践中确实把控得很严格，必需证据确凿、充分，否则是很难得到认定的。至于其他问题的认定，只要没有明显的错误和违法，只要说得过去，上诉也没有实质上的价值。

在我办理的案件中，只有确实有把握，必须上诉的案件，我才会支持当事人上诉，没有足够的把握，我一般不建议更不会支持当事人上诉。因为，对于二审法院来说，除非是一审有重大程序违法或者真的是出现了事实上、证据上的硬伤，否则他们不会轻易改判。往往，以“一审判决并不违法”就维持原判了。

但是，如果要改判，上级法院的法官要考虑很多的因素，需要请示汇报、研究，还得顾及一审法院、承办法官的考核、绩效等，他们不在万不得已，不会轻易改判一审判决。

西西听了我的解释和开导，也不想再过多与路路计较，她也表示一旦事情闹僵了，会把他闹翻船，那样对儿子不利，别人还会认为她这个女人狠心。

再说，西西自己从事啤酒推销一个月还可以挣一两千元钱，也不是过不去，只是枉费自己一片苦心，替他提心吊胆那么多年。她说真没想到他会变得如此冷漠和残忍，完全不顾两小无猜、青梅竹马的婚前关系，也全然不顾婚后二人的幸福过去，居然为了一个三陪女如此对付自己的结发妻子。

西西对我说，这样的结果她并不怪我，是她自己放弃上诉的，她说她也知道、看到，我尽力了，要怪只怪自己命苦，遇到了这样不幸的事情，遇到这样一个男人。

西西离婚后，我们很长时间一直没有联系过。

2010 年 8 月，我再次到当地办案，听知情者透露，他们离婚后不久，路路因犯抢劫罪，被法院判处了有期徒刑 10 年，正在服刑期间。且路路家也被抄了，他的不少财产均被没收了。

乡亲们认为路路对不起西西，他太无情了，都说他的财产最终还是没有得到，他是罪有应得。西西已不知去向，儿子无人照顾，跟着爷爷奶奶生活，十分可怜。

20 第四次离婚

刘秀英出生在某县城郊区，人长得也不错，虽 40 余岁了，依然很能干，且有一个裁缝手艺。

遗憾的是，她嫁了一个蛮不讲理，动不动就打人的粗暴老公。

刘秀英的离婚问题，已向法院提出过三次起诉了，都没有解除她的痛苦婚姻。她希望我能帮她，让她早日解脱痛苦婚姻。

我自认是一个有正义感和同情心的人，听了刘秀英的遭遇，深感她的婚姻确实痛苦，既然已经向法院起诉三次都没能离婚，我很想帮她，便答应她试试。

婚姻家庭，关系着社会的发展与和谐，与其他纠纷不一样，法官处理很慎重，律师也不例外。

刘秀英的亲人都认为她的婚是离不了的，并告诉刘秀英，谁有本事让她离婚，就在手心煎蛋给他吃。这足以说明刘秀英这个婚离起来可能真的会很困难。

1989 年 9 月，刘秀英与丈夫王华相识恋爱，1990 年 4 月办理结婚登记。

1991 年 4 月 14 日，生育一子王东，当年她们离婚时儿子 17 岁，就读于某县中学。

二人从相识到结婚只有半年时间。时间短，了解不够，缺乏感情基础。婚后性格不合，常为家庭小事发生争吵，刘秀英经常被打得遍体鳞伤。

王华除打老婆外，还经常打孩子，以至于刘秀英和王东母子常常提心吊胆，在恐惧中过日子，除了忍气吞声就只有躲避，可是无论躲到哪里，给他们提供躲避的亲戚朋友都不得安宁。

刘秀英与王华婚后无法建立起夫妻感情，根本也没有建立起夫妻感情。夫妻关系十分糟糕，根本无法共同生活，大家都无心经营家庭，导致他们结婚20年来都无房居住，也没什么像模像样的生活必备家用电器、用具，家也不像个家。稍有不慎，王华便会对刘秀英母子拳脚相加，以至儿子从小都在父亲的虐待下生活，他深知妈妈的痛苦，支持妈妈离婚。

2002年，刘秀英实在是无法与王华共同生活，她认为自己的婚姻感情彻底破裂了，实在无法再忍受王华的折磨了，依法提出离婚。而在刘秀英提出离婚后，王华成天借酒发疯，对刘秀英威胁、恐吓、逼迫、欺骗，提出如果坚持离婚就要杀了刘秀英母子，还要杀了刘秀英娘家全家。

迫于王华的纠缠、威胁，刘秀英的父母担心王华采取过激手段，干出傻事，只好委屈刘秀英，劝她撤回离婚诉讼。

第一次离婚，便这样在王华的胡搅蛮缠下以撤诉告终。

刘秀英撤诉后，王华没有半点好转，仍是凶神恶煞地对待刘秀英母子，仍不思悔改，变着法儿折磨刘秀英母子。

刘秀英撤回第一次诉讼后，仍没能与王华和好，婚姻反而更加痛苦。

2002年，承办刘秀英离婚案件的法院书记员担任了当地县委书记的秘书，他也深感刘秀英撤诉并非本人自愿。

2004年上半年，王华又无缘无故殴打刘秀英，刘秀英在忍无可忍的情况下，向公安机关报警，公安派出所来调解，劝阻过无数次，都没有任何效果。

王东作为儿子，不忍心爸爸毒打妈妈，自己去劝架，同样遭到爸爸毒打。这不但影响孩子学习，而且影响了邻居安宁，更严重的是伤害了一个幼小的心灵。

刘秀英怕儿子受到伤害，便悄悄把儿子送到亲友家去躲藏起来，王华便跑到亲友家大吵大闹一通后，把儿子强行捆了回来。

从那次起，儿子王东开始希望爸爸、妈妈离婚，他发自内心地希望法院准许其父母离婚，他认为离了婚妈妈才自由，才不会经常挨打，自己也可以避免被爸爸毒打。

2004年，在儿子的支持下，刘秀英第二次向法院提出离婚。当年7月10日，刘秀英的代理律师向法院提交了儿子王东的亲笔信，乞求法院判决爸爸妈妈离婚。

王东在信中说："我爸爸叫王华，妈妈叫刘秀英，我是学生，出生于1991年×月×日，现年13岁。我爸爸、妈妈不团结，他们经常打架，影响了我的学习。前几天，他们又打架，爸爸朝妈妈的头乱打。我去劝，爸爸也打我。他们经常打架，惹得邻居不安，邻居就叫他们别打了。妈妈没办法，只好把我送到大姑家，他知道后便跑去大姑家，把我叫回去，捆着我回家，打得我屁股多处伤疤，我愿意他们离婚，我愿意跟妈妈。”

王东在信中还说：“我妈妈以前离婚，撤诉了以后，我爸爸追着我妈妈打她，还边打边说，要把我妈妈打服降，打得我怕（尽）进得家门。爸爸长期虐待妈妈，也虐待我，打得我妈妈一身病，我去叫外公打 110，爸爸还叫我在法院上说，他从来没有打过妈妈。爸爸今年 6 月 17 日下午回来，妈妈当天就被吓走了，妈妈走后，爸爸就一直虐待我。每天，我放学以后，不管是中午还是下午，他都叫我去找妈妈，也不管我吃没吃饭。他叫我到外婆家去，我不去，他就会打我。晚上，他还叫我多说话，我很晚才能睡觉。如果我不说话，他就要打我。妈妈不在家，他煮的肉我根本吃不成，只能他一个人吃。我还不敢说。他还说妈妈不回来，我就读不成书，叫我出去打工。”

王华在答辩状中却说，他跟刘秀英感情非常好，他自己从不打人，只有老婆打他的份儿。他说 2002 年刘秀英提出离婚，经法庭调解，经他与刘秀英谈心，然后撤诉，刘秀英非要他保证今后不打人，他写了保证。从那以后，他去广东省打工，是老婆、孩子送他上的火车，外面挣的钱交给老婆，“人都没在老婆儿子身边，怎么打人？我说刘秀英念其夫妻恩爱十几年，你在家四方都是叫骂声，我却不能替你遮风挡雨，才招来你的不满，男人吗（嘛），早已放下仇怨，那（哪）里去计较太多，爱你都来不及。刘秀英，放下仇恨吧！我早已将我的身心，全部奉献给你和儿子，我将用生命和鲜血来保卫我的家庭。虽然，你一时被别人蒙上双眼，但你的心是爱着我的，让我们用更加热烈的幸福去走完剩下的岁月吧！通过这一次面对法庭，法官和其他同志的关心，帮助我们家解开疙瘩。我唯能说声共产党好，共产党的官更好。最后，我的要求，我不同意离婚”。

诉讼中，王华不但书面答辩口口声声高呼共产党好，并坚持不同意离婚，而且扬言要用生命和鲜血保卫家园，刘秀英更是连法院都不敢去了。

不但如此，刘秀英面都不敢与王华见，他扬言见了面要打残刘秀英，让她去不了法院。

最后的结果，可想而知，刘秀英不敢去法院，法院也没判决准许他们离婚，而是把她的起诉按撤诉处理了。

2004 年，刘秀英的第二次离婚被法院按撤诉处理后，他们的关系更加恶化，根本无法生活在一起。

2005年、2006年，王华仍然常常对刘秀英实施暴力毒打，真是家无宁日、四邻不安。刘秀英不知向社区领导反映过多少次，也不知被打跑出家门多少次，更加记不清报了多少次警，公安派出所一听说他们打架报警头都疼。

在家无宁日，多次找社区干部、派出所的情况下，王华于2006年1月21日主动制订了一份家庭守则。内容如下：针对一家人思想不统一，说话各据其词的状况制订下列守则：

王东守则：①说话声音不大不小，发音准确，团结妈妈爸爸提高胆量；②改变懒、慢、贪吃、睡、玩，不和不三不四的人打交道；③勤学习，早起晚睡，不挑食，不撒谎，不上网。

王华守则：努力找活干，丢了棍棍就是棒棒，特别是男女关系一经发现，从重处理。

刘秀英守则：今天不讲昨天话，一句话不说千遍，没有及时发现的问题就不说了，不乱咬人，别人说话让别人说，不打断，不犯男女关系。双方在外打工回来，去医院检查性病，没有问题才同房，若单方有，坚决离婚（不分地点）。

2006年1月21日，王华（写）

尽管这个家庭守则是王华主动提出来写的，但是，家庭守则并没有起到任何作用，其照样对刘秀英母子实施暴力，旧病复发。

2006年4月3日，儿子王东实在看不惯爸爸这样对妈妈，他不知道要怎么帮助妈妈摆脱痛苦。于是，他向法院写了封信，希望法院能帮助他。王东在信中说：

敬爱的叔叔、阿姨们：

你们好！虽然我是一个有父有母的孩子，但是我的父亲对我很不好，从小到大，他始终当我是个木偶一样欺负我。小时候，他总是不分青红皂白地打我，那时我还小，所以觉得这没什么。当我长大后，渐渐地了解了他这个人的恶行，他经常叫我自己去挣钱，说我吃他的，用他的，他想不通。他经常说些神经兮兮的话叫人莫名其妙。唉，我和我妈命真委屈，居然和他这种人在一起生活，他又凶又恶，又很自恋，又不讲究卫生，在外面乱来，回来后，我和我妈都要受他的恶气，没办法，谁让他是我的父亲呢！法院的叔叔、阿姨们，我相信你们如果有这样一个父亲，肯定对他也是深恶痛疾的，请你们用最公正、公平的方法来帮帮我这个一直受凌辱的孩子吧！

举报人：王东 2006 年 4 月 3 日

他写好信后，让他妈妈交到法院，让法院的叔叔、阿姨帮他，但是刘秀英怕挨打，根本不敢去法院，只好忍气吞声地过日子。

就这样，他们一直坚持到了 2007 年 2 月。有好几天王华都没有回家，后来经医院检查患了淋病，他坚持要与刘秀英过夫妻生活，刘秀英不同意，双方又打了一架。

同年 4 月 3 日，刘秀英实在无法容忍下去，只好第三次向法院提出离婚诉讼。王华在这次答辩时还是继续表示不同意离婚。

该院审理了刘秀英的离婚案件后，本来完全可以判决准许他们二人离婚的，但是迫于王华的态度，法官最终还是不敢判决准许他们离婚。

2007 年 6 月 21 日，该县法院以刘秀英证据不足，不能证明原被告夫妻感情确已破裂了，判决不准许二人离婚。

对这一判决结果，刘秀英和儿子王东非常不理解，认为法院也不是一个讲理讲法的地方。他们不明白，为什么法院也会让王华胡闹？为什么法官怕纠缠就不顾他们母子的幸福和安危？他们对法院和法官非常不满。

刘秀英第三次起诉离婚后，法院居然出乎意料地判决不准许她的离婚请求。此后，王华简直就是变本加厉地折磨刘秀英母子，根本不思悔改，经常到刘秀英的娘家无理取闹，要打要杀，派出所的人都跑得怨声载道，认为法院怕承担责任，怕王华纠缠，不顾刘秀英母子死活的做法实在不应该，他们也强烈建议刘秀英第四次起诉离婚。

2007 年农历十月、腊月，王华更是蛮不讲理，扬言要让刘秀英的娘家人过不成清静年（意思就是要他们春节都过不好）。

2008 年 2 月，王华再次去刘秀英娘家闹事，说刘秀英父母住的房子都是他的。王华不挣钱，不给孩子学费，不让孩子读书，自己患上性病又不去治疗，反而向刘秀英及娘家人逼要钱财。

为此，刘秀英通过朋友介绍找到我，求我帮她，并表示这次她也用生命来做赌注，反正自己生活失去了信心，生活已经没有意义了。

她告诉我，自己活着没有一点价值，既然不能离婚，与其痛苦地生活，倒不如不活了，这种生不如死的日子，时时刻刻都提心吊胆，担心被王华侵害。她说，既然王华要要不要脸，以死相逼，干脆自己也来赌一把，做最后一次挣扎，如果离不了婚就跟王华在法庭上拼命，反正王华说要杀她母子和娘家亲人，要杀就杀，反正都是死。

我看得出来，她希望我能帮她离婚，为了让孩子健康成长，哪怕是跟王华一命抵一命她也愿意。

接受委托后，我做了大量的调查取证工作，收集了大量证据证明刘秀英与王华不和睦，并收集了他们婚生子王东的几次书信、王华写的保证书、家庭守则，刘秀英被打后公安机关的报警材料，医院验伤证据、照片以及该县法院的前三次受理、审理、裁判的相关证据。

在给刘秀英制作的起诉状中，我恰如其分地阐述了他们的婚姻基础、婚后感情、婚姻感情现状、离婚原因、有无和好可能，并把刘秀英的内心世界坦然地在诉状中反映了出来。

同时，我又将王东自己的亲笔书信拿到他所在高级中学当着他老师的面进行了核实，并作了相关调查。王东流着泪，回忆这十几年来他们母子的遭遇，伤心地向我反映他妈妈的不幸，无助地请求我想办法让他母子摆脱这痛苦婚姻，他坚决支持他妈妈离婚，并坚决不跟随他爸爸生活。

2008 年 5 月 17 日，该县法院第四次开庭审理了刘秀英的离婚诉讼，我们也邀请了该县妇联领导来旁听本案，并请求公安协助。

这次开庭，王华没有再提交书面答辩，也没有以前那么激动和冲动了。当我代为宣读诉状后，王华有点不耐烦，对我产生了强烈的反感，并欲对我纠缠。

我见状，马上对他说："你莫激动，等会儿你慢慢说，直到我说完为止，有的是时间给你说，如果你听完我的发言，觉得我说得不对，你再找我不迟。"

好不容易，王华才不说了，坐在那里听我说。我把握住机会展开攻势，对他进行了发自内心的劝说，对他动之以情、晓之以理，把所有都往他儿子身上归结。让他多替儿子想想，莫毁了儿子。在我的劝说下，王华终于同意可以离婚，但是儿子必须跟他。见他松了口，同意离婚，我们立即抓住机会，给他做了大量工作。

王华表示儿子是自己的儿子，一定会对儿子好，以前对儿子不好，以后一定得改正。我深知王东是不会轻易同意跟他生活的，现在要让刘秀英解除这一痛苦婚姻，必须从他儿子王东这里做好动员工作。

法官、刘秀英都劝王东跟他父亲，但他都不同意。我单独找王东谈，我告诉他，十几年你来妈妈都生活在水生火热中，他如果愿意帮助妈妈，可以委屈一下，换取妈妈的自由，妈妈为了摆脱这一痛苦婚姻，花了长达 6 年时间经历了四次离婚诉讼，是多么的艰难，好不容易你爸爸同意离婚，如果你不同意跟他，恐怕你们母子又会痛苦很多年。

再说，我告诉他，你爸爸对你不好，与他们婚姻关系不好也有关系，既然你爸爸同意离婚了，婚姻关系不存在了，只有你父子二人相依为命，他不可能像以前那样对你。

特别是，我告诉他你现年已 17 周岁，很快你就是成年人了，跟谁都不重要，重要的是摆脱这种痛苦的生活，如果你爸爸对你不好，你可以报警，可以来找妈妈，那样情况就不一样了。

终于，我说服了王东同意跟随父亲王华生活。王华当庭保证，一定要对儿子好，要不儿子随时可以跟他妈妈。

最后，法庭当庭制作了调解笔录，并当场打印、制作、送达了民事调解书。

2008 年 5 月 27 日上午，刘秀英的痛苦婚姻，通过长达 6 年 4 次诉讼终于解除了，大家都长长地舒了一口气。

后来听说王东没有上学了，他跟随王华外出务工去了，父子俩的关系也彻底得到了改善。

这个离婚案件仅仅是这些年我办理的离婚案件中的一件，我办理了很多的婚姻家庭案件，特别能理解在这种痛苦婚姻中的女性。过去，为了婚姻家庭的和谐稳定（一些地方也打着这样的借口），当事人连续多年起诉离婚，法院都判决不准离婚。

随着《民法典》的颁布实施，这个现象应该能够得到改善了。因为《民法典》第 1079 条已经明确规定，第一次起诉离婚，法院判决不准离婚的，双方又分居满一年，一方再次起诉离婚的，应当准许离婚。

21 赌博引发抢劫案

赌博，确实害人不浅！

涉案当事人晓刚是四川人，家庭贫困，且有点凄凉。

从晓刚的村社及乡政府出具的书面证明上，可知晓刚在四个月大时就被亲生父母抛弃。

好心的养父收养了晓刚，养父是残疾人，他 13 岁时养父也离开了人世。爷爷、奶奶很心疼晓刚，特别是奶奶更疼他。

养父离世后，晓刚跟随爷爷、奶奶一起生活，靠这两位老人把他养大成人。爷爷精神一直很不正常，在当地大家叫他癫老头。养父去世 10 周年时，爷爷突然发癫，自己在家玩火，把家里的房子烧了，自己在这场大火中被活活烧死。

2007 年，晓刚在外面务工，认识了一位重庆开县（今开州区，下同）女孩，在他的穷追猛赶下，女孩最终被他征服，成了他的妻子。老婆比他小三岁，叫小萍，长得非常漂亮，很具有女人的气质，是众多男生眼中的白雪公主。

2007 年，他带着小萍回到老家。他的家在山上，人们看着晓刚这样的处境和家境居然带回来这么漂亮的一个大美女，简直都不敢相信。

不过，事实胜于雄辩。晓刚的确带回了一位漂亮的重庆美女，并且还怀揣着民政婚姻登记机关为他们颁发的大红本本。

晓刚家里只有 80 高龄的奶奶，一人住在山上别人施舍的破旧房子里。因此，他们不可能在家里待上多久。

不久，晓刚把小萍送回到重庆开县让她在娘家居住，自己外出务工挣钱。

2007 年下半年，小萍为晓刚生下了一个活泼可爱的女儿，奶奶得知孙子当了父亲，心里很高兴。

2009 年上半年，小萍又为晓刚生下了第二个女儿，一家五口在一起共同生活虽十分困难，在一起的时间少，但是晓刚经常把老婆孩子接回来看望奶奶。

奶奶 80 岁高龄，虽然身体不太好，但是她并不希望孙子晓刚长期留在身边，她坚持自己照顾自己，让孙子出去打工挣钱，以改变他们小家庭的生活状况。

2009 年下半年，晓刚在外面挣了点钱，准备回家学一门技术，方便就近挣钱，以便照顾奶奶。

在他人的介绍下，他到了邻县某驾校去学习汽车驾驶。

本来，晓刚学习汽车驾驶应该是一件好事，奶奶和老婆孩子还在期盼他早点考取驾驶执照，早点挣钱让一家人住到一起，享天伦之乐。

驾校离晓刚家有一百多公里，他只好住在驾校。在驾校晓刚认识了一起学车的邻县另一位女孩，两人不久便有了感情，他的什么东西都让这个女人保管。

一般来说，他们白天练习驾驶，晚上休息。晚上的日子特别难熬，在他人的提议下，这一帮住校的学员在驾校里搞起了赌博。

2010 年 3 月 9 日上午，晓刚他们又不学车，窝在驾校无所事事，于是买来扑克牌，在学员宿舍里，搞起了赌博。

当天上午，晓刚、彭某等人在驾校以“扎金花”的方式开展赌博活动，另一学员张某中途也前来参加。

张某自己带了一副扑克牌来，他要求晓刚几人换一副扑克牌继续打。

当时，有人对张某产生怀疑，便将他带来的扑克牌扔了。

张某把扔了的扑克牌捡起说：“你们的扑克牌已经玩烂了，早该换了，我这是一副新的。”

这时，张某仍坚持要来参与赌博，大家觉得都是一个驾校的学员，便同意让他参与，并用他的新扑克牌。

当天，在玩扑克牌的过程中晓刚输了 750 元左右，另外一人输了几百，其他人也输了一些，彭某输了 300 来元又赢回来了，但晓刚并不知道他赢回来了，好像只有张某一人赢了。

后来，有一个晓刚不知道名字的人说张某拿来的扑克牌上有记号，说他打牌时使诈。

大家对这个事本来也没有在意，一直到了第二天。彭某告诉晓刚，他把张某打扑克牌使诈的事情告诉了唐某，唐某表示要教训教训张某。

晓刚当时说教训就教训嘛，他没有反对，也没有提出其他要求，认为既然张某打牌使诈，教训一下也应该。但是一连好几天，他们都没有看到张某到驾校来。

在 2010 年 3 月 15 日，11 时 30 分时，也就是“打假”这一天。晓刚他们也决定“打假”，晓刚和彭某看到张某出现在驾校后，便招呼唐某去找张某，教训他一下，也去“打假”。

与唐某在一起的还有李某、王某及另外一个不认识的驾校学员，他也一同去学员宿舍楼找张某。在驾校三楼的宿舍里，唐某让晓刚把宿舍的窗子关了，又叫另外一个学员把门关了。

唐某让张某站起，并说他在打牌时搞了小动作，用欺骗手段赢了钱，现在给他一分钟的时间考虑，让他自己说怎么办？

张某站在那里没有说什么，唐某和晓刚便叫张某拿 1500 元钱出来，说退了本钱剩下的钱大家一起吃饭。

张某并不表态，唐某、晓刚、李某、王某、彭某五人便开始抓扯张某。

后来，通过讨价还价，张某同意拿出 1400 元，其中退晓刚和彭某 1100 元，张某再多出 300 元，大家一起吃饭，以化解矛盾。

当时，他们认为毕竟是一个驾校的师兄弟，也没有必要搞得太僵了，张某拿几百元大家一起吃个饭也就行了。

可是，张某身上没有带这么多钱，只有一张银行卡，一个手机，现金只有几十块。

张某手上带着一枚戒指，唐某和晓刚要求张某把戒指取下来作为抵押，张某不情愿，在他们的强迫下，张某便将戒指取下来，放在唐某处做抵押，约定把 1100 元钱拿回来退了就还他戒指。

没多久，张某便叫了几个人到驾校，准备找唐某和晓刚他们的麻烦。

当天下午，驾校的罗校长知道这件事后，便叫驾校的赵主任去处理一下。赵主任把张某叫到办公室里问了一下情况，张某说唐某和晓刚把他的戒指拿了，他们就去找晓刚。

当时，赵主任找到了晓刚，得知戒指在唐某处，便又通知了唐某。唐某到了赵主任办公室，双方发生争执。经赵主任调解，张某承认退 600 元，唐某便把戒指还给了张某。

但是，张某还是说身上没有钱，就说把身份证拿给赵主任抵押，赵主任当时没有接张某的身份证。这时，双方又争执起来了，赵主任又把张某的身份证拿到手里，等唐某他们走后，赵主任就把身份证还给了张某。

事后，张某向派出所报案。2010 年 3 月 15 日 15 时许，该县公安局在唐某等所在的驾校将唐某、彭某、李某、王某抓获，涉嫌罪名为抢劫罪。

晓刚当时回到老家，并不知唐某几人被抓。

3 月 21 日，张某的亲人在四川省大竹县将晓刚抓住，狠狠地打了一顿，并提出条件，如果晓刚拿出 10 000 元钱出来摆平，就不追究他的责任，否则就把他送到公安机关。

晓刚认为自己没有犯罪，自己又确实拿不出 10 000 元钱来，张某的亲人便报了派出所，晓刚因此被抓获。

3 月 22 日，晓刚被公安机关刑事拘留，4 月 13 日被执行逮捕，但是相关法律文书晓刚并没有收到。

话说，晓刚进了驾校，突然与小萍断了联系，小萍很担心晓刚，便回大竹县看望他。

没想到，小萍回到山上家里，奶奶抱着小萍一阵痛哭，这时小萍才从奶奶口中得知晓刚出事了。奶奶说晓刚是她的命根子，她求小萍帮助晓刚，一定要让他回来。

得知丈夫出事了，小萍十分伤心，她不相信自己的丈夫会去抢劫，不相信这是真的。为了奶奶、两个女儿，小萍咬紧牙关，强忍着悲伤，踏上了去为老公维权的艰难历程。

但是她根本不知道老公出事的县在哪个方向，怎么坐车去她都不知道。她认为应该先赶到县城，再打听怎么去老公学驾驶的驾校。

可是，他们住的山区离重庆开县较近，但到县城还有好几十公里，而且交通又十分不方便，很难坐车，要通过东转西转才能赶到县城。

在到县城的途中，有一段路一直坐不到车，小萍又热又饿，心里担心极了，真不知道该怎么办。

她在公路边上等了好几个小时，都没有见到一辆客车，也不知道是怎么回事。拦了无数过路车，都没有停。

一直到天快黑了，一辆黑色的轿车驰过，小萍忍不住向该车招手示意。

这次，该车终于停在了小萍的面前，问明她的去向后同意带她去县城。

这辆轿车里坐的是一对中年夫妇，一路上他们很关心小萍，不停地问这问那。通过交流，他们知道了晓刚的事，便主动提出帮他。

在他们的帮助下，小萍知道了晓刚的详细情况，并且得知公安机关没有通知他是因为他们通知错了人。

在晓刚被抓后，公安机关在晓刚的手机里翻到一个备注为老婆的女人，公安机关以为这个女人就是晓刚的老婆，当时通知的就是这个女人。

而这个女人正好是晓刚在驾校认识的女人，得知晓刚被抓的事情后保持了沉默。

虽然如此，他毕竟还是自己老公，他始终还是两个女儿的父亲，家中 80 岁高龄的奶奶还在盼着晓刚回家。小萍咬着牙、忍着痛，继续关注着晓刚的案件。

2010 年 6 月 3 日，经晓刚的一位表兄介绍，小萍找到了我，他的表兄是我同学，我答应尽力帮他。但是，结果我无法预料。不过，我对该案的见解让他们很有信心。因为我认为晓刚的行为不构成犯罪，有争取的价值。

最后，他们决定委托我担任晓刚的辩护人。办理相关委托手续后，我开始为其开展辩护工作。因为我是成都的律师，不在当地工作，办起案件就没有什么顾虑。

2010 年 6 月 8 日，我到当地县检察院联系公诉人，送交了相关法律文书后领取了公安机关的起诉意见书复印件。当我要求查阅，复制相关材料时，被告知公诉机关对此案尚未研究，证据材料尚不能查阅、复制。

当天上午，我又持相关文书到了该县看守所会见了晓刚。在看守所，我会见晓刚后，对他制作了会见笔录。

我介绍了我的身份情况后，开始问询：

问：“你是什么时间被拘捕的？”

答：“3 月 21 日抓的，4 月 13 日逮捕的。”

问：“你知不知道你为什么被关押在这里？”

答：“为打架，他们告我抢劫。”

问：“为什么打架？”

答：“为打牌，那个人搞了小动作，张某搞的小动作。”

问："公安机关的起诉意见书你收到没有？"

答："没有，内容也不知道。"

问："那你知不知道公安机关给你定的什么罪名？"

答："涉嫌抢劫罪名。"

问："你对这个罪名服不服？"

答："不服。"

问："为什么你不服？"

答："是他搞小动作后，喊社会上的人来，又经过驾校的。"

问："你把打牌的情况说一下。"

答："3 月 10 日左右，我们在打扑克牌，张某要求也来，并要求换牌，后赢了 2000 多元，我输了 700 多元，彭某输了 300 多元，另外几个也输了。他走了后，隔了三四天才来驾校，我们才去找得他。"

问："你对这个起诉意见的内容服不服？"

答："我不服，我肯定不是抢劫，经驾校办公室的人调解过，他也承认退钱，戒指也是自己取下来的，也没有哪个在他手上取。"

问："当时是谁提出去找张某的？"

答："唐某说要去找张某，要求他退回赢我们的钱。这个主意不是我提出的，是彭某跟唐某说的，唐某说的去找张的麻烦，让他退钱。"

问："你有没有打他（张某）"

答："有，唐某最先打，我也打了的。"

问："你们打他的目的是什么？"

答："唐某把他喊到三楼，问他，兄弟，你洗了我兄弟的钱，你说怎么办？张没出声，唐某才打得他。"

问："你们有没有要挟他拿 1500 元？"

答："有，是我提出来的，因为我输了 700 多元，彭某输了 300 多元，加起来一共 1100 元，我让他出 400 元生活费，也让张某一起吃饭，大家交个朋友。最后张某说多了，唐某跟他讨价还价，唐某说 1400 元，张某说 1300 元。当时没有拿钱，他身上没有，张某承诺 3 天以后给。"

问："你们抢他 1100 元的铂金戒指是怎么回事？"

答："当时，他说要 3 天后才能拿钱，我要求他拿一样东西做抵押。他同意后，自己取下来，交给我们的。后来他请了七八个社会上的人来，驾校办公室调解了的。”

问：“驾校办公室是怎样调解的？”

答：“张某在驾校办公室当着面承认，下午退600元，说下午6点前退钱，戒指当时就给他了。”

问：“你们当时有没有找张敲诈他的想法，让他多拿钱出来？”

答：“没有。多拿200元，拿1300元是张同意的，我们是让他多拿钱出来一起吃饭，交朋友，免得大家一个驾校的师兄弟结下矛盾，他当时也同意了。”

问：“你被抓后，公安机关向你们询问了几次？”

答：“3次，检察院提审了一次。”

问：“公安机关在询问时，有没有刑讯逼供？”

答：“没有，只是我一天没吃饭，晚上连续问不让我睡觉，有威胁的口气。”

最后，晓刚说张某父母带人来抓他时要10 000元，如果他给了就不送到派出所，他说他答应了，但没钱给，就被送到派出所来了。

会见了晓刚后，我离开看守所，陷入了沉思之中。

为什么晓刚被关了这么久，他居然没有收到相关刑拘、逮捕的法律文书呢？

6月28日上午，小萍从重庆打来电话给我，告诉我该县法院去电话问他们有没有请律师，如果请了把律师函送去。

接到电话，我觉得奇怪，我去检察院阅卷，公诉机关不同意，结果这么快就起诉了。当天下午，我专程赶到该县法院，提交了委托书、律师事务所公函，并复制了相关证据。

6月29日、30日，未能会见晓刚。

我复制到相关证据后，结合公诉机关的起诉书副本，我认为他们把我的当事人晓刚列为第一被告人，有一些问题还需要进一步落实。

比如，大家都表示找张某是为了教训他和找他退钱，那么这样的行为是否构成犯罪呢？

他们多要300元的目的到底是干什么？如果真是拿来大家一起吃饭，又算不算是抢劫呢？

那个戒指，到底是拿来干什么的？是不是张某自己取下来的？我认为这些问题都有必要仔细研究一下，所以决定再去会见一次晓刚。

7月1日，那天是星期四，天气晴朗，气温特别高，我专程赶到该县看守所，第二次会见了晓刚。

我见到晓刚后，问他收到公诉机关的起诉书副本没有，有什么意见？

他回答，有意见，他说起诉书副本上说是他喊其他人去找的张某，他说没有喊。他说，彭某、唐某、李某、王某是用一个车学驾驶，他们是同一个教练，而自己是另一辆教练车，是另外一个教练。

他们输了钱，是彭某跟唐某说的，唐某说的去找张某退钱，五个人中只有他和彭某打了牌的，其他人是去帮忙喊退钱。

问："你们找张某的真实目的是什么？"

答："喊他退钱。"

问："你们打他的目的是什么？"

答："喊他退钱。"

问："你们在喊他到三楼，打他之前有没有看见张某手上的戒指？"

答："打了之后才看见他手上有戒指，我们让他把戒指拿来做抵押。"

问："当时是谁让他拿戒指做抵押的？"

答："唐某，拿来后也是放到他那里的。"

问："你们输了1100元，为什么要他拿1500元？"

答："我们让他多拿几百元是为了大家一起吃饭。"

问："你们要这1500元是打之前还是打之后？"

答："是打了之后，打他时只是想让他退钱。当时没想到让他多拿钱，打后才想起让他多拿几百元的。"

问："你们为啥要他拿1500元？"

答："当时我们认为张某赢了2000多元。"

问："你们为什么怀疑张某搞了小动作？"

答："因为他连续赢钱都是同样的大牌，当时他来打扑克牌时是自己带的牌，他坚持要求换新的扑克牌，就因为换了他的扑克牌，我们才输的钱，所以怀疑他搞了小动作。而且，后面他自己也承认了。"

正好，在我当天会见晓刚时，该县法院通知我，该案7月8日开庭。

7 月 2 日，我正准备离开该县回到成都时，该县法院又临时要求我通知晓刚的老婆小萍下午参加该案民事部分的调解。

为此，我又马上通知了小萍，幸好小萍当天在县城，得知要调解，当即赶过来。

我建议联系一下以前给他帮忙的那个厂长，看能不能陪她一起来，我知道要调解她是拿不出钱的，看那位厂长能否帮帮她。

果然，小萍与那位厂长及他弟弟一同来到该县，下午我们去该县法院参加了调解。

当天下午，该县法院刑事审判庭庭长亲自主持调解。张某没有前来参加，而是他父母和亲友来的。他父母表示，只要他们愿意民事赔偿，就可以谅解晓刚他们，请求法院从轻处罚，否则要求严惩。同时，他提出不希望这件案件处理了，他们一家人与这五个被告人成为仇人，要求大家不再追究。

对于赔偿问题，首先彭某在公诉机关起诉前就已经达成了单方面的协议，并赔偿了经济损失，张某的亲人表示了谅解，起诉书中也予以明确载明了。

当庭得知，他们为了抓这几个人，报案以及张某被打后进医院检查花了 1000 多元，总共花了 2000 多元，他们提出要求赔五六千元。

经过反复协商，张某的父亲同意每人赔偿 1000 元，便谅解这五个被告人。当时，大家为了得到谅解，就算是千万个不同意，也只好答应了每人赔偿 1000 元。

法庭要求当庭兑现，可小萍根本拿不出来钱，幸好我让他请来了那个厂长，该厂长帮她垫了 1000 元。

事后，听说彭某已赔了张某不少钱，这下又获赔好几千元。

张某打扑克牌搞了小动作，最后赢了钱，这些要求退钱的人钱没退回来，反而被抓来关起来了，张某虽挨了打，可答应退钱最后还是没有退。这下他被打了花了 1000 多元，报案抓人花了一些成本，又让这几个赔了几千元，看来还是他赚钱了。

7 月 7 日，我和小萍，那个厂长及他夫人、兄弟一起赶到该县。7 月 8 日上午，法院开庭审理此案。

当日上午 9 时整，该案在该县法院准时开庭。晓刚是第一被告人，我的辩护席自然在第一位。

庭审中反映出，当时张某确实承认打扑克牌搞了小动作，而且戒指是他自己取下来做抵押的，多要 300 元是为了大家一起吃饭。这些事实经过公诉人、几个辩护律师反复发问进行了再三确认。但是，这些都没有引起公诉人和法官重视，只有一个方面引起了大家的重视，那就是彭某在当庭承认他输了 300 元钱，最后又赢回来了，也就是说实际上他根本没有输，而大家都以为他输了。

对这一事实，他没有告诉晓刚、唐某等人，相反，大家在算输了钱的数额时跟他计算的 300 元，他并没有反对。

对于这一点，我当庭也提出来了。我认为，如果他不对唐某说他输了 300 多元，晓刚输了 700 多元，或许唐某就不会说去教训张某，仅仅是晓刚输了，或许就算了，唐某以前根本不认识晓刚。当时晓刚只认识彭某，他们是老乡，而他们几个人与晓刚不是同一教练，晓刚不认识他们。

另外，在法庭上我提出公安机关的讯问笔录，如果根据最高人民法院的非法证据排除规则，他们不是分别在讯问这五个被告人，严格说来不应作为定案的根据，至少可以说该证据有瑕疵。

我在阅卷的时候发现，同一名办案警官同时在讯问多名被告人，时间交叉、重合较多。

而另一辩护人却认为是公安机关人为在搞案子，是故意弄出这个刑事案件的。

对我的意见，公诉人予以承认，但对另一辩护人的意见，公诉人十分反感，并当庭指责，法官也似乎不接受辩护律师的意见。

在发表辩护意见时，我提出了两个观点：一个是晓刚的行为不构成犯罪；另一个是如果他构成犯罪也应从轻、减轻、免除处罚。为了说服法官和公诉人，我准备了书面的辩护词，在辩护词中，我提出：

首先，根据我国刑法的规定，抢劫罪是分布在侵犯财产罪这一分类之中的，属于财产型犯罪。抢劫罪，是指以非法占有为目的，以暴力胁迫或者其他方法，强行劫取财物的行为。因此，是否具有非法占有的目的，是抢劫罪入罪的前提，强行劫取财物是该犯罪行为的表现方式。

其次，从抢劫罪的特征来看，它侵犯的客体是复杂客体，亦称双重客体，即不仅侵犯了公私财产的所有权，同时也侵犯了被害人的人身权利，往往会造成人身伤亡。

我国刑法将抢劫罪作为一种最严重的侵犯财产罪，列在侵犯财产罪这一章之首，抢劫的最终目的是对财物非法占有，只是在使用暴力、胁迫或者其他方法侵犯公私财产所有权时，侵犯他人的人身权利。

客观方面，行为人必须实施了对公私财物的所有者、保管者或者守护者当场使用暴力、胁迫或者其他对人身实施强制的方法，立即抢走财物或者迫使被害人立即交出财物的行为。判断犯罪行为是否构成抢劫罪，应以犯罪人是否基于非法占有财物为目的，当场是否实际采取了暴力、胁迫或者其他方法为标准。

主观方面只能是直接故意，并以非法占有公私财物为目的。如果行为人只是抢回自己被他人非法占有的财物，而不具有非法占有他人财物的目的，则不构成抢劫罪。犯罪主体为一般主体。

因此，是否构成抢劫罪，首先，我们要判断被告人是否具有非法占有的目的？其次，是看实施暴力、胁迫或者其他方法侵犯他人人身权的目的是否是为了实现非法占有公私财物？另外，是否是当场施暴，当场劫取财物？行为人所针对的财物对象是否是自己被他人非法占有的财物？

关于对本案事实的理解和认识。本案被告人及被害人是同一个驾校学员，互相认识，属于师兄弟关系，往日无怨，近日无仇，没有任何矛盾和冲突。本案的起因是赌博这一非法行为所致，若仅是赌博了也不会发生这一案件。发生本案的关键原因是被告人晓刚、彭某怀疑被害人张某在打牌时搞了小动作，也就是使诈出老千。

2010 年 3 月 15 日之前，唐某得知受害人赌博使诈时，明确告知其余几个人是去教训张某，而目的是让他退钱。3 月 15 日当天，张某来到驾校后，晓刚去叫唐某的目的是告诉张某来了，并且希望去找他退钱。所以，无论 3 月 15 日前还是当天，他们找张某的目的都是为了退钱。

3 月 15 日当天，他们几个被告人打了张某是事实，但当时打他的目的也是为了让他退钱，而不是为了抢劫。如果他们有抢劫的目的和故意，那他们就不会只是让张某把戒指拿去做抵押，并跟他讨价还价。事发当天 16:30 张某接受县公安局询问时，（在第 3 页倒数第 2 行）也承认唐某和晓刚是要他拿钱吃饭，而不是对他实施抢劫。

我个人认为他们几个被告人与受害人同为一驾校的师兄弟，无冤无仇，被告人晓刚、彭某怀疑张某赌博时使诈，搞了小动作而要求他退钱。虽然，他们只输了 1100 元，却通过讨价还价要 1400 元，这多出的钱从双方的材料中都可以反映出是为了大家吃饭。3 月 15 日，晓刚看到张某来到驾校去喊唐某，其目的是告诉他张某已经来了，可以去找他退钱了。他们找到张某后，把他喊到了楼上，虽然对他实施了暴力，但实施暴力的目的不是为了非法占有张某的财物，而是要他退还赌博赢去的钱。

由于张某身上没有现金，所以，他们要求退本钱的目的都没有实现，只是得到一枚戒指做抵押，如果他们具有抢劫的目的和故意，对于他这一枚戒指就应该非法占有，不会用来抵押，更不会答应还给他。事后，讨价还价约定 1400 元钱亦未兑现，本案已经案发。

因此，我认为本案被告人晓刚的行为不应构成犯罪。

首先，我们从他们行为的目的和动机来看，晓刚与彭某二人输钱，并认为张某搞了鬼，他们无论谁告诉的唐某，也不论唐某是谁喊去的，但有一点很明确，他们为的是找张某退钱。这一目的与抢劫罪的犯罪目的不一致，一个是非法占有公私财物的目的，一个是想收回自己本钱的目的，这两个目的不能等同。

其次，看他们的手段，他们打人是事实，也肯定是不对的、违法的。在 7 月 2 日的民事调解部分，几个被告人的家人已为他们的打人行为进行了赔偿，并得到了受害人一方的谅解。但是，我们要看到，他们打人的目的同样是为了让张某退赌博赢了的本钱，并不是强行夺取、索取、搜取他身上的其他财物，就连他手上戴的戒指也是实行暴力后才发现的，也仅仅是让他拿来抵押，无非法占有之意。如果他们真有非法占有他人财物的目的和故意，不可能还让他把钱拿来换戒指，戒指完全也可以作为抢劫的对象，而事实上他们并没有这么做。这足以说明他们施暴的行为也只是为了让张某退钱，而不是抢他财物。

就本案而言，晓刚等人只是为了拿回被张某用赌博手段占有的钱款，当然不具有非法占有他人财物的目的，因此也就不能构成犯罪。本案中，晓刚反映自己输了 750 元至 800 元，彭某输了 300 多元，两人相加 1100 多元，他们通过讨价还价，而最后确定 1400 元。且，这 1400 元也不是当即就能取得，还给了张某期限，这也不符合抢劫罪的当场施暴、当即劫财的特点。

更为重要的是，对于这多出的 300 元，受害人及几位被告人都一致认可是用于大家一起吃饭，为的是化解双方的矛盾，同样不符合抢劫罪的要件，充其量可认为是敲诈。但仅仅 300 元，也不够敲诈的犯罪标准。而且，敲诈也是以非法占有为目的，他们的行为敲诈也够不上。

对于抢劫赌资按犯罪论处的理论本代理人认同，但是对抢劫赌资以犯罪论处是有条件的，并不是只要你抢了赌资就该以犯罪论。这不但有理论上的支持，更有法律上的支持。

2005 年 6 月 8 日，最高人民法院公布的《关于审理抢劫、抢夺刑事案件适用法律若干问题的意见》（法发［2005］8 号）第 7 条第 2 款明确规定："抢劫赌资、犯罪所得的赃款赃物的，以抢劫罪定罪，但行为人仅以其所输赌资或所赢赌债为抢劫对象，一般不以抢劫罪定罪处罚。构成其他犯罪的，依照刑法的相关规定处理；……"这一条的"但书"非常关键，就是本辩护人认为我的当事人晓刚不构成抢劫罪的法律依据。

本案晓刚的目的未能实现（换言之，就算构成犯罪，也应当属于犯罪未遂，只是我不便于直接在法庭上这么说），案发后的积极表现值得合议庭重视。这一点，一般来说根据本辩护人前面的理论是在对晓刚做无罪辩护，再说这一辩护观点，似乎有点自相矛盾。但是，为了尽最大可能保护当事人的合法权益，即使有矛盾也应表达出来。这是什么观点呢？那就是，本辩护人的无罪辩护如果法院不予支持和采纳，即便是认定晓刚有罪，那么根据本案发生的前因、后果，及社会危害程度，加上受害人的自身过错，也应对其从轻或减轻处罚。

对此，我提出几点：第一，晓刚一贯表现良好，从无违法犯罪记录，这是初犯。第二，他的行为是因为自己输钱，又怀疑张某使诈骗钱，而引起，主观恶性不大。加之，他从小就没有父母，靠奶奶养大，奶奶 80 岁了，卧病在床，爷爷去年因火灾又被烧死，尚有两个孩子年幼，妻子又无职业，是觉得自己遭了冤枉，被骗了，想收回本钱而引发此案，法律无情，人有情，请法官予以考虑。第三，无论晓刚具有什么目的，但任何目的都未实现（我这里是想表达就算构成犯罪，也是犯罪未遂），这一事实客观存在，公诉机关在起诉时也是予以陈述了的。

还有，无论晓刚是否构成犯罪，他对整过事情经过能够如实承认，具有坦白的表现，他对行为性质的辩论，并不影响他坦白的事实，依法敬请从宽处理。无论晓刚的行为是否构成犯罪，他已深刻认识到自己的赌博行为的违法性和对张某施暴的行为的违法性，并通过本辩护人转告其妻子积极对受害人给予了民事赔偿，并得到了受害人的谅解。他们的行为是在驾校发生，而且是在驾校学员宿舍内，并非公共公开场所，没有在大庭广众之下，具有隐蔽性，社会影响不大，社会危害程度并不严重。

基于以上意见，我认为晓刚的行为即使需要追究刑事责任，依法也具有从轻、减轻的法定情节。望法院根据本案事实，结合法律规定，客观公正地对晓刚的行为作出评价及处理。即使他的行为达到了处以刑罚的程度，本人认为对其宣告缓刑已足以令其改过自新，重新做人，真正体现人性化司法。

我发表辩护意见时，法官和公诉人都要求简单一点，所以我没有完全照书面辩护词阅读，而是选择重点发表，并将书面的辩护词当庭提交到法庭。我发表辩护意见后，旁听的百余公民都认为我说得合情合理、有理有据，都投来了赞赏的目光，还有当事人家属在旁听席上鼓起了巴掌，结束后对我表示支持。

其余几位辩护律师听我发表了无罪辩护意见，马上改变了辩护观点，并当庭借阅了我准备的辩护词，作为辩护发言的参考。

案件一直审理到下午一点多钟才结束，当天没有宣判。

7 月 30 日上午，有消息说判决下来了，晓刚被判了一年半，唐某被判了一年，其余三人各判了半年。果然，当日上午，法院给晓刚送达了判决书，下午也给我送达了判决书。

该院审理认为："晓刚等人为了要回赌资，采取暴力手段，抢劫他人财物，其行为构成抢劫罪，公诉机关指控的罪名成立。五名被告人案发后积极赔偿了被害人的经济损失，且认罪态度较好，有悔罪表现，可酌情从轻处罚。辩护人的无罪辩护观点与本案查明的客观事实不符，其无罪辩护观点本院不予采纳。辩护人对其减轻处罚的观点于法有据，本院予以采纳。"

该院最后判决，五名被告人构成抢劫罪，晓刚被判处有期徒刑 1 年 6 个月，并处罚金 2000 元。

判决收到后，一方面我觉得判决得比较满意，因为抢劫罪的起码刑期就是三年，而本案法院认定晓刚构成了抢劫罪，只被判了一年半，已经是减轻判处了，好像应该满足了。另一方面，我个人还是坚持认为不应该构成犯罪，根本不应该定罪处罚。不过，其他几个被告人的辩护律师告诉我，都不希望上诉，因为他们只判决了半年，担心上诉对其当事人不利。

其实，我记得在学习时，专家们说上诉不加刑，还包括不得撤销原判后发回重审时加刑。也就是说，他们担心二审法院虽然不加刑，但是二审法院要是发回重审，一审法院一不高兴，加重处罚就麻烦了。

我从事律师业务这么多年，很多怪事都遇到过，确实没有足够把握二审法院不发回重审，是否上诉，由晓刚本人决定。

8 月 5 日，在判决书收到后我第三次会见了晓刚。当天，我与小萍一道前往该县看守所，小萍给晓刚交了 100 元钱，我去会见了晓刚。

我依法会见晓刚，目的是听听他对判决的意见。

问："判决书收到了没有？"

答："7 月 30 日送达的。"

问："你对判决满不满意？"

答："满意。不满意也没办法了，算了。"

问："你要不要上诉？"

答："不上诉。20 号前走，到 404 监狱去。"

问："你愿意去监狱还是看守所服刑？"

答："去监狱。这个地方实在待不下去了，外地人受欺负。"

会见中，我根据当时的法律规定告诉他，上诉不会加刑期，而且刑期一年之内的可以在看守所服刑。其他几个有的快满了，他们都愿意在看守所服刑，别人希望在看守所服刑，问他为啥不想在看守所。

他一脸的无奈，他说之所以不上诉，就怕拖时间，在看守所简直一天也待不下去了，规矩太多了。

当然，当事人的决定我们作为律师的应该尊重，这是他的权利。既然，他已经决定不上诉了，我只好听从他本人的意见。

从表面上看，抢劫罪能分别被判一年半，一年，半年还是不多的，也是不容易的，从这个角度上来看，晓刚是第一被告人才被判一年半，应该算是很不错了。

但是，我仍坚持认为晓刚和唐某、李某、王某不构成犯罪，他们没有非法占有他人财物的故意。彭某明明没有输，又以输了钱为名，告诉唐某，并参与要求退钱，还实施暴力，他的行为就很值得研究了。

当然，彭某最先给受害人赔偿，并得到了公诉机关把这一情节写进起诉书中的待遇，最后被判了半年，也不奇怪。对于法院认定他们构成抢劫罪，而又只判了这么少的刑罚，当然就更不稀奇了，这是采纳了我的观点，应当减轻处罚的结果。

本案中，张某的亲友在抓住晓刚时，要他拿出 10 000 元，以此作为交换条件，不知道这个行为应该怎么来评价才好？我个人觉得，严格说来，这也涉嫌构成犯罪。

这个案件我担任晓刚的辩护人，在辩护的时候提出了两个不同的观点：一是我认为晓刚不应构成犯罪；二是如果法院要认定其构成犯罪，那么应当对其具有的从轻、减轻等情节予以考虑。

很多法官都反感辩护律师做这样的辩护，还有人直接指责辩护律师是在让法官做选择，非得辩护律师明确到底是有罪还是无罪。更有甚者，当事人如果认为自己有罪，辩护律师做无罪辩护时，法官就会在庭审中逼迫当事人表态是否同意或者认可辩护律师的辩护意见，当事人很难做出回答。

不过，最近几年，这些问题都已经达成了共识。尽管辩护律师认为当事人无罪，在做无罪辩护时，也可以就罪轻、减轻等情节发表辩护意见，最大限度地维护当事人的合法权益。另外，如果当事人认罪的案件，辩护律师如果认为无罪的，也可以直接做无罪辩护。

22 水库夺命

包某买了一辆轻型普通货车从事货运业务，并挂靠在达州市某运输服务公司。

达州市有个比较大型的农产品批发市场，市场内有水产区，专门从事鱼类批发。

水产批发市场的业主，需要经常从省内外运输大量水产品，以供达州市及周边县市的消费需求。

一些水产批发商自己购买了车辆，专门请人从事运输，个别经营规模比较小的批发商则只有靠请人运输经营了。

王岚是该水产市场的批发业主之一，他就属于规模小的那种批发商，自己没有车，在需要运输时直接联系车子，请他们帮忙从事运输。

包某自己有一辆车，虽挂靠在某运输公司，但是他完全可以自主经营，只需每年向挂靠公司缴纳一定的管理费。

平时，包某一般都定点在为一户规模比较大的业主跑运输，很少为他人运输。

2008 年 6 月 30 日，王岚联系到四川省 Q 县某水库有一批鱼需要出售，他们与包某联系，请包某为其去拉一车鱼回水产批发市场，并约定按重量付运输。

为了采购，以及收购付款，王岚另外安排了一位兄弟一同前往 Q 县的水库。随车的还有包某的徒弟，一共 3 人。

包某和跟车的人都没有去过那个水库，在快到达水库时，他们为了不走错路，又请了附近的一辆摩托车司机专门在前面带路。

路上摩托车司机告诉包某，那段路路况不太好，让他们小心点，要避免车子陷在公路上的坑里或开到路边庄稼田里。

当包某把车子开到该水库时，王岚安排去押车的人和包某师徒都下来了，包某的徒弟则去附近找水喝。

这时，押车的人便去找水库老板联系打鱼的事去了。包某下车看了看地形，又回到车上，把车再往前面开了五六米远，知情者介绍，估计他是想开到水库边去调头。

谁知，他上车开了五六米远时，车子被公路上的烂泥坑陷住了，开不起来，他就下车，用石头垫在车轮胎下面，请水库附近的人推车。

水库附近的人纷纷来帮忙，当时包某比较心急，大家跟他把车子推出那个烂泥坑后，车子向前开了三米左右，本来车子出来并已停顿下来了，大家也都纷纷离开了，而且那个位置正是装鱼的好位置。

谁也没有想到，当推车的人刚一离开，包某突然一踩油门，车子屁股后面直冒浓烟，冲出十几米远，货车一下子冲进了水库。

当地村民及押车的、水库老板立即报了警求助，并报告了当地政府部门。

遗憾的是，车子太重，掉进水库一时半会儿无法打捞，包某被活活地淹死在水库里。

为了打捞尸体和车子，打捞费用已由王岚承担。

交警出现场后，认为这本来不能算是交通事故，并且那段所谓的公路不是道路交通安全法上的道路，事故责任也只应该包某自己承担。

但是，为了便于事故处理，交警部门仍然制作了交通事故认定书，认定包某驾车所经事故地段，操作不当，其行为违反了《道路交通安全法》第 22 条的规定，其违法行为与事故后果有直接的因果关系，认定包某承担事故的全部责任。

为了责任认定，交警部门进行了现场勘查及大量的调查，并查出了该车系达州市某运输公司的营运车辆等案件事实。

交警部门组织包某亲友进行协商，认定包某的丧葬费、死亡补偿金等 8 万余元，由保险公司承担。

包某的亲友多次要求王岚赔偿，认为王岚应对包某的死亡承担损害赔偿责任。协议未果，包某亲友一纸诉状将王岚告到法院，以人身损害赔偿纠纷为案由要求王岚赔偿 13 万余元。

王岚听说包某的亲友将他告上了法庭，并要索赔 13 万余元，很是担心。于是，他委托我代为进行诉讼。

接受委托后，我立即展开了相关调查，并到四川省 Q 县公安局交警大队调取了相关的事故认定证据，同时复制了交警部门当时收集的第一手调查材料，车辆信息，事实认定等。

为了进一步查清案件事实，我又到四川省 Q 县包某出事的水库附近进行了调查走访，并找到了当时为他们带路的摩托车司机以及帮他推车的群众，案件事实得到了进一步证实，基本没有争议。

接下来，就是王岚与包某之间的法律关系问题了，王岚是否应该对包某的死亡承担损害赔偿的责任呢？

据调查得知，包某的车虽然挂靠的达州市某运输公司，事实上他是自己在对外从事个体运输，只是按时向挂靠公司交管理费和保险。

他在出事之前，也经常对外在达州市该水产批发市场从事运输，是他自己承揽运输业务，自己跑运输，自己收运费。以前都是为他人运输，这次出事是第一次给王岚承运。

为此，我认为他们之间是明显的、典型的货物运输合同关系，包某的行为是以达州市某运输公司的名义在对外承运，实际从法律上讲，包某个人与王岚不存在任何法律关系，只是该运输公司与王岚之间存在货运关系，他们之间只能用货物运输方面的法律来规范来调整。

因此，王岚对于包某的死不存在人身损害赔偿关系，不符合人身损害赔偿责任的构成要件，他们的起诉不能成立，不能得到法院支持。

另外，从法院送达的民事起诉状副本来看，原告方当事人是包某的父母和包某的小儿子，因小儿子只有 15 岁，其由包某的父亲以爷爷的身份行使监护权。

但是，据我们调查，包某的妻子还在，而且有两个儿子，按法律规定，如果在人身损害赔偿案件中受害人死亡的情况下，应将父母、配偶、子女共同列为当事人。而原告方起诉，没有把包某的妻子和大儿子列为当事人，显然属于漏列当事人的情况。

同时，还有一个问题是，既然包某的妻子还在，他未成年孩子的监护人，理所当然的是包某的妻子，怎么会是包某的父亲呢？

根据调查所掌握的案件情况，结合自己所学的法律知识，我提出了三个答辩观点：

（1）本案立案的案由与双方存在的实际法律关系不相吻合，王岚与包某之间不存在人身损害赔偿的法律关系。

（2）本案原告漏列当事人，应依法追加或作出相应处理。

（3）包某未成年儿子的监护人不应是他爷爷，而应是他母亲，监护人身份不合法。

法院原定2009年7月27日下午开庭审理此案，而当我专程安排时间从成都赶到达州后，在法庭等了足足两个小时，都没有开庭。最后，值班人员才告诉我们，庭长不在，不能开庭。

几天后，法院又口头通知8月4日上午开庭。为了确保我到了达州能准时开庭，我特地向法官核实，这次又会不会去了结果不开庭，毕竟成都到达州还是有几百公里，来回一趟也不容易。

当天上午10时，法庭开始审理此案，在宣布相关纪律后，审核各方当事人身份时，我提出了原告方当事人漏列的问题和监护人不合法的问题，请法庭作出定夺（其实，这个问题我早就书面提出来了的，法庭通知开庭时我也专门强调了）。

审判长一听，认为我说得有理，口头裁定本案中止审理，等原告方解决了漏列当事人的问题和监护人身份问题，再行通知开庭。

2009年10月27日，原告方完善了相关主体瑕疵，所有当事人都到庭参加了诉讼。

庭上，我们才知包某死后保险公司赔偿了8万元，包某的妻子根本不知道，就连这次起诉，要不是我提出漏列主体，她同样不知道。

审理中，我坚持认为包某与王岚之间不存在人身损害赔偿法律关系，并提出包某的死是自己的过失造成的，在打捞尸体时，王岚积极配合并支付了数千元的打捞费，已经尽到人道主义义务了。

他们之间的法律关系，从事实证明的情况来讲王岚与达州某运输公司之间建立了运输合同关系，承运人的司机出现交通事故，要求托运人承担损害赔偿责任，缺乏法律依据，于情于理于法都说不过去。

从包某的挂靠这一事实来看，包某实际上是一个个体户司机。他用自己的设备、技术，为王岚承运鱼，也只能是一种事实上的运输合同关系或承揽关系，他因自己的过错行为丧命，也与王岚无关。严格说，承揽都说不上。故我请求法院驳回包某亲友的诉讼请求。

当天，法庭当庭调解未果，宣布闭庭等候判决。

审理结束后，法院承办法官对王岚做了大量的劝解工作，王岚也征求了我的意见，从人道主义的角度补偿了原告方 5000 元，后原告方撤回了起诉。

这个案件，对我来说应该也算是一个比较成功的案例了。当初，对方律师一直坚持认为，王岚与包某之间存在损害赔偿法律关系，王岚应该对包某的死亡承担赔偿责任。其他同行也有人认为，王岚多少都有赔付的义务。

最后，在我的努力下，法院几乎是完全支持了我的观点，只是从人道的角度让王岚补偿了几千元。这与原告的 13 万余元的主张相差甚远，王岚也非常满意。

23 被顾问单位炒鱿鱼

“炒鱿鱼”，就是“被解雇”的意思。

以前，到广东或香港做工的外地人，雇主多是包食宿的。这些离乡背井的打工仔，身上带着轻便的包袱，顶多带一张棉被或竹席。那时候的店铺，多是前铺后居，即屋前端是营业的铺面，店主与伙计同住在店后的房间或阁楼。当员工被老板开除时，他便需收拾细软离开，这动作便叫作“执包袱”或“炒鱿鱼”。

“执包袱”，看字面也明白个中含意，“炒鱿鱼”便要靠想象力了！原来，广东菜有一名为“炒鱿鱼”，即炒鱿鱼片，当鱿鱼片熟透时，便会自动卷成一圈的，正好像被开除的员工，在将自己的被铺（席或棉被）卷线一束时的模样，故此，除“执包袱”之外，被解雇又可叫作“炒鱿鱼”。

2010 年 5 月 30 日，我人生中首次被“炒鱿鱼”。

我代理的企业是一家四川省非物质文化遗产企业，其产品包装上印有“四川省非物质文化遗产”字样。在某一批次产品包装上，这个标识出现了一点儿问题，那就是大包装盒上印的是“国家非物质文化遗产”，但是小包装上印的还是“四川省非物质文化遗产”。

当企业发现这个问题的时候，产品已经送到了公司自营的门市销售，公司也对此专门召开会议进行了总结和制定了整改方案。遗憾的是，他们为了减少损失，还是继续在销售该批次产品。

殊不知，刚销售几天，就被竞争对手举报了，而且是直接向省级相关职能部门进行的举报。可想而知，这个事情可大可小，既然有举报，就必须要查处。

接着，省市有关职能部门前往该公司进行核查，结果真发现这个公司的产品包装确实有问题。

于是公司老总赶紧联系我，请我赶紧回去帮助他们处理。当即，我丢下手中的其他案件，专门从成都赶回达州，着急忙慌地赶往该公司。

经过我了解，虽然省市职能部门已经来公司核实了包装的事实，但是还没有来得及封存和制作笔录。同时，我得知公司已经发现这批次的产品包装有误，已经召开了专门会议，制定了整改方案。

因此，我建议当晚赶紧下架所有包装有误的产品，并统一集中封存，封条上打印文字为："包装有误，立即整改。"公司当晚立即按照我的建议进行了处理，等候职能部门前来进一步处理。

次日，省市职能部门再次前往该公司，打算对该批次产品封存并制作笔录，准备予以行政处罚。当专案组的人员前往公司库房和所经营的门市时，发现相关产品已经下架，并集中封存。

为此，专案组的人员仅仅是对该公司说一句"你们太专业了"，就没有再采取其他措施，只是要求下次一定要认真检查，不要再出现类似情况。公司当时也如实回答，这不是我们专业，而是我们的律师专业……

2010 年 5 月 1 日前夕，得知该企业有女工受伤尚未处理，要求处理。我专程赶到该企业，因缺少必要资料，无法作出相关处理意见。

5 月 1 日，该公司请员工聚餐我再次被邀请参加。席间我提醒企业老总之子对该员工的工伤宜尽快处理，否则对双方都不利，夜长梦多。

5 月 20 日左右，该公司再次通知我到公司，参与协商处理工伤事宜。

在约定好具体的协商时间后，我如期赶往该公司参与事故处理。协商处理的当天，伤者方来了 6 人，伤者丈夫、女儿还有她本人，另外来了一位该县司法局工作人员和两个社会人员，其中一个外号叫"瞎子"。

司法局的人我认识，那个"瞎子"我也认识。

扫视一周，我便与司法局的工作人员打招呼，同时也给"瞎子"打了一个招呼。"瞎子"说，伤残职工是他嫂嫂，来向用人单位讨公道，如果处理不好，会对企业不利。

见状，我第一个想到的是不能让酒厂吃亏，不要说我是以顾问身份出现，就是凭着本家姓的缘故，也要维护企业利益。

因此，我借着话题与"瞎子"寒暄了几句以套近乎。简单的开场白之后，我转入正题。见企业方只有两位管理员参加，而没有一个能决策的人在场，我建议酒厂把主管工会的人员也请来参加。

于是，该公司的工会负责人黄某来参加了调处，黄某是该公司老总的老婆，公司副总是她儿子，二人也在场参加处理，还有两位管理人员，一位姓张曾任过某乡镇党委书记，另一位是经理。还有一位女记录员，好像属于文秘之类。

人员确定，我开始以公司法律顾问身份向双方当事人核实事情经过，并一一经双方确认。

首先，我们对那个受伤的职工杨某所受伤是否应该属于工伤予以了确认，双方均无异议，并同意按工伤处理。

其次，根据病历记载的受伤情况，结合工伤职工受伤评残鉴定标准，对照认为她跟骨骨折，系内固定，应参照评为 9 级伤残，对伤残等级双方也当场进行了确认。

再次，对已产生的治疗费等双方进行了确认，且用人单位已全额支付。

根据规定，工伤职工如果提出解除劳动合同与不提出解除劳动合同在计算工伤待遇方面有很大的差别，我认为有必要先确认工伤职工杨某是否要解除劳动合同。

杨某表示要解除劳动合同，用人单位也表示同意，对此双方也进行了确认。

最后，我们又确认了计算方式和时间标准。

根据当年的国务院工伤保险条例及四川省的相关规定，9 级伤残的工伤待遇包括有：8 个月的一次性伤残补助金，标准是本人受伤前 12 个月平均缴费工资，缴费工资不应低于所在市上年度企业职工平均工资的 60%。

为了让大家不纠结于细节，我建议参照当事人的实际工资和平均工资标准，缴费工资按照一个月 600 元计算。对此，双方也无异议。

根据国务院《工伤保险条例》（2003 年）第 61 条第 3 款的规定，本人工资的计算不得低于统筹地区职工平均工资的 60%计算。那么杨某的一次性伤残补助金至少应为：按照 2008 年的标准每月 1700 元计算 60%为 1020 元，8 个月就是 9160 元。

实际上，我们当时计算的是 4800 元，比 9160 元少计算了 4360 元，当事人为了尽快得到处理，也同意了。如果严格说来，应该按照 2009 年的标准计算，可能还不止少 4360 元。

根据《四川省人民政府关于贯彻〈工伤保险条例〉的实施意见》（川府

发［2003］42号）（已失效）第8条的规定，工伤职工杨某还应得到一次性工伤医疗补助金和一次性伤残就业补助金16个月，计算标准为：以2009年达州市职工平均工资为计算基数，计算16个月。而当时，这个标准还没有公布。

为了便于处理这起工伤纠纷，我咨询了该县劳动和社会保障局原来主管工伤的周股长，周股长建议按照已经公布的2009年四川省职工平均工资计算，他说这样处理对双方都公平，有利于化解纠纷。

为此，我建议按照2009年四川省职工平均工资计算，双方当时都没有任何异议，包括该公司副总（老总的儿子）和工会负责人黄某（老总的老婆），并且我提前反复说明，这只是建议，最终要双方认可。

于是，对16个月一次性工伤医疗补助金和一次性伤残就业补助金，我按照2009年四川的省平均工资23 191元计算，每月1900元，因此计算出1900×16=30 400元。如果，按照2008年的标准，则是1700×16=27 200元，这其中多了3200元。

对于这两个数据的计算，我都是当着双方当事人的面公开计算的，并如实告知了各方不同计算标准的差距，由当事人双方协商确定接受的数据。双方都没有异议，要求先算出来再说。

根据规定，杨某应获得的工伤津贴应为原工资福利不变，按月支付，停工留薪期不超过12个月，评残后，停发原待遇，期满后仍需治疗的，继续享受工伤医疗待遇。

换句话说，根据国务院《工伤保险条例》（2003年）第32条的规定，杨某不用着急来处理，可以在享受满12个月（当然具体的时间应当以批准的时间为准）停工留薪期待遇后再来评残，在评残结论下来前，用人单位至少每月要支付600元工资。

在12个月停工留薪期满后，她若认为脚还痛，要求治疗的，用人单位也必须支付工伤医疗待遇，仅此一项，花企业两三万元是没有问题的，其依据是国务院《工伤保险条例》第31条。而事实上，我们在计算时只计算了2个月停工留薪期待遇，对其主张的继续治疗也未予支持。

《工伤保险条例》第36条规定，工伤职工工伤复发，确需治疗的，享有第29条、第30条、第31条的工伤待遇，如果受伤职工要为难用人单位轻而易举。但是，在处理时我站在企业角度，一一给予了回绝，劳动者也没有坚持。

在护理费、伙食补助费等细节方面，同样是当着双方的面，我建议大家互相协商认可后进行计算的，我没有任何做主的倾向，在企业方参与处理的张书记、王经理对计算提出的数额同意后，我还向企业工会负责人黄某再三明确表示，这只是一个参考数据，尚待老板最终认可同意。

按照我的建议计算，工伤职工至少应获得各种补偿费用 37 580 元。为了预防双方变卦，我建议当即草拟会议记录，日后再议，而受伤职工一方则要求在按照我建议的数额 37 580 元的基础上适当增加，其主张各项费用至少要 45 000元，并认为我计算得少了，开始吵闹。

劳动者一方，提出用人单位没有签订书面劳动合同以及非法用工等，应该按照《劳动合同法》支付双倍工资等问题，都被我劝住了。

为了化解双方的纠纷，加之司法局参与调解的工作人员和伤者亲友“瞎子”我都认识，沟通起来也很方便。在我的协调下，受伤职工一方最终同意企业给 40 000 元处理算了。

对于伤者的主张，公司工会黄某、张书记、王经理都认为比较合理，他们都请我向老总汇报后，劝其接受这个调解结果。我也觉得早处理比迟处理好，而且伤者主张的各项费用总和，按照法律规定来说真的不高。

我代理的另一起案件，伤残程度差不多，得到的赔偿是 80 000 多元，这起纠纷才 40 000 元，应该说很不错了。我以为公司老总应该会接受这个金额，把事情解决了算了。

于是，我在他们的再三要求下，去找老总汇报，劝他同意给 40 000 元处理了算了，避免拖下去对企业影响不好。

我在与老总沟通时，老总认为这个金额高了，我进行了解释。我说在各项费用计算方面，劳动者实际上是作出了让步的，我觉得企业这样处理不会吃亏。

在我与老总沟通中，工伤方已经开始吵起来了，受伤职工的老公闹起要再次住院，继续治疗到完全康复，再来处理，否则直接申请工伤认定，走劳动仲裁，现场一片吵闹。

为了让该公司老总放心，我还是专门当着他的面给“瞎子”的朋友打电话，让他劝阻“瞎子”不要无理吵闹。

此后，该公司老总亲自打了几个电话，最后才去取了 40 000 元钱回来，仍然不太同意这样处理，要求下午支付。

我看老总基本同意这样处理，赶紧劝受伤劳动者和“瞎子”冷静点儿，没有必要为了这么点儿小事闹僵。

我从 1992 年开始从事基层法律服务工作，调解了大量的民间纠纷和劳动争议，知道这类纠纷只要有调解的基础，能达成协议的，尽量尽快达成协议，越早处理企业负担越少。

此前，“瞎子”并不知道我是该公司顾问，还会参与处理此事故，早做好了闹事的准备，我当时也不知道“瞎子”要来，要不我肯定会回避。

据“瞎子”当场公开说，当天已经把老人和社会上的一些闲散人员组织起来了，如果处理不好，一是让杨某入院继续治疗，二是把老人送到城内公司的专卖门市闹事。

这些话是“瞎子”在公司公开、大声说的，我之前完全不知情。当然，我对这人也略知一二，他要起赖来，也是有板有眼儿的，绝不含糊。

企业方也怕他们真的闹事，最后还是同意了 40 000 元处理结案，并由我规范协议，当天上午交付款项后就算两清。

签协议时，只是工伤职工杨某签了字，公司方老总还没有最终审阅，尚未签字盖章。而我一是忙于赴约谈案子，二是张书记说老总都走了，盖不了章，让以后补签，我便把所有材料交给公司相关人员，准备离开公司。

几天后，参与处理杨某工伤事故的张书记来电话，一是说公司老总认为处理这件事不力，签字没完善，没有让伤者那方在场人签字；二认为我与对方到公司闹事的“瞎子”关系好，多算了 10 000 多元，老总在责怪我，并且说是我下的结论赔偿 40 000 元，没有切实保护企业的利益。

我当时一听，非常气愤，告诉张书记说，我问心无愧，尽力在为公司服务，本来当年我们的常年法律顾问合同都没有签订，也没有收取法律顾问费，我还抽出时间百忙中来处理这个工伤纠纷，我没有任何对不起公司的地方。

说实话，当时听到这些话，我心里已经非常不高兴了。

2010 年 5 月 30 日下午，突然接到该公司电话说老总让我去领取当年度法律顾问费，意思是当年我们的法律顾问合同没有签，还是按照上一年的标准 3000 元一年给我支付。

因老板对我处理的这起工伤事故不满意，我也无心继续为该企业服务，加上该公司离成都较远，往返不太方便，我的成本又比较高，我也想借此做一个了结。

于是，我在办理其他案件的时候，顺便就去了该公司。

到了该公司，我在签字领取法律顾问费时，在领条上看到该公司用备注的方式通知我解除法律顾问关系。

本来，我就有解除的想法，大家说清楚了也就没有问题，但是，当我看到领条上的备注时，心里很难受，居然是以“炒鱿鱼”的方式终止了我与企业间的法律顾问关系。我心里还是很不是滋味，想去跟公司老总解释一下，或者说去为自己辩解一下。后来一想，觉得实际上也没有必要，不然越描越黑，也不是什么好事。

这个事情后，我自己也进行了检讨，基本上从此后，我不再接受家乡的案件委托，开始远离熟人社会，一心一意想在成都长远发展。

古人云，钱财乃粪土，仁义值千金。我没有为钱财而背信弃义，没有为个人财利而背叛用人单位，更没有出卖一个律师应有的职业道德和我自己做人的基本人格和良心。我问心无愧，敢向天发誓。而对于这样的企业，从那时起我也决定不再与他们有任何瓜葛。我不愿人格被他人侮辱，更不愿与侮辱我人格的人和他的企业再有任何业务往来。

这个事情虽过去十余年了，现在回想起这件事情，都觉得自己很小气，似乎心胸很狭窄。但是，无论如何，站在律师的角度，这样的事情本来是不应该发生的，一心一意为企业服务，为了企业化解矛盾，居然被误解了，心中觉得窝火。

我也时刻提醒自己，需要不断地总结教训，多从自己身上找原因。

在办理每一件案件时，都需要我们认真对待，马虎不得。不要认为自己跟老板有本家、亲戚、熟人等关系，就抱着侥幸的心理。其实，老板就是老板，他们站的立场是企业的立场，在乎的只有利益，他们与律师的思路、思维是不一样的。

作为律师，在办理任何一件法律事务时，都必须谨记自己的身份，自己是律师，就得严格按照律师的职业规范和道德纪律办事。严格执行以事实为依据，以法律为准绳的原则，千万不要感情用事，更不能在处理涉法事件时牵扯感情。

律师必须切记，在一些企业家眼里只有钱，没有人情，没有感情，律师不能太自作多情。不管在什么时候，律师就是律师，就是为企业家提供法律服务的，在他们眼中律师就是他们的雇员，不要轻易相信企业家对律师的信任。

凡是在关键时刻，律师千万不要轻易替他们做主，最多只能提出你的意见和建议，是否采纳全在他们，因为这些后果只能由他们自己承担。

特别是，在处理对方与律师是熟人或者有其他关系的事务时，律师更要小心谨慎，能够回避的就一定要争取回避，不要让自己代表的一方产生误会和怀疑。尽管，有时候律师会觉得问心无愧，但是发生不愉快还是没有必要，力所能及地避免更好。

24 中毒昏迷，1700元打发回家

一个四川民工远赴温州打工，期间因急性中毒事故而病危住院。医生将他从死亡线上拉了回来，由于无法继续工作，对法律一无所知的他领取了公司给的1700元补偿后，踏上了回家的路。

可是回到老家后，病痛依旧折磨着他，而后续治疗意味着需要一笔钱。

我了解了他的遭遇后，陪同他一起回到温州向企业维权。没想到，这条索赔之路，既漫长又艰难…………

一纸协议重病工人遭打发

2009年1月16日，温州市第三人民医院抢救室内，医生紧锁着眉头，护士来回奔跑。抢救室外，公司的工友们都焦急地等待着。

躺在手术台上不省人事的肖明来自四川农村，事发时正在温州一农药化工公司打工。由于翻装除草剂时发生事故，导致他突然昏迷。医院诊断他为溴苯氰中毒，松果体占位，肝肿大，并下达了两次病危通知。

由于医生的全力抢救，肖明被从死亡线上拉了回来。但出院后，肖明感到右腹依然胀痛，并且还有头昏的现象，于是他再次入院。

二次出院后，急欲甩掉这个包袱的企业给了他一份协议：由公司一次性给予肖明5000元，其中包括3300元应得工资和1700元营养费。

因为不懂法律，老实巴交的肖明当时只想着早点回老家休养，于是，他收下了薄薄的一叠钱，3月中旬，他回到了位于四川省Q县农村的老家。

回到老家病痛缠身再维权

此时，在老家得知肖明出事的父亲和儿子焦急地等待着他的回来。然而天天盼儿子、盼父亲回来的祖孙二人，却盼回来一个病痛缠身、性情大变的亲人。

记忆力衰退、生活不能自理、情绪极易激动、说话语无伦次，肖明回家后的一系列不正常举动，引起了亲人们的怀疑。几天后，他被送往县里的医院，经诊断依然为溴苯氰中毒，伴有肝大、脑供血不足等症状，医生建议他继续治疗。但一打听费用，这个原本就贫穷的家庭吓了一大跳。

肖明的母亲已经去世，妻子早早与他离了婚，儿子年幼尚不懂事，几乎是家徒四壁，到哪里去凑足高昂的医疗费呢？

这时，肖明的一个表哥帮他联系了我，希望能够得到法律上的帮助。在电话里听了肖明的遭遇后，我立即驱车赶往Q县。

“怎么这样糊涂？患上职业病明明在住院就不应该出院，更不应该达成那样的协议。”我非常同情肖明，但是一听说他曾经接受那个荒唐的协议后，心里实在是“哀其不幸，怒其不争”。

我知道，要替他维权首先必须返回温州市，对病情作出鉴定，以确定其是否为职业病，若为职业病，还需要向公司争取他应得的赔偿。

两天后，我和肖明以及他表哥一起，踏上了开往温州的火车。

初步接触隐约感到阻力大

2009年3月29日下午，我们三人终于抵达了温州市，为节省开支，我找到当地朋友家借宿，而肖明和表哥则找到一工地的工棚住下。

在这个完全陌生的城市里，我所代表的是一个弱小的外地民工，而对手则是当地的一家大公司，事情到底会往什么方向发展，谁的心里都没底。

第二天上午，我找到当地卫生监督所职业卫生监督科的科长。据这位科长介绍，该公司出现的疑似职业病劳动者已知的共有8名，其中有疑似中毒性血小板减少、心脏病等。他表示，肖明的中毒事故他们已经知道，并进行了相关调查。同时，他严厉批评了肖明私下与用人单位达成协议一事，并说会尽量保护劳动者的权益。

当天下午，我们一行三人又到该用人单位所在辖区的劳动保障所，工作人员建议，肖明的中毒事故和其他几个工友的疑似职业病问题，我们应多与卫生监督部门沟通，并向区、市级的劳动部门反映，他们有点“力不从心”。

第一天的事情就办得不顺，回到住所后大家的心情都有些低落。从一整天和相关部门接触的情况来看，我隐约感到此事的阻力很大。

第二天，我向当地的“市长信箱”发送了电子邮件，介绍了肖明的情况，希望引起相关部门和领导的重视。

正面交锋公司百般推责任

2009 年 3 月 31 日下午，我们三人又来到肖明打工的这家公司。

我们在公司的会客室里等待公司领导给个说法，该公司的安全科科长率先来到办公室，他恶狠狠地说：“既然已经解决好了，就不应该又来闹。”并且扔下一句：“我们公司也有法律顾问，这个问题我们不处理，我们会有法律顾问来跟你们讲。”说完转身就离开了。

随后而来的公司经理也持同样态度，他坚持认为，那天的事故是因为肖明和几个工友一起喝酒，喝得醉醺醺的才导致的，并非公司管理不当。

肖明顿时愤怒了，他称自己天天接触剧毒的农药，而配备的防护设备仅为简易的口罩和手套，根本不足以保障工人的人身安全。

肖明和表哥情绪越来越激动，甚至想要动手去抓扯公司的经理，我一看场面可能失控，赶紧把他们二人按住，并结束了这次不愉快的对话。

按照之前和卫生监督所的约定，4 月 1 日上午，我陪着肖明如约来到该所配合调查。

对方表示，厂里承认肖明是厂里的工人并在上班时间中毒的事实，并且已对该厂安全科长做了调查核实，就不用再做肖明的笔录了，让肖明直接到市疾病控制中心去申请做职业病诊断，疾控中心需要的材料他们都可以提供，并且相关材料都已经送过去了。

事情的进展如此顺利，相关部门办事如此高效，这让我们都有点意外。

所需资料证件齐全难获取

到了疾病控制中心，在体检办公室我们正好看到之前接触过的该公司安全科长正在办理其他工人的职业病诊断事宜。工作人员说，她不管工人是什么时间提出申请的，总之申请是今天才收到的，不改时间她不接收材料。

接下来的一幕让我惊呆了，只见这位科长竟当着我们的面改起时间来，我悄悄摸出手机拍下了这一幕。

随后，我们三人从 9 楼跑到 3 楼，又从 3 楼爬上 9 楼，然后再回到体检大厅，和几个科室反复交涉，请求查阅复制肖明的健康检查资料，以及申请职业病诊断的相关材料。对方先是同意，然后又反悔，之后又改口同意，左一个这个事情不归他们管，右一个他们没有义务提供资料。

尽管我带齐了律师证、律所介绍信和自己的身份证，最终的答复还是：不能复制。

工人自己的申请材料为何自己不能复制？为何非得用人单位提交？至于接下来肖明申请职业病诊断的问题，那就更麻烦了。工作人员要求提供很多的材料，其中包括“劳动关系证明材料”。肖明并没有当年的劳动合同在手，厂方显然又是不可能配合取证的。

我耐着性子跟对方商量：“卫生监督所那边说我们不需要提供什么材料了，他们已经有调查结果，可以直接移送到疾控中心，并且已经移送过来了。”

对方冷冷地说：“那我们不管，我们只管鉴定，没义务帮你收集材料。”

我又提出，《职业病防治法》有规定，用人单位有义务提供诊断的相关材料，既然疾控中心可以要求企业提供工人的体检材料和健康档案，为何不可以让他们提供劳动关系方面的证明呢？

对方明确表示，他们管不了这个事，要么肖明去申请劳动关系仲裁，要么去找卫生行政机关要求用人单位提供。

四处求助获市长热线关注

当天下午，肖明来到公司，要求对方提供劳动合同和自己的健康档案，却被拒绝在冰冷的大门之外，连公司的门都迈不进去。

想着自己四处奔波都讨要不到说法，还要忍受病痛的折磨，越想越委屈的他索性躺在大门外，就这样僵持了一个多小时，他终于用极端的方式拿到了一份劳动合同复印件。但是，其他的材料公司拒绝提供，也不同意在复印件上盖章。

第二天，疾控中心以复印件未加盖公章为由拒绝接收，再次要求他们找卫生行政机关监督用人单位提供原件。

肖明此时已经无比绝望了，我劝他不要灰心。我又来到市卫生局疾病监督处，幸运的是，对方很认真地接待了我们，在向有关部门了解了情况后，他们给区卫生局的领导打了电话，后者又跟该公司领导联系了，最后工作人员告诉我们，下午可以再去厂里拿“劳动关系证明”。

同时，“市长热线”办公室打来电话关注此事，事情又出现了转机，此时，任何一个部门的一个小小的帮助，都被肖明当作救命稻草，不管是否立即得到答复，只要有部门管就好。

多方协调终获得关键证据

2009 年 4 月 2 日下午，肖明在其表哥的陪同下又找到了公司，要求提供劳动关系证明和自己的健康档案。没想到，这次厂里还是不让进门。

我们决定，先到区劳动局提“确认劳动关系”的仲裁请求，没想到该局要求必须先找该公司所在地的劳动保障所调解，调解不成功后，才能受理。

第二天上午，我们赶到劳动保障所，把情况说明后，所长要求工作人员给用人单位发出通知，要求提供劳动合同原件和相关资料，并与公司总经理联系，请其到劳动保障所面谈。

我们在劳动保障所等待着，不久，公司负责人来了，直接进了所长办公室。大约 20 分钟后，他们又离开了。

随后工作人员通知我们下周一到区劳动局去，接下来的周六周日两天，我给“市长信箱”发了第二封求助信，同时也给对方公司发了一封信。

周一，我们在劳动局又吃了闭门羹。可是，当天公司竟给我打来了电话，通知肖明去拿原件。对方虽然松了口，但语气依旧强硬，还威胁我说，我在网上发帖及给“市长信箱”写信是毁坏公司名誉，要起诉我。

我当即强硬地回应他，欢迎他马上去起诉，让大家都知道他们公司发生了这样一件损害工人权益的事。

不管怎样，当天肖明终于通过公司大门的保安拿到了来之不易的劳动合同原件，并于第二天交至市疾控中心，一切都开始按照正常程序进行了。

就此，维权之路终于出现了曙光，远赴千里之外的我们总算舒了一口气。

无奈接受 20 000 元

2009 年 5 月 18 日，市疾病预防控制中心对肖明的申请作出了结论，诊断为：职业性中毒性脑病。

6 月 3 日，肖明向市劳动和社会保障局提出工伤认定申请，该局 17 日电话通知已经转到区劳动局。

6 月 18 日，市疾病预防控制中心电话告知肖明，用人单位对结论不服，已经向市卫生局提出鉴定申请。

7 月 22 日，市职业病诊断鉴定委员会关于用人单位对肖明的职业病诊断结论不服申请的鉴定作出结论：职业性急性中毒性脑病观察对象。

结论作出后，鉴定委员会并未书面向肖明送达，而是通知他必须亲自去领，且之前不肯告知鉴定结论。

肖明无奈，只好前往温州领取了这一结论。拿到结论后，鉴定机构要求他找劳动部门调解。

7 月 23 日，肖明找到区劳动局过问工伤认定的事，答复观察对象不能认定，建议与企业协商处理。

肖明不同意，要求公司拿钱进行治疗，以便观察。劳动部门和卫生部门说观察治疗可以，但要求肖明去市疾病控制中心开具一个观察治疗通知，并要注明观察治疗期限。

在这种情况下，我们只好同意与企业协商，通过十几天的谈判，最后与企业协商一致，赔偿肖明 20 000 元，解除一切关系。

8 月 7 日下午，肖明与公司在区劳动局签订了这一来之不易却又极为无奈的协议，公司当场支付了 20 000 元。

因为如果继续走法律程序，最终确认职业病并且拿到赔偿的日子还遥遥无期。对于急需钱治病的他来说，维权的时间和金钱成本，让他不得不作出了无奈的决定。

该案在办理过程中，我们经历了很多的曲折，也引起了媒体的关注，《上海法治报》《达州日报》都做了整版报道，当年也引起了温州论坛的高度关注和支持。

25 一起交通事故引发八年官司

2002年1月13日，四川省Q县新×乡一辆农用运输车与另一辆非法载客的农用运输车相撞，此后该事故车辆被交警大队强行超期扣押。在案件诉至法院后，法院对被扣押车辆再行查封，并委托交警部门代为保管，此后法院提车被拒，车辆在交警部门灭失。各方当事人经历了民事一审、二审、再审及行政一审、二审，数场官司下来历时八年……

案发四川省Q县新×乡至宝×镇路段

2002年1月13日下午，家住四川省Q县宝×镇新×乡的曾军驾驶川S15×××号农用运输车从新×乡方向开往宝×镇，同向行驶的还有同一街道的李平，他也开着一辆川R07×××双排座四轮车非法载着22名乘客和货物开往宝×镇方向。途中，曾军几次提示超车，李平均不避让。在最后一次提示超车后，李平开始避让，在超车过程中，曾军的车右侧货箱角挂住李平的车门，不知怎么回事，李平的车驶入了右侧水田，造成熊某等11名乘客不同程度受伤。

当天14时10分，Q县交警大队工作人员赶到现场，对现场进行了勘验，并制作了交通事故现场勘察示意图，同时，伤者被送入Q县宝×医院救治。

次日，经医院建议，Q县交警大队同意，熊某转院至重庆西南医院治疗至2002年4月10日，共计87天，花去医疗费共计44 302.92元。出院诊断为："①左侧胫、腓骨下段开放性粉碎性骨折术后；②左侧胫、腓骨下段骨缺损；③左侧三踝粉碎性骨折；④左小腿、踝部软组织挫伤；⑤左小腿下段胫前皮肤软组织缺损；⑥左踝关节创伤性关节炎。建议休息半年，扶双拐杖进行患肢功能锻炼，出院后一、二、三月、一年复查。"

责任认定起争议、申请复核被维持

2002年1月26日，Q县交大警队对该交通事故认定为："曾军在驾车超越，李平所驾车时由于估计错误，导致车在超车过程中车右侧货箱角将李平所驾车剐入公路右侧田中，造成车受损、乘车人熊某等11人受伤的交通事故，曾军违反《道条》（即《道路交通管理条例》，当时有效，现失效，下同）第50条第1款之规定，李平、熊某等11名伤者无违章行为，曾军应该负此次事故全部责任。"2002年1月26日，Q县交警大队作出曾军负此次事故全部责任的［2002］第064号交通事故责任认定书。

2002年2月7日，曾军因不服［2002］第064号责任认定书向D州市交警支队提出了责任重新认定申请，D州市交警支队认为："Q县交警大队对此次事故认定事实清楚，适用《道条》正确，以［2002］第22号责任重新认定维持了Q县交警大队的第064号责任认定。"

2002年4月16日，熊某被交警大队评为8级伤残。曾军对伤残评定书的裁定不服申请重新评定，经D州市交警大队处理交通事故委员会及D州市道路交通事故科学技术鉴定委员会重新评定，对原责任认定和评定为8级伤残均予以维持。

后Q县交警大队两次调解未能达成协议，于2002年6月24日作出调解终结书。

在交警大队调解中，曾军一方多次要求交警大队归还被扣车辆，愿意提供其他担保，交警大队及伤者熊某均未同意。

伤者索赔诉至法院，诉讼由此发生

伤者熊某在交警大队调解未果的情况下，立即向Q县法院提出了民事诉讼，把曾军和李平都告上了法庭。

熊某诉称："2002年1月13日下午，熊某乘坐李平驾驶川R07×××双排四轮车从新市赶往宝城途中，在Q县宝×至新市2200米处，遭遇曾军驾驶川S15×××农用运输车，同向超车时产生交通事故，致李平的车剐入水田中，造成熊某等数人严重受伤致残。故要求曾军、李平赔偿熊某医疗费、续治费、交通费、伤残费、精神抚慰金等共计123 648.3元。"

曾军辩称，2002年1月13日，曾军驾驶的运输拖拉机与李平驾驶的农用双排座四轮车相剐，造成交通事故，是因为李平的农用车无营运证不能载客，且人货混装等严重违章行为造成的，李平应承担本次事故的主要责任。而熊某在乘坐车辆时站立在车厢栏板上，造成受伤自身也应该承担一定责任。Q县交警大队所作责任认定错误，与事实相悖，请求法院不予采信。

李平辩称，此次交通事故系本案曾军严重违章行为所致，熊某应向曾军索赔；李平不是适格的被告。李平在道路行驶中无违章行为，更与交通事故无必然的因果关系，且县、市两级交警部门已作出责任认定，此次事故曾军应负全部责任。因此，对熊某的损害赔偿结果李平不应承担赔偿责任。只能由曾军全部赔偿，请求法院驳回熊某要求李平赔偿的诉讼请求。

曾军对道路交通事故责任认定不服，向法院提出行政诉讼。

熊某起诉后，曾军觉得Q县交警大队的道路交通事故责任认定对自己不利，虽然向D州市交警支队申请了重新认定，他还是坚持向Q县法院提出行政诉讼，状告Q县交警大队要求撤销责任认定书。

2002年7月1日，曾军在行政起诉状中诉称："2002年1月13日中午曾军驾驶私营川S15×××号运输型拖拉机从Q县新市至×城方向，行驶距宝×镇2200米处，遇前方同向行驶的私营车主李平驾驶的川R07×××农用双排四轮车，曾军驾车鸣两次号后，超越李平所驾车时，李平所驾车突然左右摆动，造成该车与曾军之车相剐，致李平车于公路侧水田中。当时该车载客达21人之多，有11人不同程度受伤。'122'干警赶赴现场进行了勘验、调查，其结果为：李平之农用四轮车不系客运车辆，李平除有驾驶执照（B型）外，无任何客运手续，驾驶室坐有11人及车厢内人货混装，并在车厢后改形踏板上，掉下2人。"

本次交通事故的直接原因是李平当时无行驶证、客运证、驾驶技术极差，同时所驾车辆又系农用车，不属载客车，又严重超载达21人，根据《道条》的规定，李平之行为均属严重违章驾驶，是造成本次交通事故的直接原因。但交警大队在处理本次事故中，对李平的违章行为不予认定，而仅认定曾军负本次事故的全部责任，曾军收到交警大队作出的责任认定后，遂提请复议，D州市交警大队于2002年3月7日决定维持交警大队2002年1月26日的责任认定行政行为。

综上事实，充分说明交警大队在处理本次交通事故中，对曾军作出的责任认定书，认定事实有误，适用法律条款不当。故曾军根据《道路交通事故处理办法》（当时有效，下同）和《行政诉讼法》及其解释的相关规定。诉请Q县法院依法撤销Q县交警大队2002年1月26日对曾军作出的道路交通事故责任认定书。

撤回行政诉讼，民事赔偿近8万元

曾军提出行政诉讼后，代理律师认为“打不打行政官司都一样”，要求他撤回行政诉讼，并承诺民事赔偿部分保证让他满意。于是，2002年9月10日，曾军向Q县法院申请撤回了行政诉讼。

2002年9月11日，法院审查认为，曾军申请撤诉不损害国家、集体和他人的合法权益，符合法律规定，作出［2002］DQ民初字第12号《行政裁定书》，准许曾军撤回起诉。

然而，民事诉讼对曾军并不有利。熊某向Q县法院起诉后，又提出了财产保全申请。Q县法院于2006年6月26日，作出［2002］DQ民初字第884-1号《民事裁定书》，裁定：“扣押曾军所有的川S15×××号运输型拖拉机一台。本裁定送达后立即执行。如不服本裁定，可以向本院申请复议一次，复议期间不停止裁定的执行。”

2002年6月27日，Q县法院向Q县交警大队送达了［2002］Q经执字第［884］号《协助执行通知书》，要求Q县交警大队在案件终结解除扣押时，对曾军的川S15×××号运输型拖拉机代为扣押。

但是，熊某申请财产保全、法院裁定扣押车辆、通知交警大队协助执行，法院根本没有任何人通知曾军，曾军全然不知。

2002年8月7日，Q县法院出具Q法［2002］字第257号《介绍信》到Q县交警大队，要求提取委托代扣的曾军的川S15×××号运输型拖拉机遭到拒绝。

次日，承办法官在卷内书面说明，前去提取扣押车辆，交警大队大队长称该案交警大队尚未处理完，其他受伤人员未处理，不能归还车辆。所以，未提走车辆。

2002年11月12日，Q县法院对熊某起诉曾军、李平道路交通事故损害赔偿纠纷一案作出［2002］DQ民初字第884号民事判决。判决熊某医疗费44 302.92元、续治费16 000元、鉴定费300元、住宿费84元、交通费1014元、误工费3481.2元、护理费1682.58元、住院伙食补助费870元、伤残补助费 29 136 元、残疾赔偿金 105 870. 7 元，由曾军赔偿 79 403. 02 元，李平赔偿 27 467. 6 元，限本判决生效后 10 日内付清。

判决送达后，双方均未上诉。

交警大队通知法院提车，曾军一头雾水

2002 年 12 月 15 日，Q 县公安局交警大队书面通知 Q 县法院，通知说："Q 县法院民一庭：你院受理熊某诉曾军道路交通事故赔偿一案，你院于 2002 年 6 月 27 日向我队发出协助执行通知书，要求我队代为扣押川 S15×××号运输型拖拉机。因我队现需场地建房，需将停车场内的所有车辆移走，故函告你院，请将该车移走到你院停车的地方。请你庭派人及时来我队拖走该车。我队将在 15 日内将停车场内的车清理完毕，逾期不来拖车，我队将该车移至其他对外经营的停车场内。特此函告。"

收到这一通知，Q 县法院并没有立即通知曾军。

2003 年 1 月 7 日下午，Q 县法院通知曾军的父亲说："关于熊某诉你儿子曾军道路交通事故损害赔偿纠纷一案，我院于 2002 年 6 月 26 日对你儿的车子川 S15×××进行扣押，此车在交警大队，8 月 7 日你与我院二位同志去提取被扣押的车，交警大队未放车，现在交警大队于 2002 年 12 月 25 日来函我院要求将车取走，所以通知你来与我们一起去取车。"

当时，曾军的父亲与法院的人员一同到交警大队准备提车，但发现该车被日晒夜露，已经变成报废车辆了，便认为，交警大队扣车不放造成损失太大，要起诉交警大队要求赔偿。

2003 年 1 月 21 日，Q 县法院回函 Q 县公安局交警大队："Q 县公安局交警大队，我院在审理熊某诉曾军道路交通事故损害赔偿纠纷一案中，根据熊某的申请，经本院院长批准于 2002 年 6 月 27 日作出裁定，扣押曾军所有的被你队在处理交通事故过程中暂扣的川 S15×××号运输型拖拉机一台，根据我院生效裁定，我院工作人员到你队执行裁定，要求你队将该车交法院扣押，但你队队长答复，因该交通事故的伤者未得到处理，不能将该车交法院扣押，拒绝协助法院扣押该车。尔后虽经我院领导同你局法制科、县法制办、人大内司委领导协调，但你队仍拒绝将该车交由我院扣押，致使我院生效裁定无法执行。你队于 2002 年 12 月 25 日来函要求我院提走该车。我院认为，你队拒不协助执行法院生效裁定，违背《中华人民共和国民事诉讼法》的规定，应承担相应责任，但考虑到本案实际情况，为了顺利了解纠纷，我院将情况告诉当事人后，当事人家属同我院工作人员一道来你队看车后，当事人家属认为你队将该车损坏严重，要求本院不提走该车，且表示要起诉你队，要求赔偿损失。故我院认为应当由你队自行通知车主协商处理此事。特此复函。”

检察院抗诉引起民事再审

Q县法院2002年11月12日作出［2002］DQ民初字第884号民事判决，已经发生法律效力后，李平向Q县检察院提出申诉，对该判决不服，请求检察院予以抗诉。

Q县检察院受理后，向D州市检察院提出Q检民行提抗字［2003］第02号《提请抗诉报告书》。

D州市检察院审查后，向D州市中级法院提出D市检民抗字［2003］第03号《民事抗诉书》。

该院认为，Q县法院［2002］DQ民初字第884号民事判决适用法律错误，理由是：

李平不应负赔偿责任。原判决在事实上采信了市、县两级交警部门作出的责任认定书和8级伤残评定。《道路交通事故处理办法》第17条第2款规定：“当事人有违章行为，其违章行为与交通事故有因果关系的，应当负交通事故责任。当事人没有违章行为或者虽有违章行为，但违章行为与交通事故无因果关系的，不负交通事故责任。”据此规定，李平虽无营运证违章载客的行为，但应由有关行政机关根据行政法规予以处罚。市、县两级交警部门所作出的事故责任认定书均认定曾军对交通事故负全部责任，证明了李平的违章载客与交通事故没有因果关系。所以根据《道路交通事故处理办法》第17条第2款规定，李平不应当负赔偿责任。原判决在认定案件事实上采信了交警部门责任认定书的结论，却在案件实体处理时无根据地判令李平承担交通事故的部分赔偿责任，显属适用法律不当，判决不公。

2003年4月30日D州市中级法院作出［2003］D中民再字第50号《民事裁定书》指令Q县法院另行组成合议庭进行再审，中止原判决的执行。

曾军不服民事再审判决，提出上诉

Q 县法院接到 D 州市中级法院指令再审的裁定后，于 2003 年 8 月进行了再审。该院再审查明的事实与原判认定的事实相同。

但是，该院认为，根据最高法院相关规定，民事抗诉案件只针对抗诉进行审理，检察机关对原判认定李平应承担部分赔偿责任认为适用法律不当而提出抗诉，根据本案的实际情况，熊某搭乘李平驾驶的双排四轮车，他们之间为客运合同关系，而李平汽车与曾军汽车发生交通事故，二者之间为侵权关系，原审熊某身体受到伤害，有权择其一进行诉讼，最为有力地保护自己的合法权益。本案熊某选择了人身损害侵权赔偿进行诉讼，法院应当根据当事人的诉请受理并适用侵权赔偿法律、法规。故原判适用道路交通事故损害赔偿法律规范并无不当。

但造成交通事故这一损害结果是曾军估计错误，致使在超车过程中车右侧货厢角将李平所驾车剐入公路右侧水田中的行为造成的，曾军的行为具有过失性过错，且这一过错是导致结果发生的原因，按照侵权赔偿归责原则，曾军有过错，又是结果引起的原因，故曾军应对损害结果承担民事责任。李平、熊某有违章行为，但根据《道路交通事故处理办法》第 17 条第 2 款规定，当事人没有违章行为或者虽有违章行为，但违章行为与交通事故无因果关系的，不负交通事故责任。

据此，市、县两级交警部门认定曾军负此事故的全部责任符合法律法规规定，应予认定。相应地，曾军对损害结果亦应承担全部民事责任，熊某、李平不应承担民事赔偿责任。至于李平、熊某违反行政法规，属另一法律关系，有关行政机关有权作出行政处罚。所以，原判在归责上确有不妥，抗诉机关的抗诉理由成立，应当依法改判。

该院审理后，报经审判委员会讨论并作出决定，于 2003 年 8 月 11 日作出［2003］DQ 民再字第 12 号《民事判决书》。判决如下：

（1）撤销本院［2002］DQ 民初字第 884 号民事判决。

（2）熊某的各种费用共计 105 870.7 元，限曾军在本判决生效后 10 日内付清。

（3）驳回熊某要求李平赔偿损失的诉讼请求。

（4）驳回熊某要求曾军赔偿损失的其他诉讼请求。

判决送达后，曾军对再审判决不服。

同年 8 月 25 日，曾军依法向 D 州市中级法院提出上诉。

曾军上诉称：

（1）一审法院适用法律错误。一审法院认定被上诉人在本次事故中有违章行为，因此公安机关认为熊某、李平无违章行为而作出的责任认定是不公平、不公正、不客观的。据此应依《关于处理道路交通事故案件有关问题的通知》（法发［1992］39 号）（当时有效，下同）第 4 条的规定，对公安机关的责任认定不予采信，以法院审理认定的案件事实作为定案的基础。《道路交通事故处理办法》第 17 条第 2 款是国务院制定给公安机关认定事故责任的法律依据之一，而一审法院却以此来确定曾军的赔偿责任，明显是适用法律错误。法院应依据《民法通则》（当时有效，下同）第 106 条、第 131 条等的规定来确定各方当事人的过错，并确定赔偿责任。

（2）本次事故巨大的损失是各方当事人混合过错造成，各方当事人都应承担赔偿责任。根据法律规定，道路交通事故是由公安机关依据《道路交通事故处理办法》认定责任，进入诉讼程序后则是由法院依据《民法通则》的相关规定认定有无过错。我国民事侵权损害赔偿的归责原则为过错责任原则。李平违章载客、严重超载是有过错的，他不违章、不超载、不让熊某吊在车外，就是出了车祸，也不可能有那么多人受伤，熊某也不会伤得那么严重，其行为违反了《道条》第 33 条关于“不准超过行驶证上核定的载人数”“货运机动车不准人、货混载”“货运汽车车厢内载人超过六人时，车辆和驾驶员必须经车辆管理机关核准，方准行驶”“机动车除驾驶室和车厢外，其他任何部位都不准载人”的规定，其违章的过错行为是造成人身损害后果如此严重的根本原因，因果关系明显。对于事故损害后果李平负有不可推卸的责任，依法应承担赔偿责任。

熊某明知李平未有从事客运的资格，且货运车辆已严重超载；仍坚持乘坐李平的货车，但又吊在车外，其行为违反了《道条》第 65 条规定的“机动车行驶中，不准将身体任何部分伸出车外，不准跳车”“乘坐货运机动车时，不准站立，不准坐在车厢栏板上”的相关条款。她自己吊在李平的货车后面，忽视安全，是她受伤的重要原因。因此她对发生如此严重的损害后果具有过错，应承担相应的责任。

（3）对于熊某的续治费 16 000 元不应认定。再审法院在无任何证据的情况下认定熊某需续治费 16 000 元是错误的，应委托有关部门作出鉴定。

（4）熊某在治疗过程中超标准、超伤害范围用药，造成的损失 12 364.85 元应自行承担。

因此，曾军上诉请求撤销［2003］DQ 民再字第 12 号判决，判令李平、熊某承担相应的民事赔偿责任。

民事赔偿二审因曾军提出行政诉讼中止审理

在 D 州市中级法院没有决定再审民事案件之前，2003 年 4 月 14 日，因熊某向法院申请执行［2002］DQ 民初字第 884 号《民事判决书》，Q 县法院向曾军送达了［2003］DQ 执字第 196 号《执行通知书》。

曾军于 2003 年 6 月 9 日向 Q 县法院提出行政诉讼，状告 Q 县交警大队。①请求法院依法撤销 Q 县交警大队超期违法扣押车辆、驾驶证、行驶证的具体行政行为；②请求法院判令 Q 县交警大队立即返还曾军驾驶证、行驶证及被扣车辆；③请求法院判令 Q 县交警大队对被扣车辆造成的损失予以赔偿或修理、恢复原状并赔偿其他直接损失。

曾军认为，自己的车辆发生交通事故，其川 S15×××运输型拖拉机当天便被被告方予以扣留，几天后曾军才收到由 Q 县交警大队出具的《公安交通管理行政强制措施凭证》，当时 Q 县交警大队对车辆及驾驶证副证，机动车行驶证分别从 1 月 13 日扣留到 1 月 27 日和 2 月 1 日。在事故处理期间及 Q 县交警大队对事故处理终结后曾军没有再收到 Q 县交警大队的任何延长扣留车辆及证件的通知，Q 县交警大队亦未告知对其超期扣留车辆及证件的具体行政行为不服可以提出行政复议和起诉的期限。事后曾军多次要求 Q 县交警大队放车，返还证件均未果，现曾军之车在 Q 县交警大队扣留期间已破烂，陈旧不堪，给曾军造成相当大的损失，严重侵犯了曾军的合法权益。

所以，Q 县交警大队超期扣车、扣证，纯属严重违法的具体行政行为，且未依法对其具体行政行为告知曾军诉权及起诉期限，依法应属违法，应予撤销。同时，Q 县交警大队的违法行政行为导致曾军的车辆日晒夜露，车辆腐烂，给曾军造成的损失客观存在，依法应予赔偿。

曾军起诉后，Q 县法院不予受理，也不给予答复，经多次交涉无果。

2003 年 6 月 24 日，曾军向 Q 县法院提交行政诉状已有 15 天时间，仍未任何响动，他向 D 州市中级法院提出书面申诉。

申诉称，根据《行政诉讼法》（1989年）第42条的规定，“人民法院接到起诉状，经审查，应当在七日内立案或者作出裁定不予受理”。《最高人民法院关于执行〈中华人民共和国行政诉讼法〉若干问题的解释》（2000年）第32条第1、2款规定：“……符合起诉条件的，应当在7日内立案；不符合起诉条件的，应当在7日内裁定不予受理。7日内不能决定是否受理的，应当先予受理；受理后经审查不符合起诉条件的，裁定驳回起诉。”同时，该条规定：“受诉人民法院在7日内既不立案，又不作出裁定的，起诉人可以向上一级人民法院申诉或者起诉”。

由于Q县法院于6月9日收到诉状到现在已有半个月时间，曾军已几次找Q县法院，但仍没有是否受理的答复，因此他向中级人民法院提出申诉。

D州市中级法院对曾军的申诉非常重视，由中院立案庭在曾军的诉状上加盖公章，并签署应当立案受理的意见，转交Q县法院。但不知为何，曾军的起诉Q县法院仍迟迟未予受理。

2003年9月1日，曾军按照Q县法院要求重新修改诉状和请求，请求Q县人民法院依法撤销Q县交警大队作出的［2002］064号《道路交通事故责任认定书》，要求Q县交警大队依法重新作出责任认定。这样，Q县法院才于2003年9月2日同意立案受理。

Q县法院受理曾军行政诉讼后，D州市中级法院于2003年10月20日作出［2003］D民终字第720-1号《民事裁定书》，对曾军与熊某、李平道路交通事故人身损害赔偿一案，认为需要以Q县法院于2003年9月2日立案受理曾军诉Q县交警大队道路交通事故责任认定行政诉讼一案的审理结果为依据，该行政诉讼案正在审理中，本案应予中止诉讼。故，依法裁定终止诉讼。

责任认定行政诉讼一波三折

曾军的责任认定行政诉状称：“2002年1月13日下午，李平所驾农用运输车辆，属于人货混装，且装载搭乘人员22名，又让熊某吊在车厢后面，李平的行为违反了《中华人民共和国道路交通管理条例》（下称《道条》）第33条的规定，熊某明知李平没有从事客运的资格，且货运车辆已严重超载，车上已违章载客20余人，在该车根本无法再装人的情况下，仍然违法吊在其车厢外，其行为违反《道条》第65条的规定。李平、熊某二人明显违章，他们的违章行为是引起两车相剐导致11名乘客受伤及熊某受伤致残的直接原因。然而，Q 县交警大队却在 2002 年 1 月 26 日作出［2002］064 号《道路交通事故责任认定书》，认定曾军违反《道条》第 50 条第 1 款之规定，李平、熊某等 11 名伤者无违章行为。根据《道路交通事故处理办法》第 19 条第 1 款之规定，认定曾军负全部责任，且 D 州市交警大队还对此予以维持。这显系不客观、不公正，更显失公平，故请求撤销 Q 县交警大队作出的［2002］064 号《道路交通事故责任认定书》，要求 Q 县交警大队依法重新做出责任认定。"

Q 县法院审理认为："曾军曾于 2002 年 7 月 4 日就被诉行政行为向本院提起行政诉讼，同年 9 月 10 日曾军主动自愿撤回起诉。2003 年 9 月 2 日，曾军再次以同一事实和理由对同一被诉行政行为提起行政诉讼。在本案诉讼中，曾军提供道路交通事故责任认定书 1 份、2002 年 7 月 1 日的行政诉状 1 份用以证实其有正当理由再行起诉。经合议庭评议，认为曾军所提供的两份证据均与 2002 年 7 月 4 日起诉的事实和理由相同，不能认定为有正当理由，应视为曾军无正当理由再行起诉。且熊某诉曾军、李平道路交通事故损害赔偿一案也经本院一审、再审，并经本院审判委员会讨论通过，现又上诉于四川省 D 州市中级法院，其道路交通事故责任认定作为民事诉讼证据在民事诉讼活动中法官亦可审查予以评断。为禁止当事人滥用诉权，体现法律的严肃性，应依法驳回曾军的起诉。"

于是，该院审理后于 2003 年 11 月 18 日作出［2003］Q 行初字第 14 号《行政裁定书》，驳回曾军的起诉。

曾军对该行政判决不服，依法向 D 州市中级法院提出上诉。

D 州市中级法院依法审理认为："Q 县交警大队于 2002 年 1 月 26 日作出的道路交通事故责任认定书，未向当事人交代诉权，根据《最高人民法院关于执行〈中华人民共和国行政诉讼法〉若干问题的解释》行政机关作出具体行政行为时，未告知诉权或起诉期限的，起诉期限最长不超过 2 年，曾军于 2003 年 9 月 2 日第二次向 Q 县法院起诉，未超过 2 年的起诉期限。2002 年 7 月 4 日，曾军第一次向 Q 县法院提起行政诉讼，因该次交通事故受伤者熊某以曾军、李平为共同被告已提起民事诉讼，由于曾军不了解行政诉讼的作用及其利害关系，便于 2002 年 9 月 10 日撤回行政诉讼。Q 县法院先后作出一审民事判决和再审民事判决，曾军方知交通事故责任认定这一具体行政行为在民事诉讼中起决定性作用，即对其民事权益所带来的不利的法律后果。故第二次提起行政诉讼，要求司法救济，审查具体行政行为是否合理合法，其理由正当。为了保护当事人的诉权，法院应当受理。”

因此，该院2004年3月16日依法作出［2004］D行终字第7号《行政裁定书》。依法裁定：①撤销Q县法院［2003］Q行初字第14号行政裁定；②指令Q县法院继续审理。

2004年4月16日上午8点30分，Q县法院行政庭在该院第一审判庭对曾军诉Q县交警大队道路行政确认一案，继续审理。

Q县法院审理认为：“根据查明的事实表明第三人李平无客运证、搭乘人中超载并有搭乘人员吊在车后踏板上等行为依据《道路交通管理条例》相关规定均系违章行为，Q县交警大队认定李平等11名伤者无违章行为与客观事实明显不符，1991年9月22日发布的《道路交通事故处理办法》第2条规定：‘本办法所称道路交通事故，是指车辆驾驶人员、行人、乘车人以及……的人员因……违章行为，过失造成人身伤亡或财产损失的事故。’此条规定表明，交通事故的违章行为与人身伤亡及财产损失是紧密联系的，同时该办法第17条第2款规定：‘当事人有违章行为，其违章行为与交通事故有因果关系的，应当负交通事故责任。当事人没有违章行为或者虽有违章行为，但违章行为与交通事故无因果关系的，不负交通事故责任。’由此表明交警队在本事故责任认定中应对违章行为与交通事故有无因果关系依法作出分析判断，但Q县交警大队在本案的责任认定中认定第三人等无违章行为显属错误，进而缺乏相应的因果关系分析，故Q县交警大队作出的责任认定对事实认定的主要依据不足，依法应予撤销，对Q县交警大队表示撤销后不再重新作出责任认定的主张符合《道路交通事故安全法》的规定，予以准许。”

该院审理后于2004年5月24日作出［2003］Q行初字第14号《行政判决书》，判决撤销Q县交警大队所作的［2002］第064号《道路交通事故责任认定书》。

中级法院撤销再审判决发回重审又起波澜

Q县法院作出［2003］Q行初字第14号《行政判决书》，判决撤销Q县交警大队所作的［2002］第064号《道路交通事故责任认定书》后，双方均未上诉。

该判决生效后，D州市中级法院恢复曾军对［2003］DQ民再字第12号

《民事判决书》不服提起上诉一案的审理。该院审理认为原判认定事实不清，于2004年8月2日作出［2003］D民终字第720号《民事裁定书》。依法裁定："一、撤销Q县人民法院［2003］DQ民再字第12号民事判决；二、发回Q县人民法院重审。"

案件发回重审后，Q县法院又以［2003］DQ行初字第14号《行政判决书》有误为由，启动了再审程序。

根据案件材料记载，经Q县法院院长提交审判委员会讨论认为，该院于2004年5月24日作出的［2003］DQ行初字第14号《行政判决书》有误，2005年1月25日，Q县人民法院作出［2005］DQ行监字第1号《行政裁定书》。裁定："①本案由本院另行组成合议庭进行再审；②再审期间，中止原判决的执行。"

2005年1月31日，Q县法院作出的［2004］DQ民再字第22-1号《民事裁定书》认为该院："在审理熊某诉曾军、李平道路交通事故人身损害赔偿纠纷一案中，因该案的审理要以［2003］DQ行初字第14号行政判决为依据，而该行政案件正在再审中，故裁定中止诉讼。"

Q县法院对曾军诉Q县交警大队道路交通事故责任认定一案，经过院长提交审委会讨论决定再审后认为："Q县交警大队所作的［2002］第064号《道路交通事故责任认定书》认定曾军负交通事故的全部责任证据确凿，适用法律正确，符合法定程序，应予维持。原判有误，应予纠正。"

2005年4月25日，该院经审判委员会讨论并作出［2005］D行再字第1号《行政判决书》，判决："一、撤销本院［2003］Q行初字第14号行政判决；二、维持Q县交警大队所作的［2002］第064号《道路交通事故责任认定书》。"

针对这一再审判决，曾军又向D州市中级法院提出了上诉。

二审判决出现转机，责令交警大队重新作出责任认定

曾军对Q县法院作出的［2005］D行再字第1号《行政判决书》不服，以原判认定事实清楚，适用法律正确，被诉《道路交通事故责任认定书》认定李平等无违章行为错误，再审判决适用法律错误等理由提起上诉，请求撤销再审判决。

Q县交警大队、李平未作答辩。

D 州市中级法院审理查明的事实与原审判决和再审判决认定的事实一致。

该院审理认为，1991 年国务院发布的《道路交通事故处理办法》第 2 条规定，交通事故是指，“车辆驾驶人员、行人、乘车人以及其他在道路上进行与交通有关活动的人员，因违反《中华人民共和国道路交通管理条例》和其他道路交通管理法规、规章的行为（以下简称违章行为），过失造成人身伤亡或者财产损失的事故”。第 17 条第 1 款规定“公安机关在查明交通事故原因后，应当根据当事人的违章行为与交通事故之间的因果关系，以及违章行为在交通事故中的作用，认定当事人的交通事故责任”。因此，公安机关必须在查清交通事故原因和当事人是否有违章行为，并在此基础上根据当事人的违章行为与交通事故之间的因果关系以及违章行为在交通事故中的作用前提下，认定当事人的交通事故责任。

经查，本次交通事故中，上诉人曾军驾驶车辆超车时，忽视了保持车辆间必要的安全距离，违反了《道条》第 50 条第 1 项“超车前，须开左转向灯，鸣喇叭（禁止的鸣喇叭区域、路段除外，夜间改用变换远近光灯），确认安全后，从被超车的左边超越”的规定，属违章行为。原审第三人李平驾驶货运车载客 22 人，远远超过其行驶证上核定准载 4 人的载人数，致在本次交通事故中 11 人受伤，违反了《道条》第 33 条第 1 项“不准超过行驶证上核定的载人数”、第 4 项“货运汽车车厢内载人超过六人时，车辆和驾驶员须经车辆管理机关核准，方准行使”的规定，属违章行为。本次事故中伤者熊某等吊在车辆踏板上，违反了《道条》第 65 条第 5 项“乘坐货运机动车时，不准站立，不准坐在车厢栏板上”的规定，属违章行为。

故在本次交通事故中，曾军、李平、熊某等人均有违章行为。根据《道路交通事故处理办法》第 19 条第 3 款“三方以上当事人的违章行为共同造成交通事故的，根据各自的违章行为在交通事故中的作用大小划分责任”的规定，被上诉人 Q 县交警大队应根据三方当事人的违章行为在本次交通事故中的作用大小划分各方责任，并作出责任认定。但被上诉人在处理本次交通事故时，否认李平与熊某等人有违章行为，明显不符合客观事实，也与法院经审理查明的事实不相一致，其在交通事故责任认定中认定李平、熊某等人无违章行为的事实错误，作出的责任认定缺乏主要依据，依法应予撤销。Q 县法院作出的［2005］D 行再字第 1 号行政判决认定事实清楚，但判决认为 Q 县交警大队作出的道路交通事故责任认定合法，属适用法律错误，依法应予改判。

根据《道路交通事故处理办法》和《道路交通安全法》的规定，公安机关交通管理部门有责任在处理交通事故中，确定当事人的责任，因此被上诉人Q县交警大队应对本次交通事故重新作出道路交通事故认定。据此，依照《行政诉讼法》第61条第3项，《最高人民法院关于执行〈中华人民共和国行政诉讼法〉若干问题的解释》第70条之规定，于2005年7月28日作出［2005］D中行终字第23号《行政判决书》。判决如下："（1）撤销Q县法院2005年4月25日作出的［2005］D行再字第1号行政判决。（2）撤销Q县交警大队2002年1月26日作出的［2002］第064号《道路交通事故责任认定书》。（3）Q县交警大队在收到本判决之日起一个月内重新作出道路交通事故责任认定。"

Q县交警大队再次认定曾军负事故全部责任

D州市中级法院终审行政判决送达后，Q县交警大队于2005年9月13日作出［2005］字9003号《道路交通事故责任认定书》，仍然认定曾军负事故全部责任。

Q县交警大队在事故认定书中记载："Q县交警大队经过重新调查，现查明的事实与原事实一致，曾军驾车超车时，在未确认安全的情况下，从被超车的左边超越而将被超车撞翻造成交通事故，违反了《道条》第五十条第一项之规定；李平驾驶货运车载客且超过行驶证上核定载人数，违反了《道条》第三十三条第一、四项规定；熊某吊在车辆踏板上，不是乘车人的违章行为，而是李平违反了《道条》第三十三条第五项规定'机动车除驾驶室和车厢外其他任何部位都不准载人。'经过分析认定造成李平所驾车翻车的原因，不是因李平违章载客和超员自身原因造成的，而是在于被曾军所驾车超车过程中所挂的外力作用造成的，李平的违章行为与造成翻车事故无因果联系。根据《道路交通事故处理办法》第19条第1款规定，本处理机关认定：曾军负此事故的全部责任。"

2005年9月15日，Q县交警大队给各方当事人送达了这一责任认定书，并告知可在接到认定书后15日内向D州市公安局交警支队申请重新认定。曾军对这一责任认定仍然不服，再次向D州市公安局交警支队申请重新认定。

2005年10月20日，D州市公安局交警支队作出第2005-04号《道路交通事故责任重新认定书》，对Q县交警大队的交通事故责任认定书再次予以了维持。

民事案件一审再审曾军承担全部赔偿责任再次引发上诉

交警部门再次认定曾军负事故全部责任后，Q县法院对［2004］DQ民再字第22号案件恢复审理。

2005年11月22号，Q县法院另行组成合议庭公开开庭进行了审理，D州市检察院指派了Q县检察院检察员出庭支持抗诉。

2006年1月12日，Q县法院作出［2004］D民再字第22号民事判决书。判决：①撤销本院［2002］DQ民初字第884号民事判决。②原审原告熊某的医疗费等各种费用105 870.7元全部由曾军赔付。

曾军对此判决不服，2006年1月25日再次提出上诉。他上诉认为道路交通事故责任与民事侵权损害赔偿责任各是一个法律概念，二者不能等同；熊某、李平对事故的损害结果均有一定过错。

2006年3月21日，D州市中级法院公开开庭审理了本案。该院审理认为："曾军驾驶的车辆与被上诉人驾驶的车辆同向而行，曾军在超车过程中将李平车辆剐入水田，造成被上诉人熊某等乘客受伤致残的交通事故，曾军应负此次事故造成的损害后果的主要责任，对熊某的损害后果承担主要赔偿责任。李平无营运证违章证载客和超员载客，对造成乘客受伤的后果，亦应承担一定的赔偿责任。原再审判决认定事实清楚，但责任划分不当，应予纠正。"

2006年5月9日，该院作出［2006］D中民终字第136号《民事判决书》。该院终审判决："撤销Q县人民法院［2004］DQ民字第22号民事判决，维持该院［2002］DQ民初字第884号民事判决。"

第一、二审案件受理费4486元，合计8972元，由上诉人曾军负担6729元（二审3364.50元），被上诉人李平负担2243元（二审1121.50元）。

终审判决后，李平对D州市中级法院［2006］D中民终字第136号《民事判决书》不服，2007年4月26日又向D州市检察院提出抗诉申请。

2007年7月20日，D州市检察院给曾军送达了D市检民行立通字［2007］35-2号《民事行政案件立案通知书》，通知曾军该院已决定对李平的抗诉申请立案审查，同时送达了《当事人权利义务告知书》。

2007年8月5日，曾军对李平的申诉提出了书面答辩。迄今为止，本案民事赔偿部分再无其他诉讼。

熊某申请执行再次引发诉讼

2006年7月19日，Q县法院给曾军发出［2003］DQ执字第196号《通知》。通知说："熊某申请执行你道路交通事故人身损害赔偿一案，在执行中你要求法院将扣押你的汽车变现赔偿。经查，你的川S15×××号农用运输车在发生事故后被Q县交警大队扣押在交警大队。审理中本院虽裁定扣押你的农用车拟在处置后成为你的赔偿款。但在提取该车时被Q县交警大队拒绝。本院的扣押实际上不成立。你的车辆现在灭失，执行中已无法将你的车子变现处理。对你的损失，请你按法律程序另行诉讼处理。在你诉讼期间，本院对熊某申请执行你的赔偿案暂缓执行。"

2006年8月1日，曾军向Q县法院申请执行［2005］D终字第23号行政判决书，由Q县交警大队支付垫支的诉讼费1000元，Q县法院要求曾军起诉Q县交警大队赔偿扣车损失，并告知待这一官司打完后一并执行。

当天，曾军向Q县法院提出行政诉讼状告Q县交警大队，请求法院依法确认被告的具体行政行为违法，并判令被告依法赔偿原告的汽车损失及其他直接损失。同时，曾军将Q县法院列为第三人。

曾军诉称："出了交通事故官司打了几年，理应赔偿。Q县交警大队告知扣车到2002年2月1日，可一直扣押到当年6月。此后Q县法院又违法裁定扣押汽车，并没依法向曾军送达法律文书，剥夺了曾军的知情权、申请复议权。中途，原告已提出过行政诉讼，Q县法院没依法立案受理，虽经当事人向D州市中级法院反映，并把加盖了上级法院要求立案的诉状送到Q县法院，可从2003年6月25日至今三年有余仍未有一个答复意见。如今，他人申请执行，Q县法院又通知原告起诉，为了支持执行工作，原告只好再次起诉来院，望法院依法审查、审理。"

由于，曾军起诉时将Q县法院列为第三人，Q县法院认为自己不能审自己，而且裁定查封汽车的裁定书并没生效，所以要请曾军修改《行政诉讼状》。

2006年8月2日，曾军按照Q县法院的要求修改了《行政诉讼状》，只将Q县交警大队列为被告。通过反复交涉，Q县法院在2006年9月27日发出书面受理通知书。同时收到2006年9月20日Q县交警大队提交的《行政答辩状》。

Q 县交警大队答辩认为："①原告的行政诉讼已超过法定期限，不应受理；②我队对肇事四川 S15×××车从 2002 年 1 月 13 日至 2002 年 6 月 26 日的扣押、扣押期限符合道路交通事故处理法律、法规的相关规定，系正确履行法定职责，不存在违法超期扣车；③为维护交通事故的正常处理，使受害人及时得到赔偿，抵制无理事端。故请法院驳回原告的无理要求。"

此后，案件一直没有进展。Q 县交警大队坚持认为车辆灭失损坏，Q 县法院具有一定责任，要求 Q 县法院共同赔偿损失。后该案经 D 州市中级法院指定大 Z 县法院审理。

2007 年 2 月 8 日，大 Z 县法院作出［2007］大 Z 行初字第 1 号《行政裁定书》。该院认为："曾军驾车于 2002 年 1 月 13 日发生交通事故。被告 Q 县交警大队将肇事车辆川 S15×××号运输型拖拉机扣押至 2002 年 6 月 26 日，因交通事故中的伤者熊某向 Q 县法院提起损害赔偿民事诉讼，Q 县法院根据熊某的财产保全申请，于 2002 年 6 月 26 日作出［2002］DQ 民初字第 884-1 号民事裁定书，裁定扣押曾军所有的川 S15×××号运输型拖拉机一台。2002 年 6 月 27 日，Q 县法院向 Q 县交警大队送达［2002］Q 经执字第（884）号协助执行通知书，要求代为扣押川 S15×××号运输型拖拉机。此后，Q 县交警大队系代为保管 Q 县人民法院扣押的川 S15×××号运输型拖拉机。故原告诉称被告 Q 县交警大队扣押事故车辆四年余无事实依据，裁定驳回曾军的起诉。"

2007 年 3 月 14 日，曾军向 D 州市中级法院提出上诉。

2007 年 6 月 20 日，D 州市中级法院作出［2007］D 行终字第 14 号《行政裁定书》，裁定撤销大 Z 县法院 2007 年 2 月 8 日作出的［2007］大 Z 行初字第 1 号行政裁定；指令大 Z 县法院继续审理本案。

2007 年 8 月 20 日，曾军向大 Z 县法院提出书面申请追加 Q 县法院为第三人，申请提出后，未得到任何回复。

几天后，大 Z 县法院认为车辆损失是 Q 县法院违法采取财产保全措施所致，电话建议曾军的父亲直接向 D 州市中级法院申请确认 Q 县法院财产保全措施违法。

2007 年 8 月 27 日，曾军的父亲按照大 Z 县法院的建议向 D 州市中级法院提交了《违法行为确认申请书》，同样是石沉大海。

2007 年 10 月 8 日，大 Z 县法院作出［2007］大 Z 行初字第 1 号《行政裁定书》，以曾军已申请国家赔偿，裁定中止诉讼。

大Z县法院判决Q县交警大队赔偿曾军损失25000元

2008年7月29日，大Z县法院公开开庭审理了此案。

2009年6月12日，曾军收到大Z县法院2008年11月4日作出的［2007］大Z行初字第1号《行政判决书》。法院审理认为：

原告曾军驾驶川S15×××号川路牌运输型拖拉机于2002年1月13日发生交通事故后，需要对肇事车辆进行检验，被告Q县交警大队根据国务院《道路交通事故处理办法》第12条“公安机关根据检验或者鉴定的需要，可以暂时扣留交通事故车辆或者嫌疑车辆、车辆牌证和当事人的有关证件”及公安部《道路交通事故处理程序规定》第20条第2款“因检验、鉴定的需要，暂扣交通事故车辆、嫌疑车辆、车辆牌证和驾驶证的期限为20日”的规定，向原告曾军出具公安交通管理行政强制措施凭证，决定暂扣川S15×××号运输型拖拉机至2002年2月1日未超过法定期限，其行政强制措施合法。暂扣期限届满后，因原告曾军未预付伤者医疗费用，根据国务院《道路交通事故处理办法》和《四川省〈道路交通事故处理办法〉实施中若干问题暂行规定》等相关规定，可以暂扣肇事车辆至调解终结。但被告Q县交通大队未作出扣留车辆的行政强制措施决定而继续扣留肇事车辆，其行政强制措施违法。

交通事故中的伤者向Q县法院起诉，Q县法院依法作出扣押曾军所有的川S15×××号运输型拖拉机的民事裁定后，被告Q县交警大队拒不将车辆交由Q县法院扣押，致Q县法院扣押车辆的民事裁定未能实际执行。被告Q县交警大队继续扣留肇事车辆的行政强制措施行为没有法律依据，其具体行政行为违法。被告在违法扣留车辆期间未尽到保管责任致车辆遗失，依法应承担国家赔偿责任。原告曾军要求被告Q县交警大队赔偿车辆损失的请求合理合法，本院予以支持。

由于川S15×××号运输型拖拉机现已遗失，无法对该车的价值进行评估，本院酌定该车的新车价值为购车款38 000元及缴纳购置附加费3000元共计41 000元。按车辆上户时折旧至交通事故调解终结时，车辆应折旧7517元，其车辆价值为33 483元。原告曾军在接到通知领取车辆时以车辆损坏严重为由拒绝领取车辆亦有一定过错，可酌情减轻被告Q县交警大队的赔偿责任。

为了保护公民的合法权益，促进行政机关依法行政。本院判决："一、被告Q县交警大队2002年1月1日后以对原告曾军所有的川S15×××号川路运输型拖拉机扣留的行政强制措施行为违法；二、被告Q县交警大队赔偿原告曾军川S15×××号川路牌运输型拖拉机损失25 000元。"

2009年6月21日，曾军收到判决后认为赔偿数额过低向D州市中级法院提出上诉。

2009年11月12日，D州市中级法院作出《行政判决书》，判决驳回上诉，维持原判。

至此，这起交通事故就引发了长达八年的诉讼，我在这个案件的部分诉讼中担任了曾军一方的代理人。尽管案件的细节我没有过多进行评论性的介绍，相信读者从案件的不同时期发生的转折，亦可窥探出本案的一些曲折和耐人寻味的地方。

26 网络写作联谊会

我的梦想，除了当律师之外，还有新闻记者、作家。

我很自豪的是，通过自己的努力，我真的成了报社特约记者，曾任《人民日报》《时代潮》周刊编委，《现代晚报》《社会保障报》特约记者。

我很羡慕记者、作家，崇拜记者、作家，除了希望成为律师外，自己也梦想成为记者、作家，所以我的童年里有记者梦，有作家梦的痕迹。

有了梦想，我也在不断地努力，力争实现这个梦想。

1992 年，一个偶然的机会，我参加了县委宣传部县委报道组、《通川日报》（《达州日报》的前身）记者站举办的“记者”培训班。

通过短短 20 天的培训，我从一个名不见经传的农村无名青年成为“记者”（市委党报的通讯员），收获多多。

通过“记者”培训班，我有幸认识了不少媒体的老师、文学创作前辈及作协会员，或多或少地受到他们的“感染”，多多少少沾了些文化气息。

从此，我开始学习创作。遗憾的是，很长一段时间，都不见作品见诸报纸、杂志，所投的作品石沉大海。

我是一个不服输的人，我很自信，很坚强、勇敢，不到黄河心不甘，一直在不停地努力追求。

敢想、敢试、敢闯、敢干，凭着面对无数失败永不放弃的精神，终于有一天让我看到自己的文字变成了铅字。

1997 年，我的处女作诗歌《拥有》被选入青少年出版社出版的诗集《生活如歌》。

同年，我的作品小小说《缘》在参加“楼兰杯”精品文学大奖赛中获得了“佳作奖”。虽然，“佳作奖”只是一个象征性的奖项，但是我却为此而兴奋了很久很久，相关证书至今仍保存着。

后来，由于工作、生活的原因，我没有在文学创作方面继续发展，而是业余搞些新闻创作，写些杂文。

随着岁月的渐逝，人生阅历的丰富，知识面的扩大，视野也越来越开阔，发表的文字也逐渐增多，写作的范围也不断扩展。

由于各种原因，我早已无法跟上时代的潮流，当别人都在使用电子邮件投稿时，我还在用老式传统投稿方式，“爬格格”，邮政邮寄。

2006年，在报社编辑的建议下，我开始学习如何用电脑打字，学习QQ聊天，学习发电子邮件。

学会上网，我感觉网络这个虚拟世界、浩如烟海的知识，正在吸引着我，鼓励我前行。

学习新闻写作，学习法律专业知识，网上阅读、投稿，我渐渐地迷恋上了网络。

随之，我习惯把自己的工作经历、人生遭遇、生活感悟、办案心得体会、总结，以各种方式传播于网络。

后来，我注册了新浪博客，常常在博客和QQ空间写写画画，我的网名“巴渠娇子”，笔名“易田塝”，进入了不少网友的视野。

作为达州人，有幸被邀请加入了“达州人博客圈”，成了众多达州佼佼者中的一员。

通过网络，我们用文字交流、沟通，成为朋友，并互相关心、支持、鼓励，互为精神支柱。

在“达州人博客圈”，我认识了“绿色巴山”“中国农民”“屈默老师”“夜雨常飘瓦”等网络名人，让我受益匪浅。

在“绿色巴山”的组织、策划、领导下，从2007年开始，家乡达州举办了多次健康向上的文化交流和采风活动，得到了很多达州网络写手的支持和热捧，以及社会各界的支持和鼓励。遗憾的是，我为了实现自己的律师梦而无缘到会。

通过在法律服务市场摸爬滚打近20年，经过各种酸甜苦辣的洗礼，遭遇过歧视、排挤、鄙视、打击、折磨的磨炼，我渐渐变得成熟起来。

2010年，我不再是昔日的无名农村青年，而是在网络上有一定知名度和影响的“巴渠娇子”，并兼任中央媒体——中央政法委机关报《法制日报》旗下的法制网——法之光论坛《议案说法》的版主、中国老年网特约记者等，还被省属律师事务所评为了高级律师。不但如此，我还成了红袖添香的签约作家，我的作品《草根律师笔记》（原名《律政写真》即本书）电子版开始公开发表。

线上，我在小范围成了网络名人。线下，我的理论作品、办案心得、办案纪实得到了《达州日报》《达州晚报》《上海法治报》等整版宣传报道，赢得了社会各界人士的赞扬和支持。

2009 年，我有幸成为中国第二届刑事辩护论坛四川代表，聚会北京，与中国司法界高层及全国律协领导、法学理论界和实务界专家探讨、研究中国的刑事辩护理论与实践。

2010 年，我应邀参加了“达州网络写手 2010 年金秋联谊会”。

当年 10 月 2 日凌晨，联谊会的总召集人“绿色巴山”给我发来邀请，诚请我参加联谊会。说实话，我很想参加这样的聚会，让自己有机会在达州的网络写手队伍中亮亮相。这不但可以结识到一些平日里很难接触到的网络名人、网络名家，还可以增进交流、培养感情、推广自己、提升自己，何乐而不为呢？

而且，听说远在广东的屈默大哥也要赶回达州参加这次联谊会，我们只是在网上有过联络，神交已久，不识庐山真面目，很想去会会。

还有，来自达州各地市、县的作家、网络写手、文学爱好者及达州博客、玄同论坛、凤凰山下论坛、濛山论坛以及来自其他各大网站的达州的及与达州有缘的网友，很多人都会前来参加，相聚达州，我也希望前去结识他们。

于是，我很爽快地答应前去参加这次联谊会。

10 月 3 日下午，我带上儿子“渠江浪子”一同赶往达州市，参加联谊会。

在远处，已经看到酒店门前滚动播放的“达州市网络写手 2010 年金秋联谊会”字样，并已看到报道指引，还有已经前来参加的网络写手联谊会报到的朋友。

我们朝着目标前进，很快就到了会议所在的酒店。此时，已经有十余位来自各地的达州籍写手报到后在自主交流。

按照会议规则，我们交了会务费，就开始寻找熟悉的面孔自我介绍和互相招呼。

报到后，我最先看到的是总召集人“巴山”大哥，马上前去自我介绍我是来自成都的达州籍张洪律师，由于“巴山”大哥忙得晕头转向，一时间没有联想到是我，弄得我反复介绍了好几次。

与“巴山”大哥招呼后，我们在几位志愿者的招呼下入座。此时，前来参加联谊会的朋友正接连不断地前来报到。

15时16分，我发现在会场的角落处坐着一位风度翩翩、留着长发的很有风情和艺术色彩的帅哥，凭直觉我认为，那一定是我想认识的“屈默”大哥。

于是，我赶紧上前，递上自己的律师名片，辅以口头介绍，结果得知屈默大哥对我也很早就开始关注了，只是没有在现实中联系过。

我对他的了解不多，通过交换名片，得知屈默大哥时任广州《白云时事》执行总编，除了他名片上的身份外，全靠在网络上的了解。

用他自己的话说，生于20世纪70年代，来自川东，喜欢自称下里巴人，率性而为，活得自在，过得坦然。行走于世俗红尘中，吃五谷杂粮，不断地在他乡寻找活得更自在的资本。为了生存，怀着悲情跑到南方，以文字混迹新闻界。他渴望浪漫的人生，崇尚自由的生活、自由的表达。人生苦短，活着不易，拥有自由的生活更是不易。对自由的理解，就是人人都要有慈悲的胸怀，纵然你独立行走在他乡异地，你都不会有精神和心灵的枷锁。所以喜欢一个人自由地穿梭在他乡，喜欢他乡的寂寞与孤独，更喜欢在夕阳西下时望断天涯的游子情怀。

他认为，毕竟人生是一场赤裸的悲剧，在哭声中赤裸走来，最后还得在别人的哭声中赤裸离去……所以，得真实地活着，真实地记录悲情人生的点滴历程。这就是我认识的屈默。

简单的寒暄，就被旁边的“中国农民”认出了我。“中国农民”原是四川新闻网记者，我们有过多次的网络接触和新闻上的合作，算是比较熟悉的朋友了，当年他在《读者报》任职。

接下来，我和儿子分别与屈默等合影留念。

就在这时，一位很熟悉的面孔出现在会场，我总感觉认识他。我简短与屈默话别，前往交流。经打听，原来我还真认识他，他就是大名鼎鼎的“夜雨常飘瓦”，时任Q县新闻网的主编、站长，蒙山论坛的“主事”。同样，寒暄、合照。

接着，联谊会正式在“巴山”大哥的引导下隆重开幕。

召集人“巴山”大哥的开场白很实在，也很简短。他说，举办这个聚会的目的是让达州的网络写手、传统作家、网络文学爱好者、达州写作的前辈们寻找、创造一个交流平台，让网络作家、写手与传统的作家、专家、学者团结一致。

为了让参会的朋友互相认识，主持人“胖哥”建议大家都一一自我简短介绍一下自己，以便大家增进认识和了解。

通过介绍，我知道参加这次联谊会的朋友真是人才济济，其中有教师、修地方志的朱老前辈、《西部潮》杂志的主编余明宣等66位来自全国各地各行各业的达州籍网络作家、写手、传统作家、文学爱好者参加了这次联谊会。

那次的联谊会上，我还见到了前同事肖律师，2008年他参加“5·12”地震抢险救灾的新闻报道就出自我的手。

特别是来自Q县的老爷子“华蓥樵夫”，他认为参加联谊会的朋友，有昨天的作家、今天的作家、明天的作家，他建议大家互相交流，取长补短。对他“明天的作家”这个说法我很感兴趣，也想朝着这个方面发展。

在后来的交流中，来自Q县的“水千允”从文学写作要关注民生的角度以及写作创作的风险方面进行了发言，她的发言一石激起千层浪，把联谊会引向了高潮。

《西部潮》余主编提出，写作要敢于讲真话，要思考我们的笔怎么写？写什么？每一个作者都有自己的思想和灵魂，要敢于向现实和社会的不公平正义挑战。

达州市作协时任主席邹亮，在发言时通报了达州籍作家谢朝平的事件，更是引起了参会人员的激烈讨论。

我作为律师代表和法制网法之光论坛《议案说法》的版主参加这次联谊会。作为达州籍网络写作爱好者，我首先对法制网法之光论坛做了简单介绍。同时，我站在律师的角度，结合自己的亲身经历，在作家、作者创作时涉及的法律风险问题如何规避、如何保留创作时的证据等问题发表了自己的意见和建议。我的意见和建议，得到了与会者的高度关注和赞同，他们予以我热烈的掌声。

会议中途，参观时全体参会人员进行了合影。

当天，因我有重要案件必须赶往广安，不得不提前向召集人“请假”，提前离开大家。

由于我没能自始至终参加这个联谊会，对于联谊会后半场的精彩节目无法参与，这是我的一大遗憾。不过，后来有关新闻媒体的详细报道，帮我对该次联谊会有了一个全面的了解。

虽然，我没能完整参加这次联谊会，但是我却有很大的收获，不但认识了很多达州的知名作家、网络作家、网络写手、网络名人，与自己一直希望结识的朋友面对面地进行了实实在在的交流，还发表了简短的演说，即席为自己的律师职业和法制网法之光论坛等打了一个广告。

另外，大家以前只知道“巴渠娇子”“易田塝”和“张洪律师”，但是，他们却不知道我就是“巴渠娇子”“易田塝”，就是“张洪律师”。我的参加，给朋友们揭秘了“巴渠娇子”“易田塝”就是“张洪律师”，“张洪律师”就是“巴渠娇子”“易田塝”。

我以前只知道参加聚会大家都习惯搞 AA 制，就是大家共同参加、共同出资，平均分摊费用，还没有听说过搞 AB 制的。当年，我参加的这次达州网络写手联谊会就是搞的 AB 制，男士每人 80 元、女士每人 60 元，体现了男同胞对女性的关爱，展现了男性朋友的宽容、细心、体贴的胸怀。

后来，这个联谊会每年都如期举行，遗憾的是我此后也未能前往参加。不过，我一直很期待今后有时间能多参加这样的活动。

通过与这些媒体记者、作家的交往，给了我莫大的鼓舞和力量。我的专著《走向大律师——中国式执业律师进阶指南》，60 万字，已于 2020 年 6 月在中国政法大学出版社正式出版，且被出版社誉为“一部律师成长的自修手册和百科全书，对于律师成长的每一步都有指导作用”。

同时，据不完全统计，截至 2020 年 3 月，我在全国各地各级各类媒体上发表的各类文章已经达到了 400 多篇，100 万余字。

27 律师饭局之困

饭局，社会交往中的无奈之举，更是律师之困。

“饭局”一词起源于宋代，已经有 1000 多年历史。

“局”本是下棋术语，引申出“情势、处境”的意思，后来再引申出“赌博、聚会、圈套”的意思。

“饭”与“局”的组合，是宋代文人对汉语及中国文化的一大贡献——饭局上的圈套实在太多。

正因为如此，这些叹为观止的饭局才有了青史留名的机会。

虽然“饭局”源于 1000 多年前，但据相关调查，选择“饭局”或“聚餐”这种古老社交方式的人达到了 46%。

据有关人士研究发现，饭局从来就是中国人不可或缺的首选交际方式，中国历代的兴衰成败似乎都与饭局密切相关。

饭局在中国承担着很多的功能，从来没有哪个国家如中国这样，整部历史与政治都可以与饭局联系起来。

传统的中国，是一个关系社会，熟人社会，人们办事最先想到的不是按规矩依法办事，而首先考虑的是有没有熟人，该找谁来出面办这事？

如果有熟人，则需要考虑是否需要请客，表示一下。凡此种种，比如生意开业、婚丧嫁娶、入学升迁、乔迁新居、求人办事、同学聚会，都会产生饭局。

一些人热衷于饭局，似有混饭吃之嫌，我很讨厌这类人。

对于饭局，我很不喜欢参与，既不想参加饭局，也不想组织饭局。无论是参加饭局还是组织饭局都是在情非得已的情况下，非常无奈时而为之。

只有一种饭局我十分乐意，那就是给别人办完事，很成功，又很让人满意的情况，基于人家的感谢而摆的庆功宴。

在这种情况下，我虽常常婉言谢绝，但对确实真心实意、盛情难却的邀请，我还是会乐意参加。

自己先办事后受请，没有压力，有成就感，不辱使命，很受人尊敬和感激，主人出于尊重一般不会为难劝酒。当然，劝酒也是不许可的，说得严重点也涉嫌违规违纪，不宜提倡。

对那些有求于人办事的宴请，以及让我去宴请求人的饭局，我最讨厌，最不想参加，但往往又不得不参加。

然而，作为一名执业律师，因工作的特殊性，饭局自然不可缺少。让人头痛的是席间的喝酒，当自己被他人邀请，帮人办事时，主人担心招待不周会不尽心尽力为他办事，往往是轮番举杯敬酒，弄得你应接不暇，常常是灌了一肚子酒，眼睁睁地看着桌上的美味佳肴成了他人的美食，自己却无暇品味。

你要是谢绝，那就是看不起，不给面子，关系不到位，不想给他帮忙，感情不到位等劝酒台词给你说一大堆。

整个饭局则变成了酒文化广场，说的全是酒话、空话、假话、大话、套话，真正要谈的事几乎很少谈到要害。

在酒精的作用下，就是谈了正事儿也可能忘得一干二净。等到酒醒后，正事儿在记忆中已所剩无几。

我曾经受人之托，代朋友办一件事，办事之前非他得请我吃饭，可是，轮番劝酒敬酒，把本就不胜酒力的我灌得晕晕的，仿佛如入云间。

眼看已是次日凌晨三点多钟，朋友还不肯罢休，最后弄得我实在无法再饮而生气，大家不欢而散……

有道是："吃人家的嘴短，拿人家的手短。"总觉得未给人办事之前就接受吃请压力很大，到时候事情办得不好，又不好交代，所以办事之前的饭局我很不愿参加。

另一种饭局是求人办事的饭局，我最为反感，最不想参加，又不想组织。

还有被朋友硬拉去参加别人宴请的饭局，也很不自在，十分尴尬。我本来就不想低声下气地求人，平时就有点自命清高，看不惯那些没本事的、成天只想吃拿卡要的人。

当然，随着这些年的司法改革，法治环境的改善，以及政法队伍、律师行业的专项治理，请客问题得到了很好的治理，律师与法官、公安打交道不再需要什么都要请客送礼了。律师与司法人员的交往也逐渐规范了，律师的执业环境也得到了非常大的改善了。

在 2010 年以前的律师工作中，我没少参加饭局，但其中自己组织的饭局很少，请别人吃饭有求于人的饭局则更少。

但在帮别人办事时，替别人请过两次客却让我终生难忘。

有一次，代理一件上诉案件时，当事人又缠着我为他找熟人、托关系。

本来，作为律师凭的是自己的真本事吃饭，自己反正是靠能力办案，最不想找门路、托熟人，面对当事人的要求本来就有一种受侮辱的感觉。

因种种原因，在当事人的强烈要求下，我给他引荐了某中级法院领导。当事人请客那天，特意把我也叫去，我本来是不想去的，但他们相识是我介绍的，所以不便于过多地推脱，最后还是去了。

可是，在喝最后那杯散场酒时，那位得了好处的领导居然当众对我说："小张啊，我们只是认识，你不要到处去宣传我们的关系哈，打我的招牌哈，到时我可不得给面子哟!"

这意思很直白，就是让我不要打着他的招牌到处招摇撞骗。

尽管，他可能没有别的意思，也是无心之说，但是当时我听着感觉很不舒服，心里十分难受，并暗下决心，再不会去求人非正常渠道办事了。

当然，我这里说得是非正常渠道的事，正常地反映问题，还是会的。作为律师，职责就是保护当事人的合法权益，确保法律的正确实施，维护社会的公平正义，通过正常渠道办正常的事则另当别论。

同时，我也下决心，不会再为任何人去求人情，宴请他人了，更不想去参加一些不是很必须，又不是很光明正大的饭局。

还有一次，当事人反复请求我出面帮他请法官吃饭，结果到饭局开始，当事人居然不来，尽管后来当事人来了，饭钱还是我自己出的，当事人一直没有还给我。

不仅如此，这个当事人后来请我给他的亲戚代理案件，他亲戚支付的律师代理费，通过他转交我的时候，他居然还挪用了，欺骗我，也是一直没有给我。

有了这两次教训后，我后来几乎从没设过饭局，也从来没有再为当事人组织过饭局了，面对邀请本人的饭局我是能推则推，实在推不了的就躲，真正参加的饭局少之又少。

特别是饭局中的酒，我更是敬而远之，想喝又怕喝，不喝又说不脱，有了一杯就有二杯，喝了这个敬的，就得喝那个敬的，给了张三面子就得给李四面子，别人敬了酒，你还得礼尚往来回敬人家。

如此一来，一来二往，我虽只参加少而又少的饭局，却又常常被酒灌得找不到东南西北。可以说面对饭局，我更多的是无奈。

曾经喝醉过，发了一条朋友圈，有一位担任纪委书记的朋友给我写了一句话，“不喝不喝喝多了，喝着喝着喝醉了”，挺有意思的。

作为律师这个职业难免要求人，要完全不参与饭局酒局，似乎也不太现实。所以，这又是很矛盾的，往往事与愿违。

于是乎，我发奋图强，努力奋斗，暗自给自己制定了一个目标，要求自己早日离开这样的是非之地，摆脱这样那样的世俗，回避办理熟人案、关系案，远离世俗的关系社会，不用整天面对自己讨厌而又熟悉的人员，还得违心地陪着笑脸。

于是乎，我 2000 年左右转战达州，2008 年成功进入成都律师市场，在一个陌生的世界，面对陌生的客户，没有饭局的压力，也没有整天需要不情愿地陪吃陪喝的苦恼，感觉过得轻松自在，优哉游哉，怡然自得。

中国政法大学前校长江平先生认为，律师是一个国家法治文明的标志，“律师兴，则国家兴”。为什么律师们办理案件却逃不掉饭局的困扰？饭局其实就是一个滋生腐败的重要场合，就是司法腐败的一个严重现象。什么时候，律师能够理直气壮地办理案件，能够堂堂正正代理当事人到法院打官司？这是我们很期待了。

转眼，又是十年，我这十年里所取得的成绩有目共睹，这些成绩的取得，无疑足以证明我的选择是正确，我的抉择是成功的，更能说明远离饭局，执业律师还是可以优雅地获得成功。

通过努力，我已经不需要靠饭局找关系、托熟人办理案件了，过去不需要，现在不需要，将来更不需要。

28 其实律师不好当

我走向律师这个行业，从事律师这份工作，也许就是缘分。

我想当律师就像马云以前想搞网络，想创办企业一样，也有人认为我是疯子、骗子、狂人。当然，我无法与马云相比。

不过，我们都有共同的特点，都能做到“走自己的路，让别人去说吧!”所以，我一直坚信自己会成功。

从小好打抱不平，好伸张正义，我想这也是我走上律师这条道路的必然因素之一。

一位死去的亲戚发生家庭纠纷，我前去劝阻受辱，促使我必须要成为一名真正的律师，这应当也是因素之一。

兴趣、爱好以及对律师职业的崇拜都是重要因素。

从 1992 年初涉法律服务行业，几十年来的摸爬滚打，直到今天，我终于从一名草根律师成为一名堂堂正正的优秀律师了，我感到无比的骄傲和自豪。

说实在的，我自己也没有想到当年能够以 397 分的成绩通过国家司法考试，这个分数对我来说真的是来之不易。

当然，我也没有想过自己会成为成都市优秀律师、四川省优秀律师，还会被评为四川省婚姻家事专业律师、四川省建设工程与房地产专业律师，更没有想过自己还能进入省、市律师协会兼任相关专业委员会的领导职务，被评为四川省律师维权先进个人。通过努力，我也成为成都市律师协会实习律师面试考官，被聘为成都大学法学院实务导师。

一路走来，所经历的辛酸无法言表，一言难尽。

回忆过去，心中的滋味犹如打翻五味瓶，有一种莫名的感触。

从农民到乡镇法律服务所的基层法律工作者，有人简称“法工”，再到法律服务所主任。

从初中毕业，到函授法律专业，到省委党校法律专业本科学习，再到法律专业自考，取得了四川师范大学法学院法律本科学历，参加国家司法考试，取得了C证、A证资格。

为了突破A证资格，我披星戴月，上养老下养小，还得为了挣几个铜板，面对当事人的喋喋不休和纠缠，又得复习参加司法考试，压力之大只有经历过的人才会深有体会和感触。

本以为律师真的是以法为天，法比天大；以为律师能够捍卫法制尊严，维护社会公平正义；以为律师是一个很崇高的，令人尊敬的职业。

而现实却给了我很多无奈，当我在律师生涯刚刚起步时，我的热情和斗志，似乎并没有高涨，反而十分低落。在律师职业生涯中，我听过不少专家、学者、教授的讲学，理论上让我对律师职业十分向往，并一直在追求着自己的律师事业。现实中，我的所见所闻告诉我，律师并不好当。

特别是，混迹于社会底层的草根律师和平民律师更是艰难，完全可以说是在夹缝中求生存。我在这里所说的律师难当，不是给那些向往、崇拜律师的朋友泼冷水，也不是装穷叫苦，而是有感而发，希望朋友们选择律师行业要有备而来，不要抱过高的期望。

律师这个行业，一直没有系统的教育、培训，就算通过考试，取得了从业资格，还得经过一定的实习期和面试，才能成为执业律师。然而，很多走上律师这个职业的人，都没有接受过系统的指导和培训，就连一本系统指导实习律师的教材都难以找到。

为此，我一直在努力，希望自己能在这个方面有所成就，结合自己的实践经验，写一本系统指导律师成长的书籍。幸好，我不辱使命，我的专著《走向大律师——中国式执业律师进阶指南》2020年6月在中国政法大学出版社出版，并被中国高校教材网大力推荐。

1986年7月，第一届全国律师代表大会召开，被誉为中共一支笔的胡乔木同志给律师写下了一首诗：

律师颂

你戴着荆棘的王冠而来，
你握着正义的宝剑而来。
律师

神圣之门又是地狱之门，
但你视一切险阻诱惑为无物。
你的格言：
在法律面前人人平等，
唯有客观事实，才是最高的权威。

胡老对律师给予了非常高的评价，也寄予了律师很高的期望，同时对律师的生存状况也非常理解与同情。

在胡老的《律师颂》里，律师虽然戴着王冠，握着正义的宝剑，虽然那么神圣，但“荆棘”一词说明了道路的艰险，“地狱”一词预示了风险。

近三十年的法律服务生涯中，我真真切切地感受到了做律师的艰难，我一直以为只要行得正、坐得端、不做亏心事、不违法办案、说话做事底气都要足三分。

我一贯坚持，绝不做“吃了原告吃被告”“挑词架讼”“无理缠讼”“当面是人，背面是鬼”的无良律师，我也不愿意当“皮条客”，为了自己的官司胜诉而去拉拢、腐蚀、贿赂法官。

我办案，从不跟当事人开空头支票，不做虚假承诺，只求尽心尽力，尽职尽责，不会跑关系、找后门，更不会低三下四，求法官赔笑脸。

在 2010 年前，我代理的案件大多是平头百姓，市井小民的案件，因为他们认同我的人格，支持我的观点，欣赏我的为人，接受我的坏脾气。他们没有钱去找关系、开后门，他们不担心我违背诚信和职业道德。自然，我是业务多、收入低，朋友多、仇人少。我广结善缘，且广接案源。

故，我以为要想当律师，其实并不那么简单，律师也不是那么好当的，要想当一个正直、尽职、正义、有良知的律师当然更是难上加难。

很荣幸，我自 2008 年开始转战成都律师市场，离开熟悉的生活、工作环境，没了熟人社会的很多不便和尴尬，十三年来又取得了意想不到的成绩，非常值得庆幸。

尽管如此，但是在我的执业生涯中，还是经历了不少难以忘记的事情。这些经历，增长了见识，丰富了阅历，为我的执业生涯增添了无穷的乐趣，也为我的人生积累了不少财富，让我也成了一个有故事的人。

有一年，我代理了一起一级残疾的工伤职工起诉离婚案，当时这位伤者面临巨大的经济困难和生命危险，其姐姐、姐夫倾家荡产为他治疗，四处托人、找关系，花了不少的钱，还帮助他照顾两个未成年孩子，他的弟弟、弟媳和老父亲也倾其所有救治他。

遗憾的是，他的老婆在一些别有用心的人唆使下，居然坚持要放弃对他的治疗。由于他是一级残疾，很多事情需要其配偶支持与配合，在其配偶要放弃治疗的情况下，其姐姐、姐夫、弟弟、弟媳、老父亲倍感心力交瘁，力不从心。

为了让其配偶坚持为他治疗，其姐姐、姐夫等在我的帮助下，以离婚的方式，最后唤醒了其妻子的良知，最终选择了坚持治疗，不再听信别人之言，不再放弃治疗而等着那几十上百万的赔偿。

这个案子，当初我们还借助了四川卫视，本以为在四川卫视的帮助下，可以唤醒其配偶，没想到电视节目播出没有起到我们想要的结果，这才选择以离婚的方式来处理。

现实生活中，人们看到的、听到的是好人起诉伤者离婚，像我们这个案件，一个一级残疾者主动起诉离婚的几乎少见，在当地引起了轰动。当然，不明真相的人对我们一片骂声。

他们以为伤者的姐姐、姐夫就是想让他们离婚后，伤者死了可以独吞一大笔钱。事实上，我们当时的目的就是为了得到其配偶对他的救治支持，钱也不用她出，只需要得到支持而已。

当然，法院判决不准离婚。既然不准离婚，夫妻之间就有互相照顾、帮扶的法定义务，伤者的姐姐、姐夫掏钱为其治病，为其抚养两个未成年的孩子，做配偶的总该帮助照顾自己已经一级伤残的丈夫吧？

在我们的帮助下，一切谣言不攻自破，伤者得到了很好的救治，脱离了生命危险，两个子女也在伤者姐姐、姐夫的照顾下读上了更好的学校，得到了更好的教育。

离婚诉讼费不高，且是在当地法庭立案，相对简单。但是，打完离婚官司，接着又打损害赔偿官司。因为，当时如果选择工伤认定，时间太漫长了，我们直接选择了人身损害赔偿。

十几年过去了，这个当事人的两个孩子都已经长大成人，他们一家人过得很幸福。

29

身为律师不要辜负这个伟大时代

随着全面依法治国进程的不断深入推进，我国律师工作越来越受到党和国家的重视，律师行业面临着前所未有的发展机遇。

2016 年 1 月 7 日，受中共中央政治局委员、中央政法委书记孟建柱同志邀请，12 名律师代表第一次走进中央政法委机关大院，与孟书记共话政法工作和司法体制改革。

2016 年 1 月 22 日，7 名律师代表应邀参加中央政法工作会议，律师的身影首次出现在中央政法工作会议上。

2016 年 3 月 30 日，第九次全国律师代表大会首次走进了人民大会堂。在嘹亮的国歌声中，大会拉开了帷幕。

本次律师代表大会，不但在人民大会堂召开，而且中央政法委全体委员，公、检、法、司等中央政法单位第一负责人全体参会。中央政治局委员、中央政法委书记孟建柱同志亲临律师大会现场，并发表开幕式讲话。

会上，孟书记向全国律师提出了五点殷切希望：第一，要做当事人合法权益的维护者；第二，要做社会公平正义的保障者；第三，要做国家治理现代化的推动者；第四，要做经济社会发展的服务者；第五，要做全方位对外开放的促进者。

深刻领会孟建柱书记的讲话，我们不难发现在孟书记对律师队伍的这五点希望中，除了我国《律师法》已明确规定律师应当维护当事人合法权益、维护法律的正确实施，维护社会的公平和正义外，他对律师事业和今后律师工作的开展也指明了方向。

做国家治理现代化的推动者。推进国家治理现代化，是党的十八届三中全会提出的要求，也是 2014 年《政府工作报告》的重要内容。李克强总理在 2014 年的《政府工作报告》中指出："各级政府要忠实履行宪法和法律赋予的职责，按照推进国家治理体系和治理能力现代化的要求，加快建设法治政府、创新政府、廉洁政府，增强政府执行力和公信力，努力为人民提供优质高效服务。”

由此可见，推进国家治理的现代化，是党的要求，是政府工作的重要内容。孟书记要求律师做国家治理现代化的推动者，就是要求律师要有所作为，推动法治政府、创新政府、廉洁政府的建设。要求律师要推动政府践行法治，不断创新，反腐倡廉，依法行政。这就要求律师要高瞻远瞩，要着眼祖国的未来，为国家治理现代化出力、出策。

做经济社会发展的服务者。自 1979 年我国律师制度恢复以来，全国律师在服务经济社会发展、维护社会稳定和谐、保障当事人合法权益中发挥了重要作用。“十三五”阶段是我国经济社会发展的非常关键时期，特点是要适应经济新常态。市场经济就是法治经济，法治经济的重要因素包含了律师的法律服务。因此，律师服务与经济发展具有非常密切的关系。

律师要做好经济社会发展的服务者，就是要求律师要通过智力劳动、经验的贡献，以及所掌握的法律知识，能更好地让企业、社会公民等社会经济主体依法从事生产经营活动，使这些经济主体的合法权益能够及时通过律师的服务得到保护、保障，代理和帮助社会经济主体依法经营，依法维权，为他们担任法律顾问和依法经营的参谋，通过为他们提供法律服务来为经济社会的发展作出应有的贡献，服务于社会经济发展。

做全方位对外开放的促进者。众所周知，我国的对外开放已形成全方位、多层次、宽领域的格局，这有力地促进了中国经济的发展。建立社会主义市场经济，为律师工作开辟了广阔的天地。孟书记要求律师做全方位对外开放的促进者，就是要求律师要在全方位、多层次、宽领域的对外开放中大显身手，提供优质高效的法律服务，促进我国的对外开放。

同时，这也要求律师队伍在今后的工作中，要打破只能打官司的单一诉讼服务模式和改变观念，服务于中国企业走出去，把法律服务工作与经济发展、对外开放有机结合，使法律服务与经济发展，对外开放融为一体，促进对外开放，当好参谋，把好法律关。

正如孟书记所言，这是一个法治昌明的时代，律师大有作为的时代。他对律师的几点希望已经为今后一个时期律师的工作指明了方向，也为律师工作提出了新的要求和希望。在这个美好的法治时代，律师应当勇往直前，奋发有为，用自己的聪明才智和辛勤的汗水，努力服务人民、报效祖国，不辜负这个伟大的时代。

后 记

这本书原是“红袖添香网”首发的网络作品，笔者也是“红袖添香网”的签约作家。书中案例全是笔者本人亲自承办的案件，笔者希望像讲故事一样娓娓道来，也想让它更具专业性，还希望借此实现普法的目的。所以，写作风格上完全没有按照章法，随心所欲。当初首发“红袖添香网”，不少网友留言，建议不要作为网文，他们说这样做太可惜了，建议出书。同时，还有读者建议将书中部分章节即案例拍成电影……说实话，我很感动、也很感谢。

本书2009年开始创作，完成于2010年6月，至今10年有余，随着自我成长，经历丰富，阅历增加，笔者也变得更加成熟，之前的一些观点和认识自然也跟不上时代和潮流，这次一并进行了修改。但书中的故事还是那些故事，遭遇也依然是那些实实在在的遭遇。

为了便于读者阅读和同行们参考，部分不太适宜的章节做了适当修改和删减。为了保持作品的可读性和趣味性、知识性、实用性、连贯性，在保持原作品的写作风格没有变化的基础上，笔者增加了部分章节。希望读者朋友们喜欢。

易田塝

2021年5月30日于四川成都